河合塾講師
神野正史
Masafumi Jinno

家系図で
読み解く世界史
ヨーロッパを変えた結婚と離婚

Elizabeth I

James I

Edward VI

Mary I

Mary Stuart

Henry VIII

Margaret Tudor

Henry VII

PHP

はじめに

　歴史ほど「おもしろくてためになり、教養を爆発的に高めてくれる学問」も他にありません。

　それは、どんな業界・分野にいる人であろうと、たとえ歴史を専門に学んでいない人であろうと、教養の高い人というのはほぼ例外なく歴史に造詣が深いという事実が証明しています。

　歴史学は「万学の礎」であり、あらゆる学問の基盤となっていますから、歴史の理解なくして他学の修得・大成もまたあり得ないためです。

　逆に、歴史に疎いというだけならまだしも「歴史を学ぶ意義すら否定」する方がちょくちょくおられますが、そうした方の中に教養の高い人を私は見たことがありません。

　同情の涙を禁じ得ないのは、そうした方々が己の無知無教養（学歴の高低は関係ありません）にまったく気づかず、上から目線で講釈を垂れていることです。

　否定とまではいかなくても、もしあなたが「歴史なんてつまらない」「学ぶ意義を感じない」「興味が湧かない」と感じているなら、それは「歴史学がつまらない」のではなく、あなたがこれまでの人生の中で〝本物の歴史〟を教えてくれる教師に出逢ったことがないというだけにすぎません。

　それを証明するように、世を見渡せば「歴史を知らない歴史教師」で溢れ、学生は彼らによって「歴史用語の丸暗記」をさせられるという惨状ですから、一般の人が歴史に対してそうした〝誤解〟を抱いてしまうのも、ある程度致し方のない側面があります。

　歴史を学ぶうえでもっとも大切なこと、それは「歴史用語を暗記する」ことではなく「歴史を肌で感じる」ことです。

　それをひとことで説明するのは難しいですが、たとえば、自分が今学んでいるその時代・その国の王様だと思い、貴族だと思い、農民だと思い、あるいは資本家だと思い、労働者だと思って「自分がその立場だったら何を考え、どう判断し、如何に行動するか？」と想像を膨らませる。

それだけでも、あれだけ難解・無聊（退屈なこと）・無味乾燥だと思っていた歴史にたちまち血が通い始め、〝命を吹き込まれた歴史〟に触れることで、歴史などカンタンに頭に入ってきます。

　私は教壇に立つようになって30有余年、受験生に対しては河合塾の教室で、社会人向けにはYouTube講座「神野塾」で、そうしたことを訴えつづけてきました。

　そして、歴史学習に〝活き活きとした活力〟を与える手段のうちのひとつが、歴史上の人物の「系図」を参照しながら学ぶということです。

　これをすることで、〝自分とは関係ない遠い昔の出来事〟だと思っていた歴史がぐっと身近に感じられ、歴史を文字通り〝体感〟することが可能になってきます。

　しかしながら、巷間、系図に焦点を当てて歴史を解説した本はほとんど見当たりません。

　そこで本書の登場です。

　本書では系図に焦点を当てて歴史を紐解いていきます。

　本書が〝血の通った歴史〟を学ぶ契機になってくれたなら、筆者本懐の至りです。

　それでは『家系図で読み解く世界史』、開幕です。

　　　　　2023年　4月

本書の読み方

　本書は、初学者の方にもたのしく歴史に慣れ親しんでもらえるよう、従来の歴史教養書にはない工夫が随所に凝らされています。

　そのため、読み方にもちょっとしたコツがあります。

　まず、各単元の扉絵を開きますと、その単元で扱う範囲の「パネル（下図参照）」が見開き表示されています。

　本書はすべて、このパネルに沿って解説されますので、つねにこのパネルを参照しながら本文を読み進めていくようにしてください。

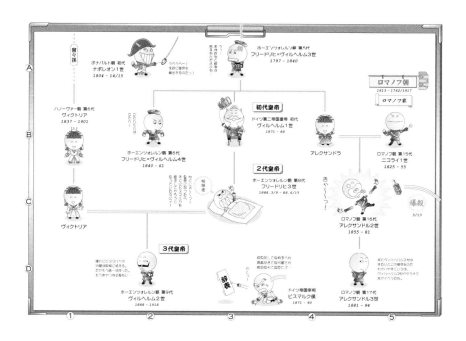

　そうしていただくことによって、いままでワケがわからなかった歴史が、頭の中でアニメーションのようにスラスラと展開するようになります。

　ぜひ、この読み方をお守りくださいますよう、よろしくお願いします。

　また、その一助となりますよう、本文中には随所に（A-2）などの「パネル位置情報」を表示しておきました。

これは、「パネルの枠左の英字と枠下の数字の交差するところを参照のこと」という意味で、たとえば (B-3) と書いてあったら、「B 段第 3 列のあたり」すなわち、前ページパネルでは「ヴィルヘルム 1 世」を示しています。

　なお、本パネルの中の「人物キャラ」はてるてる坊主みたいなので、便宜上「てるてる君」と呼んでいますが、このてるてる君の中には、その下に「肩書・氏名・年号」が書いてあるものがありますが、この年号はそのすぐ上にある「肩書」であった期間を表しており、生没年ではありません。

ボナパルト朝 初代
ナポレオン 1 世
1804 – 14/15

　なお、系図記号は以下のとおり。

（二重線）… 夫婦
（縦線）　… 親子
（二股線）… 兄弟姉妹

　本文下段には「註欄」を設けてあります。

　この「註」は、本文だけではカバーしきれない、でも歴史理解のためにはどうしても割愛したくない、たいへん重要な知識をしたためてありますので、歴史をより深く理解していただくために、本文だけでなく「註」にも目を通していただくことをぜひお勧めいたします。

　それでは、「まるで劇を観覧しているかの如く、スラスラ歴史が頭に入ってくる！」と各方面から絶賛の「世界史劇場」をご堪能ください。

目　次

序　章　系図の基礎知識

第1章　イギリスの系譜

第2章 フランスの系譜

第3章 神聖羅帝国の系図

装丁—— 一瀬錠二（Art of NOISE）
カバーイラスト —— いのうえもえ

序章　系図の基礎知識

第1幕

王朝交代とは何か

王朝交代の基礎知識

学問を学ぶときの基本は「用語の定義・本質をしっかり理解する」こと。これから系図視点で歴史を学んでいこうと思うなら、系図についての基礎知識を押さえておかなければならない。

本幕では、巷間特に誤解が蔓延している「王朝交代」についての基本を押さえる。

本章に入る前に、ここでは「本書を読み進めるにあたっての"基本中の基本"となる知識」について解説していきたいと思います。

まず、そもそも「王朝」とは何か。

これを学問的に厳密に定義しようとすると、なかなか複雑な問題を孕んでいます（＊01）ので、本書では単純に「同系の血縁で繋がった君主（国王・皇帝）のまとまり」と定義することにしましょう。

血縁ですから、王朝は「系図」で表すことができますが、「系図」はどこまでも繋ぐことができますから、どこで「王朝」としてのひとつの"まとまり"として区切るかという問題が起こります。

そこで、原則として「男系で血縁が繋がる範囲」で区切られ、男系が途切れたところで「王朝断絶」となります。

「男系」というのは男だけで繋がっている血縁関係を指し、途中に「女」を挟んだ場合、そこで"王朝断絶"となります。

王位は原則として「親から子」へと継承されますが、もし息子がいない場合は弟が継ぎ、弟もいない場合は男系を辿った親戚筋を探します。

王朝交代のタイミング

ここで巷間、よく勘違いされていることがあります。

「男系」で繋がっている限り、最後の国王からどれほど親等が下がった"遠い親戚"であろうが「王朝交代は起こらない」ということです。

王朝交代が起こった理由として「最後の王から見て直系ではない従弟（or又従弟など）に王位が移ったから」と説明している書をたいへんよく見かけますが、あれは王朝についての基本理解ができていない、まったくの誤りです。

確かに「王位が従弟に移ったそのタイミングで王朝交代が起こった事例」はありますが、王朝交代が起こった理由は「直系が絶えたから」ではありません。

たとえば、フランス王朝においてカペー朝からヴァロア朝へ王朝交代が起こったときを例に見てみましょう。

（＊01）たとえば、「マムルーク朝」などのように血縁で結ばれていない"王朝"もあったりします。

　このとき、カペー朝末代（シャルル 4 世）とヴァロア朝初代（フィリップ 6 世）の血縁関係は "従弟 (4 親等)" の関係でした。

　ここだけを見れば、確かに「直系ではない従弟に王位継承されたタイミングで王朝交代が起こっている」ため、一見その説明が正しく思えます。

　しかし、たとえば同じヴァロア朝でもその第 7 代（シャルル 8 世）から次の第 8 代（ルイ 12 世）の継承はそれよりずっと血の薄い "赤の他人レベル" の「7 親等[*02]」も離れた遠い親戚でしたが、このときは王朝交代が起こっていません。

　さらに、その第 8 代（ルイ 12 世）から次の第 9 代（フランソワ 1 世）の継承も「5 親等[*03]」も離れていますが、やはり何の問題もなく王朝交代は起きていません。

　この事実が「直系ではない者 (従弟 or 又従弟) が継承したために王朝交代が起こった」という巷間に蔓延る説明が明確な誤りであることを示しています。

　では、フィリップ 6 世のときはなぜ「4 親等」しか離れていない従弟の継承なのに王朝交代が起こり、ルイ 12 世のときは「7 親等」も離れた "赤の他人レベル" への継承なのに王朝交代が起こらなかったのでしょうか。

　それは、王朝交代に重要なのは「男系継承」の一点であって、「直系 or 傍系」もしくは「血の濃淡」などは一切関係ないためです。

　シャルル 4 世からフィリップ 6 世のときに限って、きちんと男系で繋がっていたにもかかわらず「王朝交代」とされているのには "別の理由" があるのです。

　その "別の理由" については、次の項で解説しましょう。

禅譲か放伐か

　じつはもうひとつ、王朝が継続していると見做される（副次的な）条件として「平和的継承」であることが挙げられます。

（＊02）曾祖父の弟の孫。続柄は「再従叔父（はとこおじ）」。

（＊03）従弟の子。続柄は「従甥（いとこおい）」。

「禅譲（＊04）」であろうが「放伐（＊05）」であろうが、男系で繋がってさえいれば、学問的にはあくまで「同一王朝」です。

しかしながら、感覚的・感情的には「王位を武力で簒奪したのに同一王朝」というのに違和感を感じてしまうため、あくまで"便宜上の方便"として「王朝交代」として扱っているにすぎません。

したがって、カペー朝からヴァロア朝の繋がりは学問的観点から見ればあくまでも「カペー朝」です。

一代王朝

さて、ここまで「学問的には王朝交代が起こっていないのに、一般的には王朝交代と見做される」例を挙げましたが、それとは逆に、「学問的にはきっちり王朝交代が起こっているのに、一般的には王朝交代と見做さない」というパターンもあります。

そのひとつが「一代王朝」です。

中国ではたとえば「新」王朝（＊06）のように、たとえ「一代王朝」であってもきっちり"独立した王朝"として数えますが、欧州では「王朝というのは何世代にもわたって継承されたもの」という理念が強く、たった一代で終わってしまった王朝は王朝としては数えず、その前後の比較的関係の深い王朝に繰り込んでしまうということをよく行います。

詳しくは本章で解説いたしますが、ゴドウィン朝・ブロア朝・バイエルン朝・ブラウンシュヴァイク朝などの一代王朝が、それぞれ「セルディック朝」「ノルマン朝」「ハプスブルク朝」「ロマノフ朝」の中に組み込まれて説明されているのはそのためです。

王朝名の改名

他にも特殊な例としては、「王朝名の改名」があります。

（＊04）君主位（王位 or 帝位）が平和的に移譲される継承方式のこと。

（＊05）君主位が武力によって実力で奪われる継承方式のこと。

実際には王朝交代が起きていないのにもかかわらず、「改名によって王朝交代と見做すパターン」（サックス＝コーバーグ＝ゴータ朝など）と、実際には王朝交代が起きているのに「改名によって王朝交代と見做されないパターン」（ウィンザー朝・ハプスブルク朝・ロマノフ朝など）があります。

これについても詳しくは本章で説明いたします。

女性国王と女系国王

もうひとつ、王朝交代についてよくある勘違いが「女性国王（女王）」と「女系国王（女王の子）」の混同です。

王朝交代が起こるのは、あくまでも「女を挟んだとき」ですので、たとえば前国王の娘が「女性国王（女王）」になったとしても、女を〝挟んで〟はいないため、この時点ではまだ王朝は存続しています。

しかし、この女王が子を産み、その子が王位を継いだとき、「女を挟む」ことになりますからそこで「王朝交代」となります。

このように女を挟んだ王のことを「女系国王」といい、「女性国王」とはまったく違う概念です。

身近な例を挙げますと、天皇家において将来もし今上（＊07）天皇（2023年現在）の娘・愛子様が新天皇になったとしますと、彼女は「女性天皇」ですから、この時点では王朝交代は起きません。

しかし、愛子様がご結婚され、その子が新天皇に即位したと致しますと、彼は「女系天皇」ですから天皇家は断絶、たとえば愛子様の夫君が「山田」さんであれば「山田王朝」の誕生となります。

つまり女性国王というのは、「王位継承権を持つ男系男子がまだ幼いなどの理由で国王の任に堪えないときなどに、彼が成人するまでの〝ピンチヒッター〟的な役割」にすぎず、よく耳にする「愛子様の御子が天皇になればいいじゃないか」という意見は、こうした王朝の仕組をまったく理解できていない人の暴論

（＊06）「新」王朝は、王莽（おうもう）たった一代15年で亡んでいます。

（＊07）在位中の天皇を指す言葉。令和の御世に「令和天皇」と呼ぶことはたいへんな不遜に当たります。

ということになります。

まとめ

このように、学問的には王朝交代が起きているのに様々な理由で王朝交代として扱わないこともあれば、その逆のパターンもあり、それが一般的に王朝交代の理解を難しくしている事情があります。

残念ながら、世界史教師の立場にある者ですら、ここのところの理解がまるでわかっていない人がたいへん多いという惨状ですから、一般の方々が無知・無理解であるのも致し方ない側面がありますが、本書を読むことで正しい見識を持つことができるようになります。

第1章 イギリスの系譜

第1幕

イギリス王朝の始まり

アングロサクソン朝

イギリスは1000年以上の歴史を誇るが、その内訳を見ると実際には十数回におよぶ「王朝交代」を繰り返している。単純に割れば、ひとつの王朝は100年に満たないが、その最初を飾る王朝が「アングロサクソン朝」である。では、これからその歴史を系図視点から俯瞰（ふかん）してみることにする。

ウェセックス家

余こそ今日まで綿々とつづくイギリス王国の初代ないだぞ！

初代
エグバード
829 - 39

〈 アングロサクソン朝 〉前期

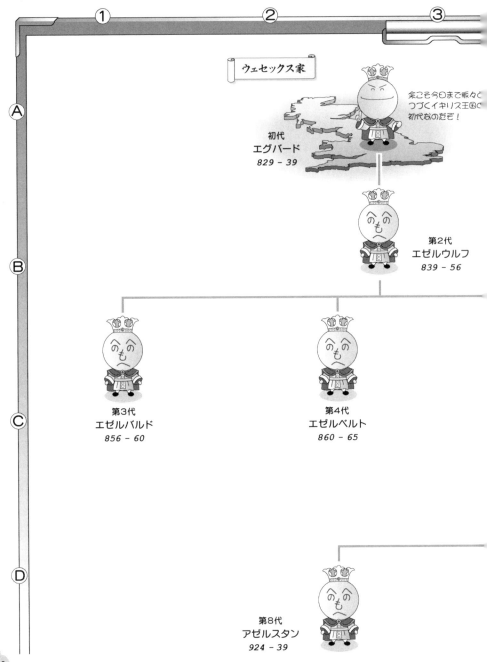

ウェセックス家

朕こそ今日まで眠々と
つづくイギリス王国の
初代なのだぞ！

初代
エグバード
829 – 39

第2代
エゼルウルフ
839 – 56

第3代
エゼルバルド
856 – 60

第4代
エゼルベルト
860 – 65

第8代
アゼルスタン
924 – 39

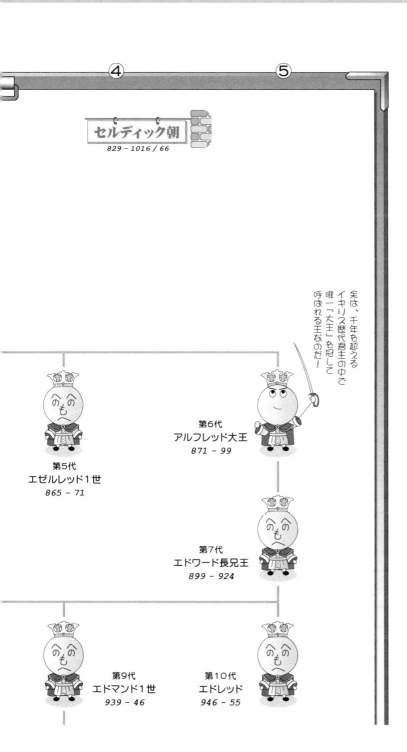

④　⑤

セルディック朝
829 – 1016 / 66

実は、千年を超える
イギリス歴代君主の中で
唯一「大王」を冠して
呼ばれる王なのだ！

第5代
エゼルレッド1世
865 – 71

第6代
アルフレッド大王
871 – 99

第7代
エドワード長兄王
899 – 924

第9代
エドマンド1世
939 – 46

第10代
エドレッド
946 – 55

〈アングロサクソン朝〉後期

E

第11代
エドウィ
955 – 59

F

第13代
エドワード殉教王
975 – 78

第14代
エゼルレッド2世
978 – 1016

第15代
エドマンド2世
1016.4 – 11

G

H

デーン朝
1016 – 42

① ② ③

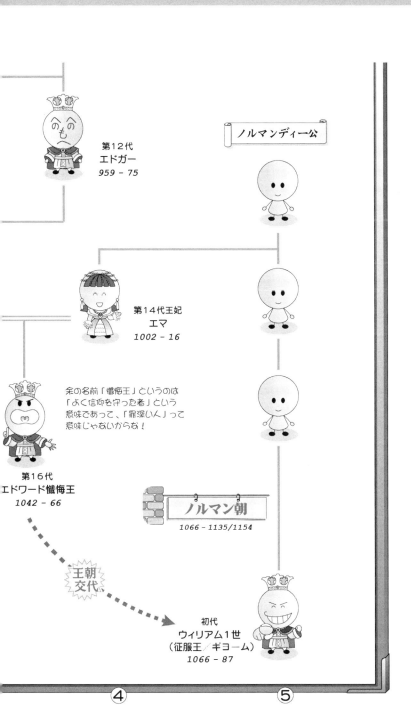

第12代
エドガー
959 – 75

ノルマンディー公

第14代王妃
エマ
1002 – 16

余の名前「懺悔王」というのは
「よく信仰を守った者」という
意味であって、「罪深い人」って
意味じゃないからな！

第16代
エドワード懺悔王
1042 – 66

王朝
交代

ノルマン朝
1066 – 1135/1154

初代
ウィリアム1世
（征服王／ギヨーム）
1066 – 87

④　　　⑤

さて、本書の最初を飾るのは、18〜19世紀に覇権国家として君臨したイギリスです。

現在のイギリス王朝は「ウィンザー朝」ですが、これは今から1000年以上前に遡る9世紀に生まれた統一王朝にその起源を発しています。

天下統一への志向（アングロサクソン朝初代）

イギリスは8世紀まで、ヨーロッパ半島の端にあるこの小さなブリテン島に100を超えるゲルマン系（＊01）やケルト系（＊02）の小国が入り乱れて相争っていましたが、その統廃合の中でやがてはゲルマン系の七大国（七王国（＊03））とその属国という構図になっていきます。

こうしたイギリスの歴史を中国の歴史と照らし合わせて見てみると、「数百の小国に分かれて相争っていた時代」は春秋時代を想起させ、「七大国に絞られてきた時代」は戦国時代を彷彿とさせます。

そして、中国では「七雄（戦国時代）」の前にまず「覇者（春秋時代）」が現れたように、イギリスでも天下統一の前段階として「ブレトワルダ」と称する覇者が現れています。

このあたりのイギリス史の詳細はよくわかっていないことが多く、一般的には「七王国を初めて統一したのはウェセックス王国のエグバート（A-3）」と説明されることが多いのですが、実際には彼の直接統治はテムズ川以南に限られ、中国で言うところの「秦の始皇帝（戦国時代を終わらせた統一者）」というより「秦の孝公（春秋時代の覇者）」に近い存在だったようです。

しかし一般的には、彼が「覇者」を称した829年（＊04）が「アングロサクソン統一の年」とされ、以降、彼を始祖とする男系王朝を「アングロサクソン

（＊01）もともとユトラント半島からドイツ北部に現れたアングル族・サクソン族・ジュート族。

（＊02）ブリテン島の先住民。

（＊03）古代ギリシア語の「Hepta（七）」と「Arche（国）」を合わせた造語。内訳は、
アングル族のノーサンブリア（北部）・マーシア（南部）・イーストアングリア（東部）、
サクソン族のエセックス（東部）・ウェセックス（西部）・サセックス（南部）、
ジュート族のケント王国の七ヶ国。

朝（＊05）」と呼ぶようになりました。

"覇者"から"統一者"へ

　中国では、秦の孝公が"覇者"となったあと、恵文王、武王、昭襄王、荘襄王と4代（＊06）をかけて力を蓄え、始皇帝の御世になってようやく天下統一を成し遂げることになりましたが、イギリスにおいてこの「4代」の歴史的役割を演じたのが、エグバートの子エゼルウルフ（B-3）と孫のエゼルバルド（C-1）・エゼルベルト（C-2/3）・エゼルレッド（C-4）の4代となります。

　この時代は、海（北海）を割って侵寇してきた海賊の侵掠に悩まされた時代でもありましたが、強力な侵掠者を前にしてこれまで敵対関係にあったアングロサクソン諸族の結束が図られ、むしろ統一へと向かうことになりました。

真の統一と海軍創設（アングロサクソン第6代）

　歴史を紐解けば、国家でも組織でも個人でも例外なく"次の段階"へと勇躍する直前には「試練」「困難」「災難」が襲いかかってくるという歴史法則があります。

飛躍の前に試練あり

　これを乗り越えた者だけが"次の段階"に進む資格を与えられ、これに挫けた者が亡びてゆく。

　こたびのイギリスも永きにわたって海賊の侵掠に晒されたことは"災難"だったといえますが、しかし、それを乗り越えた先の第6代アルフレッド大王（C-5）の御世に本当の意味での「統一」が達成されることになったのでした。

（＊04）『アングロサクソン年代記』に「827年」とあるため、これを鵜呑みにしてそのまま載せている史料も多いが、正しくは「829年」。

（＊05）統一を果たした王国の名から「ウェセックス朝」、王家の名から「ケルディック朝」とも呼ばれます。

（＊06）厳密には昭襄王と荘襄王の間に孝文王がいますが、彼は在位3日なので割愛しました。

つまり、このアルフレッド大王こそイギリス版「始皇帝」と言ってよく、彼がイギリス史上唯一「大王」と呼ばれるようになったことも、これらの業績に鑑みれば当然といえましょう。

　さらに、アルフレッド大王といえば「海軍創設」を忘れてはいけません。

　じつは、それまでのイギリス軍は海軍を持っていなかったため、海賊に対応するためには、海賊が海からやってくるのを指を銜えて見ているしかなく、彼らが上陸するのを待って本土決戦を強いられてきました。

　しかしこれでは、たとえ海賊を撃退することに成功しても国土は荒れますし、これで敗れでもしたら領土を奪われてしまうことになるため、海上で撃退しようというわけです。

　イギリスといえば、これより1000年後（19世紀）には「七つの海を支配し、世界に覇を唱える大海軍帝国」となるわけですが、それはこのアルフレッド大王から始まったのでした。

そして衰退へ（アングロサクソン第7代〜）

　ところで、中国史で言うところの「始皇帝」の歴史的役割を演じることになったアルフレッド大王ですが、始皇帝死後の中国が混迷を極めたように、アルフレッド大王亡きあとのイギリスもまた、衰亡の一途を辿ることになります。

　一応、王位は親から子（第7〜8代）、兄から弟（第9〜10代）、叔父から甥（第11代）と粛々と男系で継承されていきましたが、アルフレッド大王以降はすぐれた王が現れず、しかし海賊（デーン人）の侵寇は止むことなく不連続の連続でつづいたため、ついに1016年、イギリスはデーン人に征服されてしまうのでした。

第1章 イギリスの系譜

第2幕

イギリス初の征服王朝

デーン朝

アングロサクソン朝は、ついに海の向こうから攻めてきた "海賊 (ヴァイキング)" に滅ぼされることになった。

イギリス史上 "2番目" の王朝は、早くも異民族による「征服王朝」となる。

しかし、この征服王朝は永くつづくことはなく、すぐにアングロサクソン朝に戻ることになるのだが。

余の名前「懺悔王」というのは「よく信仰を守った者」という意味であって、「罪深い人」って意味じゃないからな！

第16代
エドワード懺悔王
1042 - 66

〈 デーン朝 〉

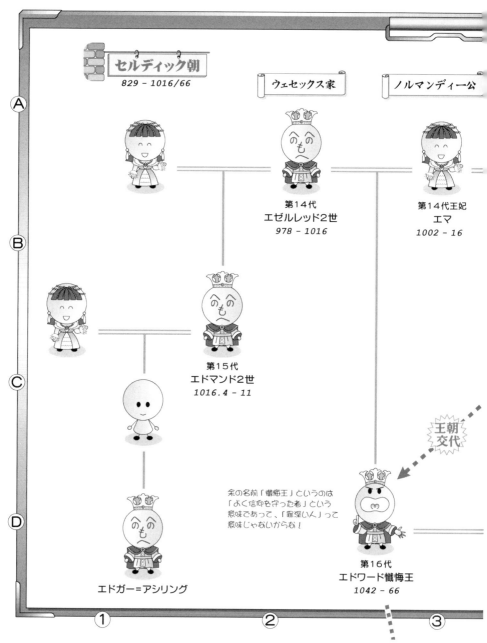

セルディック朝
829 – 1016/66

ウェセックス家

ノルマンディー公

A

第14代
エゼルレッド2世
978 – 1016

第14代王妃
エマ
1002 – 16

B

第15代
エドマンド2世
1016.4 – 11

C

王朝
交代

余の名前「懺悔王」というのは
「よく信仰を守った者」という
意味であって、「懺悔い人」って
意味じゃないからな！

D

エドガー＝アシリング

第16代
エドワード懺悔王
1042 – 66

① ② ③

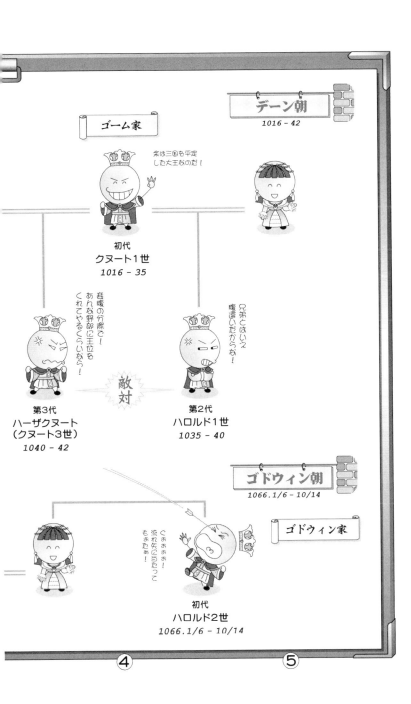

デーン朝
1016 – 42

ゴーム家

朕は三国を平定
した大王なのだ！

初代
クヌート1世
1016 – 35

若輩の分際で！
あんな野郎に王位を
くれてやるくらいなら！

弟とはいえ
腹黒いだろうな！

第3代
ハーザクヌート
（クヌート3世）
1040 – 42

敵対

第2代
ハロルド1世
1035 – 40

ゴドウィン朝
1066.1/6 – 10/14

ゴドウィン家

ぐあああぁ！
流れ矢に当たって
もおたぁ！

初代
ハロルド2世
1066.1/6 – 10/14

④　　　　　⑤

こうして生まれたイギリス史上２番目の統一王朝が「デーン朝」です。

これは、現在のユトラント半島に棲んでいた「デーン人」が侵掠して創った王朝であるため“異民族王朝”と位置づけることができますが、それをいうならそもそも「アングロサクソン朝」自体が同じくユトラント半島からやってきたデーン人と同系のアングロサクソン人によって創られた王朝であるため、微妙なところです。

初の征服王朝（デーン朝）

ところで、イギリスの王冠をかぶった初代クヌート１世（＊01）（A/B-4）は、ほどなくデンマーク王国とノルウェー王国の王位を兼位することとなりました。

これにより彼の支配領域は北海を“我らが海（＊02）”とする大国となり、後世、「クヌート帝国」と呼ばれるようになるほどその繁栄を謳歌することになりましたが、“偉大なる開祖”によって創建された国（or 組織）はその死とともに崩壊していくもの。

大刀の鞘は小刀に合わぬ

鞘が刀の大きさにぴったり合わせて作られるように、組織も創設者の“器量”に合わせて構築されるため、傑物（大刀）によって作られた組織（鞘）を凡庸な後継者（小刀）が維持できないためです。

したがって、洋の東西と古今を問わず、傑物によって創られた国（or 組織）がことごとく短命なのはそのためで、凡人によって創られた国（or 組織）が長期政権になりやすい（＊03）のもそのためです。

こたびの「クヌート帝国」もご多分に漏れず、偉大なるクヌート大王が亡くなるや、たちまちその子同士で継承争いが起きました。

まず、正統なる王位継承者であったハーザクヌート（B/C-3/4）から異母兄

（＊01）デンマーク王としては「クヌート２世（or 大王）」。

（＊02）ラテン語で「マーレ・ノストゥルム」はもともとはローマ人が地中海を指していった言葉。

のハロルド（B/C-4/5）が王位を簒奪（さんだつ）するという事態が起きます。

　ハーザクヌートは、王位を取り戻すためただちに戦争準備に入りましたが、実際の開戦に至る前にハロルド１世は奪った玉座を温める遑（いとま）もなく急死するという展開に。

　そのため、王冠は“元の鞘（さや）”たるハーザクヌートに戻ってくることになりましたが、そうして即位したクヌート３世もまた、まだ24歳の身空で急死したうえ、彼はまだ独身で子もいなかったため、結局、玉座は異父兄弟のエドワード（D-2/3）に転がり込んでくることになります。

　デーン朝は開祖が亡くなった途端、泥沼の兄弟間の王位継承争いを演じて崩壊していったのでした。

初の王朝復活（アングロサクソン朝）

　こうして即位した人物が「エドワード懺悔王（ざんげ）（＊04）」です。

　彼がまだ幼かったころ、デーン人の侵寇が厳しくなったことを受けて、彼は母（エマ）の故郷ノルマンディーに亡命していましたが、異父兄クヌート３世の招きを受けてイギリスに帰国しており、こたび、そのクヌート３世の死によって即位が叶ったのでした。

　ところで、クヌート３世からエドワード懺悔王（ざんげ）まで系図を辿（たど）ると、女性（エマ）（A/B-3）を挟んでいますからここでふたたび王朝交代となり、アングロサクソン王朝が復活したことになりますが、よくよく系図を見てみると、英（イギリス）王家（ウェセックス家）（A-2）と丁（デンマーク）王家（ゴーム家）（A-4）の両家に嫁いだノルマンディー公（A-3）エマを挟んで王冠が右往左往しているだけということがわかります。

　つまり、この両家の男系が絶えたとき、次期国王の最右翼として急浮上するのが、両家と血縁の繋（つな）がるノルマンディー公ということになります。

（＊03）織田政権が信長の死とともにたちまち崩壊したのも、徳川政権が260余年もつづく長期政権となったのもその要因が大きく働いています。

（＊04）「懺悔王」という言葉のイメージから「何か悪いことでもしたのか？」と勘違いされがちですが、これは「迫害に屈せず信仰を守った者」の意。

序章　系図の基礎知識

第１章　イギリスの系譜

第２章　フランスの系譜

第３章　神聖羅帝国の系図

第４章　普墺の系譜

第５章　ロシアの系譜

第６章　丁語希英の系譜

そして、その機会はすぐにやってきました。

この懺悔王が子なく、自らの後継者をはっきりと指名せずに亡くなったためです。

特に先王の指名がなければ、王位継承順位に従うのが慣例ですので、男系で繋がるエドガー＝アシリング（D-1）がもっとも継承順位が高い人物でしたが、彼にはひとつ問題がありました。

彼はまだ14歳やそこらの子供だったのです。

混迷を極めるこの国を牽引する人物が子供では如何にも心許ない。

そこで、これを認めぬ2人の人物が異を唱えます。

それがエドワード懺悔王の義兄（妻の兄）にあたるハロルド（D-4/5）と従甥（母の兄の孫）にあたるギヨーム（前幕H-5ウィリアム征服王）でした。

どちらも女系という点では五分でしたが、〝血の濃さ〟でいえばギヨームが一歩リードしているとはいえ、ギヨームはノルマン系。

〝民族系統〟でいえば、同じアングロサクソン系であるハロルドが一歩リードといったところでしょうか。

こうしてイギリスは、またしても王位をめぐる骨肉の争いを演ずることになるのでした。

初の一代王朝（ゴドウィン朝）

まず先手を打ったのが、ハロルドです。

彼は「懺悔王は臨終の床で余を後継に指名した」と主張して「ハロルド2世」として即位しました。

彼は懺悔王の義兄ですから学問的には「王朝交代」となり、新王朝はその家名から「ゴドウィン朝」と呼ばれることになりますが、たいていの本では「アングロサクソン朝の一部」として説明しています。

序章でも述べましたように、欧州では「一代で終わってしまった王朝はその

（＊05）第二次世界大戦期におけるドイツの将軍。「バックハンドブロー」戦術が得意で、決定的な敗勢を何度もひっくり返した名将中の名将。ヒトラーにもきちんと思ったことは述べるが、決定事項には理不尽な命令にもすなおに従い、敵軍からも尊敬されるほどでした。

前後の関係の深い王朝に繰り込んで考える」という慣習があるためです。

こたびのゴドウィン朝は「一代」どころか、１年と保たずに潰えているとなれば尚更です。

さて、ハロルド２世の即位を受けて、ノルマンディー公ギヨームは「余はかねてより先王（懺悔王）から後継者に指名されていたし、ハロルドもそれを認めていた」と主張して戦争の準備に入ります。

ハロルド２世もこれを受けて立って軍を動員、ロンドンから南西100kmの海岸から上陸してきたノルマンディ軍と決戦となりました。

これが、かの有名な「ヘースティングスの戦」です。

前線ではしばらく睨み合いのつづいた両軍でしたが、その沈黙を破って最初に仕掛けたのはノルマン軍でした。

ところが、イングランド軍の必死の抵抗を前にしてノルマン軍は退却を始めたため、これを見たイングランド軍も「ここぞ！」とばかり追撃を始めます。

しかしこの撤退は、意図的にか結果的にか、ドイツの名将 E・マンシュタイン元帥（＊05）張りの"後手からの一撃（＊06）"となりました。

兵の形は水に象る。
兵に常勢無く、水に常形無し。

これは孫子の言葉で、このあと「能く敵に因りて変化し而して勝ちを取る」とつづきます。

つまり、「兵法というものは、固定したやり方に執着せず、相手の出方を見て水のようにしなやかに臨機応変に対応するべきである」という意味ですが、このときのノルマン軍もイングランド軍の抵抗の激しさに「無理押しは賢くない」と判断していったん退いたのでしょう。

これによりイングランド軍は総崩れ、その混乱の中、ハロルド２世はその右

（＊06）敗走すると見せかけて敵軍の突出を促し、戦線が伸びきったところで一気に反転攻勢をかけてこれを討つ戦術。もっともこのときのノルマン軍が意図的にこの作戦を採ったのか、偶発的にそういう形になったのかは不明。

眼に敵の流れ矢が命中して戦死 [*07] してしまいます。

　こうして「ゴドウィン朝」はわずか９ヶ月で崩壊してしまうことになったのでした。

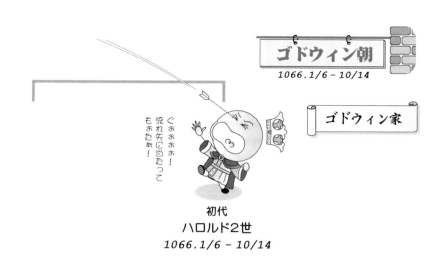

ゴドウィン朝
1066.1/6 - 10/14

ゴドウィン家

ぐぁぁぁぁ！
流れ矢に当たって
もぉたぁ！

初代
ハロルド２世
1066.1/6 - 10/14

（＊07）多説のうちの一説。実際のところ、ハロルド２世の死因は判然としません。

第3幕

イギリス2番目の征服王朝

ノルマン朝

最初の「征服王朝」は30年と保たずに崩壊したが、戻ってきたと思った王冠は、するりと抜けて2回目の「征服王朝」にかっさらわれることになった。これが「ノルマン王朝」である。しかし、今回の「征服王朝」もまた70年と保たずに潰え、それから20年ほど「無政府時代」と呼ばれる戦乱期に突入することになる。

余の王位を認めぬ者の叛乱で余の治世は「無政府時代」と呼ばれるようになるのだ…

初代
スティーヴン
1135 – 54

〈 ノルマン朝～ブロワ朝 〉

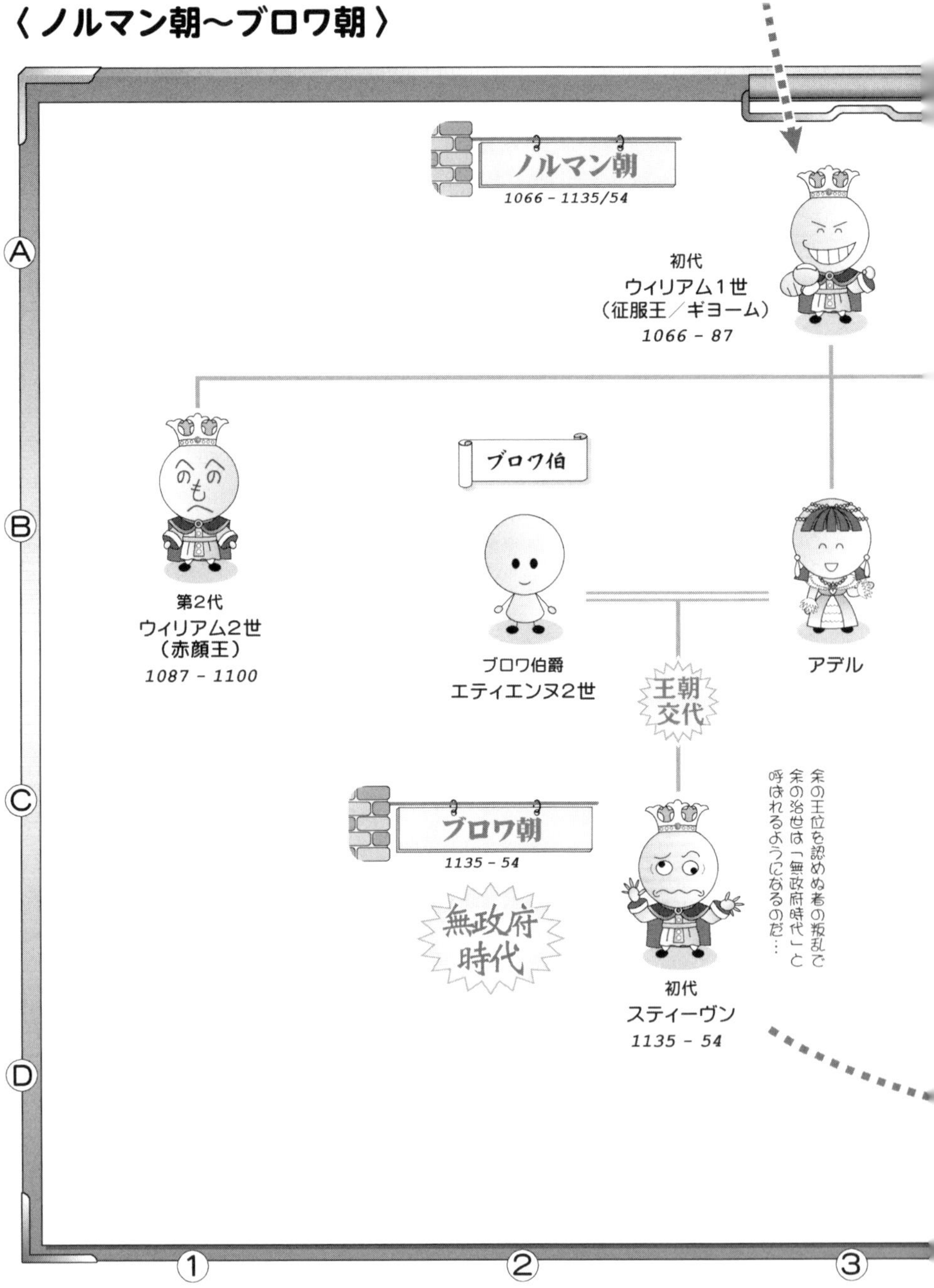

ノルマン朝
1066 – 1135/54

初代
ウィリアム1世
（征服王／ギヨーム）
1066 – 87

ブロワ伯

第2代
ウィリアム2世
（赤顔王）
1087 – 1100

ブロワ伯爵
エティエンヌ2世

王朝
交代

アデル

ブロワ朝
1135 – 54

無政府
時代

初代
スティーヴン
1135 – 54

余の王位を認めぬ者の叛乱で
余の治世は「無政府時代」と
呼ばれるようになるのだ…

A

B

C

D

① ② ③

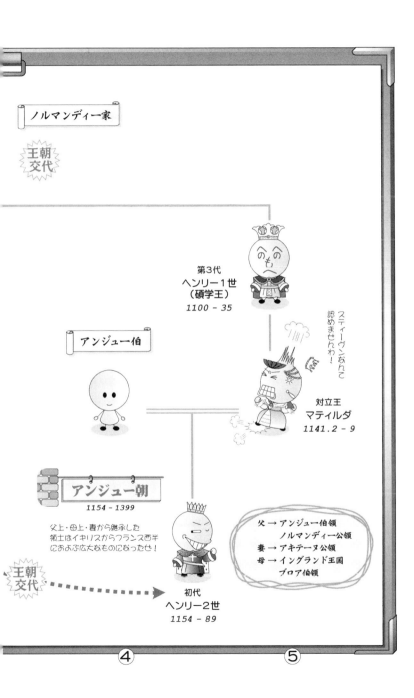

ノルマンディー家

王朝交代

第3代
ヘンリー1世
（碩学王）
1100 - 35

スティーヴンなんて
認めませんわ！

対立王
マティルダ
1141.2 - 9

アンジュー伯

アンジュー朝
1154 - 1399

父上・母上・妻から継承した
領土はイギリスからフランス西半
におよぶ広大なものになったぜ！

父 → アンジュー伯領
　　　　ノルマンディー公領
妻 → アキテーヌ公領
母 → イングランド王国
　　　　ブロア伯領

王朝交代

初代
ヘンリー2世
1154 - 89

④　　　　⑤

序章　系図の基礎知識

第１章　イギリスの系譜

第２章　フランスの系譜

第３章　神聖ローマ帝国の系図

第４章　普墺の系譜

第５章　ロシアの系譜

第６章　千拓希望の系譜

歴史を紐解くと、「戦局は攻勢だったのに、たまたま大将に流れ矢が当たってしまった結果、一気に形勢逆転！」ということがよくあります。

たとえば中国では「檇李の戦（前496年）」。

当時（春秋時代）の呉・越は敵対関係にあったため、呉（闔閭王）が10万という大軍を擁して越（勾践王）に攻め寄せたことがありました。

圧倒的に兵力の劣る越兵でしたが果敢に戦い、その激戦の中で流れ矢が闔閭に命中、その結果、呉軍が総崩れを起こしています。

インドでは「第2次パーニパットの戦（1556年）」。

ムガール帝国第3代アクバルは、即位早々、反旗を翻したヒームー将軍と戦わなければならなくなります。

しかし、多勢（10万）に無勢（2万）という劣勢のうえ、如何せん相手は「稀代の名将ヒームーに率いられた精鋭」で勝ち目はなく、ムガール軍は見る間に劣勢に陥りました。

しかし、アクバルは刀折れ矢尽き、万策尽き果てようとも最期の時を迎えるその瞬間まで気力を振り絞って戦ったところ、味方兵の放った一本の矢が吸い込まれるようにしてヒームーに命中。

名将ヒームーを失った敵軍は一気に恐慌に陥って解体、アクバルは逆転勝利を得ました。

決して諦めぬ者にのみ
勝利の女神は微笑む

日本でも日露戦争の「黄海海戦（1904年）」で、一時は絶望的状況に陥ったにもかかわらず、東郷平八郎の"諦めぬ心"が「運命の一弾」を導き、日本に逆転勝利をもたらしたものです。

（＊01）詳細を知りたい方は、拙著『世界史劇場 日清・日露戦争はこうして起こった』（ベレ出版）をご参照ください。

（＊02）嫡男にウィリアムがいましたが、彼は17歳のときに海難に遭って溺死。
庶子（妾腹の子）の中に男子はいましたが、庶子には相続権がありませんでした。

この「運命の一弾」はあまりにも有名なのでここでは詳しく語りません[*01]が、歴史を紐解くと、こうした奇蹟は"確率は低いが誰にでも均等に起こる"のではなく、かならず"最後の最後まで諦めなかった者"の周りで起こることがわかります。

ノルマン征服（ノルマン朝）

このときのイギリスも、ハロルドに流れ矢が当たったことでイングランド軍はたちまち崩壊、ノルマン軍は劣勢を跳ね返すことになりました。

こうしてギヨームが「ウィリアム１世（A-3）」として即位することになりますが、懺悔王から系図を辿っていくと彼もまた「女（エマ）」を挟んでいるため、新王朝（ノルマン朝）の幕開けとなります。

しかし、この新王朝も長くはつづかず、ウィリアム１世の跡を継いだウィリアム２世（B-1）には子なく、その跡を継いだ弟ヘンリー１世（B-5）も男子に恵まれず[*02]、嫡子は娘のマティルダのみとなったため、仕方なく自分の娘を後継者に指名します[*03]。

しかし、これに異を唱えたのが彼の甥っ子のスティーヴン（C/D-2/3）でした。

無政府時代（ブロワ朝）

スティーヴンはヘンリー１世の姉アデル（B-3）を母とし、ブロワ伯爵エティエンヌ２世（B-2）を父に持つ「女系国王」でしたから、彼が王となれば王朝交代を起こすことになりますが、「玉座を女に渡してなるものか！」という思いもあり、1135年、ヘンリー１世が亡くなるや、スティーヴンはその遺志を無視して強引に即位。

これにより天下はスティーヴン陣営とマティルダ陣営に分かれて相争う「無政府時代」を迎えることになりました。

「国を二分して天下を争った」といえば、日本で譬えるなら戦国末期の「西軍

（＊03）もしそのままマティルダの子（ヘンリー）が王位を継承すれば、彼は女系国王ですからノルマン朝はわずか三世代で王朝交代となります。

序章　系図の基礎知識

第１章　イギリスの系譜

第２章　フランスの系譜

第３章　神聖羅帝国の系図

第４章　縮瞞の系譜

第５章　ロシアの系譜

第６章　丁絽希英の系譜

（豊臣陣営）vs東軍（徳川陣営）」の争い、中国なら秦後の天下を争った「漢（劉邦陣営）と楚（項羽陣営）」の楚漢戦争を彷彿とさせる時代であり、どこの国でも次期国王をめぐる争いは熾烈を極めます。

　このときのイギリスでも、一時は戦^{（＊04）}に敗れたスティーヴンが捕虜となってマティルダが即位（1141年2〜9月）した時期もあるほど抗争は熾烈を極め、長引く戦乱に両陣営ともに支持者・後継者の不幸が相次ぎ、厭戦ムードが蔓延して統制が効かなくなってきたため、1153年、妥協案が生まれることになりました。

──まず第一に、スティーヴン王存命中はマティルダもその王位を認める。

　その代わり、スティーヴン死後はマティルダの子が王位を継承する。

　この妥協案が成立したことにより、イギリスにも久しぶりの平和が訪れることになりましたが、これによりブロワ朝は「一代王朝」となります。

　一般的にブロワ朝が「前王朝の一部」として扱われているのは、ゴドウィン朝同様、「一代王朝」ゆえとなります^{（＊05）}。

スティーヴンなんて認めませんわ！

対立王
マティルダ
1141.2 - 9

（＊04）1141年「第1次リンカーンの戦」。

（＊05）中国史では「新の王莽」などのように独立した王朝として扱われます。

第1章 イギリスの系譜

第4幕

アンジュー帝国の興廃

プランタジネット朝（前期）

ノルマン朝が断絶したのちの「無政府時代」を制したのは「プランタジネット朝」であった。この王朝もまたアングロサクソン系ではなく「フランス系」であり、以降、イギリス王家はほとんど外人王朝となる。

ちなみに、この王朝は13世紀いっぱいまでを「前期」、以降を「後期」に分け、本幕では「前期」を扱う。

第3次
十字軍

三度のメシより戦好き！
戦に強い王には「獅子」の名が冠せられるのだ！

第2代
リチャード1世
（獅子心王）
1189 - 99

〈 プランタジネット朝 (前期) 〉

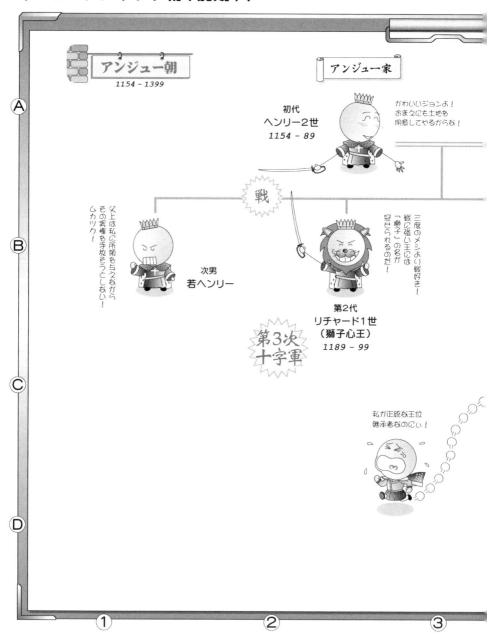

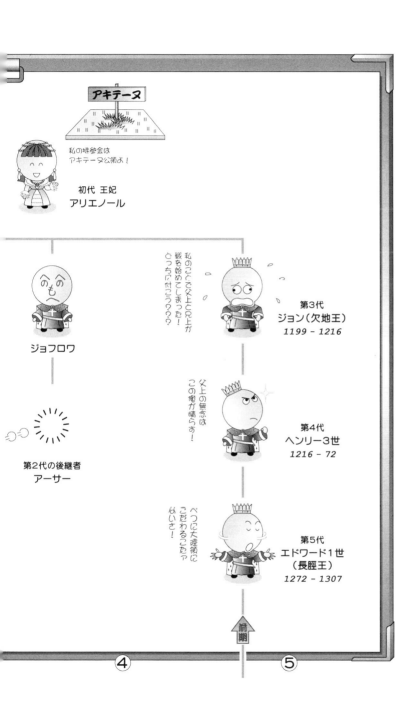

アキテーヌ

私の持参金は
アキテーヌ公領よ！

初代　王妃
アリエノール

ジョフロワ

第2代の後継者
アーサー

私のことで父上と兄上が
戦を始めてしまった！
どっちに付こう？？？

第3代
ジョン（欠地王）
1199 - 1216

父上の無念は
この俺が晴らす！

第4代
ヘンリー3世
1216 - 72

べつに大陸領に
こだわることないさ！

第5代
エドワード1世
（長脛王）
1272 - 1307

前期

④　　　　　　⑤

序章　系図の基礎知識

第1章　イギリスの系譜

第2章　フランスの系譜

第3章　神聖羅帝国の系図

第4章　蒼塊の系譜

第5章　ロシアの系譜

第6章　丁諾希英の系譜

こまで見てまいりましたように、イギリスの歴代王朝は最初のアングロ
　　　サクソン朝こそ200年ほどつづきましたが、そののちはなかなか子宝に
恵まれず、デーン朝（26年）・再興アングロサクソン朝（23年）・ゴドウィン
朝（9ヶ月）・ノルマン朝（69年）・ブロワ朝（19年）と短期王朝がつづいて
きました。

　しかし、この次に控える「プランタジネット朝」は、これから中世の終わり
までを支配する長期政権となります。

久しぶりの長期政権（プランタジネット朝初代）

　さて、「スティーヴン・マティルダ妥協」を締結してから1年と経たずしてス
ティーヴン王が亡くなったため、晴れてマティルダの子・アンリが「ヘンリー2
世（A-2/3）」として即位(＊01)することになりました。

　これが、彼の父の爵位（アンジュー伯）から「アンジュー朝」、家名（プラン
タジネット家）から「プランタジネット朝」と呼ばれる王朝です。

　ヘンリー2世は 英王に即位する前、すでに父から「アンジュー伯領」と
「ノルマンディー公領」を継承しており、さらに妻アリエノール（A-3/4）から
は「アキテーヌ公領（A-4）」を継ぎ、そこに今回、母から「イギリス王位」を
継いだことでブリテン島からフランス西部までを支配する "アンジュー帝国" を
築き上げることになりました。

積木の塔は一番高きで崩れる

　つまり、イギリス史上最大版図(＊02)を誇ることになる "帝国" は、単に相
続で転がり込んできたものであって、戦争で奪い取ったものでもなければ、外
交成果で勝ち得たものでもありません。

（＊01）アンリは、ノルマンディー公としては「アンリ1世」、アンジュー伯・アキテーヌ公として
　　　は「アンリ2世」、イギリス王としては「ヘンリー2世」と呼ばれます。

（＊02）ただし、近代以降の海外植民地は含めずヨーロッパにおける本国領だけで考えた場合。

（＊03）ロシアの諺に「魚は頭から腐る」というのがありますが、現実の魚は内臓から腐ります。

ところで、積木の塔を積み上げていくと高くなればなるほど不安定となっていき、もっとも高いときに一気に崩れ落ちるように、国家でも組織でも個人でも「絶頂の中にあるとき」が一番殆ういもの。

ましてやそれが "実力" で勝ち得たものでなく、"相続" によって転がり込んできたものとなれば尚更です。

したがって、本来であれば「繁栄の中にあるときこそより一層気を引き締め、しっかりと足下を見ながら一歩一歩歩まねばならない」のですが、現実にそれを実践できる人はほとんどいません。

たいていは繁栄に酔い、溺れ、驕りや慢心が心を占め、我と我が身を亡ぼしていくものであって、絶頂の真っ只中にあって自制心を失わない者など、歴史に名を刻む名君くらいのものです。

魚は内臓から腐る[*03]

そして、その崩壊の契機はたいてい "内" からです。

中国古典に「糟糠の妻は堂より下さず[*04]」という言葉がありますが、その驕りと慢心が "糟糠の妻を堂より下し" てしまい、その報いが何倍にもなって我が身に返ってくることにより、足下から崩れ落ちていくことになります。

ヘンリー２世もまたその轍を踏み、栄華の中で驕りと慢心に溺れていきました。

そもそも、こたびの「アンジュー帝国」の栄華は彼の "姉さん女房[*05]" たるアリエノールの支えがあったればこそ。

にもかかわらず栄華に浸って思い上がり、ほどなく妻を遠ざけて若い女（R. クリフォード）を側に置くようになります。

誇りの高いアリエノールは夫との離別を決意、そのために「アンジュー帝国」の所領を子供たちに "生前相続" するよう働きかけます。

（＊04）出典は『後漢書』。後漢の光武帝に仕えた宋弘［字：仲子］の言葉で「若いころに貧乏で苦労させた妻を、今は出世したからといって棄てることなどできない」の意。

（＊05）ヘンリー２世より11歳年上。

これは時のフランス国王（ルイ7世）の後押し[＊06]もあって、ヘンリー2世は次男ヘンリー[＊07]（B-1）にはアンジュー伯領・ノルマンディー公領を与え、三男リチャード（B-2/3）にアキテーヌ公領を、四男ジョフロワ（B-3/4）にはブルゴーニュ公領を与えることにしました。

　このとき、まだ2歳だったということで末っ子のジョン（B-5）には領土が与えられませんでした[＊08]が、ヘンリー2世はジョンが成長するにつれ、この末っ子のことがかわいくて仕方なくなり、どうしても彼に領地を譲ってやりたいと望むようになります。

　しかし、すでに所領は息子たちに分配済み。

　そこで1173年、ヘンリー2世は嫡男（若ヘンリー）からアンジュー伯領の3城[＊09]を剥ぎ取ってこれをジョンに与えようと画策します。

　これには若ヘンリーも反発、兄弟（三男・四男）もこれに同調して「父vs子」の叛乱にまで発展してしまいました。

　一時は危機に陥ったヘンリー2世でしたがこれをなんとか凌ぐと、性懲りもなく、今度は三男リチャードの領地（アキテーヌ）を召し上げ、これをジョンに与えようとします。

　一応、リチャードには先日急死した若ヘンリーの旧領を与えることで便宜が図られましたが、アキテーヌ公領はリチャードが母（アリエノール）とともに永年にわたって慰撫し、領民との信頼関係を築き上げてきた領地であって、それをあっさり召し上げられ、父上（ヘンリー2）の地盤が強い領地へ転封されたのではたまりません。

　譬えるなら、徳川家康（リチャード）が豊臣秀吉（ヘンリー2）から「東海五州（アキテーヌ）から関八州（アンジュー）への転封」を命じられたときのようなもので、あのときの家康は秀吉との圧倒的な軍事力の差を前に屈服しましたが、このときのリチャードは仏王フィリップ2世を味方に付けることに成功し、充分戦う力を持っていましたから反旗を翻します。

　これによりふたたび窮地に陥ったヘンリー2世でしたが、それもこれもかわ

（＊06）フランス国王ルイ7世はアリエノールの前夫であり、ヘンリー2世の力を削ぐ計画に両者の利害が一致したため、彼もヘンリー2世に分割相続を働きかけました。

（＊07）長男にウィリアムがいましたが早世していました。ちなみにこのヘンリー父子は同姓同名だったため、通常、息子の方には「若」を付けて区別します。

いいジョンのため！

「なぁに、これくらいの窮地、何度も乗り越えておるわ！」

　ヘンリー２世は気力を振り絞り、老体に鞭打ち踏ん張るも、その彼の下に耳を疑う情報が飛び込んできました。

── 報告！

　ジョン欠地公、リチャード公側に寝返った模様！

「ぬぅにィ！？　ジョンが！？

　余が誰のために戦ってると思ってるんだ！？」

　なんとジョンは、自分のために戦ってくれている父を何の躊躇いもなく裏切ってリチャード陣営に付いたのでした。

　事ここに至って、ヘンリー２世の子らはひとり残らず彼に背いたことになります。

　これにはさしものヘンリー２世もショックのあまり生きる意欲を失い、それから時を経ずして失意のうちに逝去してしまうことになりました。

仇も情けも我が身より出る

　ヘンリー２世は「アンジュー帝国」を築き上げ、その頂点に君臨した君主でありながら、妻には見限られ、４人の息子たちにもことごとく憎まれ、離反され、裏切られて、最期は孤独と絶望の淵で哀れな死を迎えることになったのでした。

　とはいえ、それもすべて本を糺せば、彼が"糟糠の妻を堂より下した"ことに端を発しているわけで、自業自得とも言えます。

第３次十字軍（プランタジネット朝第２代）

　さて、こうして1189年、彼の跡を継いだのが三男のリチャード１世で

（＊08）のちに彼が「欠地王」と呼ばれるようになる所以です。

（＊09）シノン城・ルーダン城・ミルボー城。

す。

　欧州では戦の強い君主に「獅子」の名を冠する習慣がありますが、リチャード１世はのちに「獅子心王」と呼ばれるようになるほど武勇に優れ、その〝事始め〟となったのが、彼が即位した直後に勃発した「第３次十字軍」でした。

　まだリチャードが父王と戦っていたころ（1187年）、聖地イェルサレムがイスラームの手に陥ちたとの報が入り、教皇グレゴリウス８世が檄を飛ばしたことが契機です。

　こたびの十字軍は、

・英王 プランタジネット朝 第２代 リチャード　１世（獅子心王）
・仏王 カペー朝　　　　　第７代 フィリップ　２世（　尊厳王　）
・独帝 シュタウフェン朝　第２代 フリードリヒ１世（　赤髯王　）

……という錚々たる面々が名を連ねたものであったのですが、それ故に足並みは揃わず、独帝フリードリヒ１世は目的地に着く前に溺死、仏王フィリップ２世は早々に撤退、ただひとりリチャード１世だけが孤軍奮闘するも、一進一退の長引く戦に軍内を望郷の念と厭戦感が覆い、そのうえ早々に帰国していたフィリップ２世が王弟ジョンを煽っており、「政変の懼れこれあり！」との報まで届いたことで、ついにリチャード１世はイスラームと和睦を結んで帰国を決意します。

　なんとか帰国を果たした(＊10)リチャード１世は、帰国早々ジョンを唆したフィリップ２世と交戦状態に入り、彼はその治世の間ほとんど玉座を温めることなく戦場を転戦してまわり(＊11)、ついには戦場で亡くなりました。

大陸領喪失（プランタジネット朝第３代）

　その治世の大半を戦場を駆けずりまわった君主の次代からは領土縮小が始まるというのが歴史の鉄則です。

　たとえば欧州では、ユスティニアヌス大帝は「古代ローマ帝国の再建」を夢

（＊10）彼が帰国を果たすまでにはもうひと波乱ふた波乱あるのですが、ここでは割愛します。

（＊11）彼の治世10年のうち、イギリスに滞在していた期間はわずかに半年、残りの９年半は大陸で戦場を駆けまわっていました。

見て拡大戦争に明け暮れ、その結果、ビザンツ帝国千年の歴史の中でも最大となる版図を形成することに成功しましたが、彼の没後は急速に領土が縮小、世界帝国から地方政権へと零落していきました。

インドでは、ムガール帝国第6代アウラングゼーブ帝が治世の大半を戦に費やして最大版図を形成することに成功しましたが、彼の没後、帝国は急速に萎んでいくことになりました。

日本でも、20世紀前半、無茶な拡大戦争を繰り広げた結果、2600年におよぶ悠久の日本史史上最大版図を形成することに成功したかもしれませんが、その先に待っていたのは破滅でした。

横車を押さば車軸が折れる

車を横に押しても動くかもしれませんが、ムダに力を要するうえ、ほどなく車輪が壊れてすべては台無しとなるように、物事は強引に事を進めてそれで一時はうまくいっているように見えたとしても、すぐにその反動がきて結局すべては御破算になります。

このときのイギリスも例外とはならず、対外戦争に治世の大半を費やしたリチャード1世が亡くなると、次の代から「アンジュー帝国」の崩壊が始まりました。

その王がプランタジネット朝 第3代「ジョン欠地王」です。

彼は君主としては無能、人としては性悪・残忍・恥知らずというイギリス王室千年の歴史の中でも最低最悪な人物として、後世にその名を馳せることになる人物だったため、従来イギリス王家で定番だった「ジョン」の名を我が子に付けることが避けられるようになり、結果、現在に至るまで後にも先にも「ジョン王」は彼ひとりのみとなってしまったため、欧州ではたいていの君主に付く「○世」というものが彼には付きません[*12]。

（＊12）王名のあとに「1世」「2世」と付くのは、同名の国王が複数いるときだけのため。
　　　　もし将来、イギリスに「ジョン」の名を冠する王が即位すれば、そのとき史書は書き換えられ、彼は「ジョン1世」と呼ばれるようになります。

類書を紐解くと、「アンジュー帝国」が崩壊したその責をすべて彼の「無能」に押し付けている観がありますが、すでに見てまいりましたように「リチャード獅子心王のツケを払わされた」という側面があったことも見逃してはなりません。

　ジョンが即位するや、これを好機と見た仏王フィリップ2世に戦を仕掛けられ[*13]、ジョンはガスコーニュを除くフランス領をことごとくフランスに奪われるという惨事に。

　以降、ジョンとその子ヘンリー3世（C-5）2代にわたってその奪還を試みましたがことごとく失敗、その子エドワード1世（D-5）からは大陸領奪還をすっかり諦め、それよりも山積する国内問題の解決に尽力することになります。

　彼が大陸領奪還を諦めたことで、ヘンリー2世の御世に生まれ、その子ジョンの代で崩壊した「アンジュー帝国」は、さらにその孫エドワード1世の御世でその復活の見込みも完全に消え失せましたが、その代わり、このときの彼の努力がのちのイギリス議会の礎となっていくのでした。

私のことで父上とR上が戦を始めてしまった！どっちに付こう？？？

第3代
ジョン（欠地王）
1199 - 1216

（＊13）フランドル＝ギュイエンヌ戦争。
　　　　フィリップ2世はジョンが起こした不倫問題を口実として罪に問い、ジョンから全フランス領土の剥奪を宣言。これを認めぬジョンとの間で起こった戦争。

第1章 イギリスの系譜

第5幕

百年戦争（前期）

プランタジネット朝（後期）

「プランタジネット朝」は、その前期がおもに「内乱」中心であったが、後期は「対外戦争」が中心になる。

それこそが「百年戦争」である。

ちょうどこのころ隣国フランスで直系が断絶すると、これにエドワード3世が因縁を付けて介入したことが事の始まりであった。

けけけけ！
母上がフランス王女であったことも利用してフランスに戦争をふっかけてやったのだ。

第7代
エドワード3世
1327 - 77

〈プランタジネット朝（後期）〉

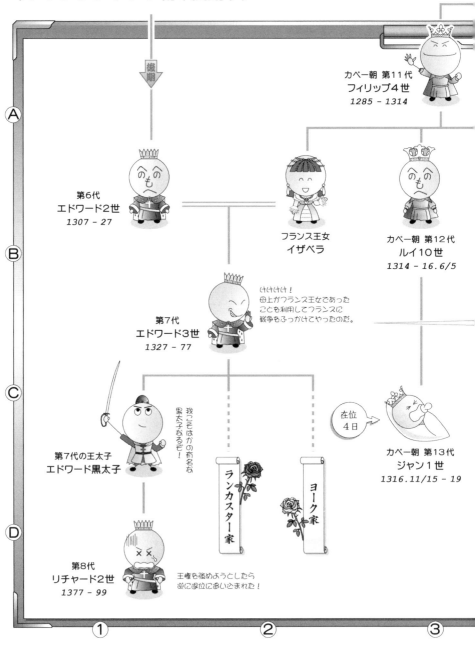

A

後期

カペー朝 第11代
フィリップ4世
1285 – 1314

第6代
エドワード2世
1307 – 27

フランス王女
イザベラ

カペー朝 第12代
ルイ10世
1314 – 16.6/5

B

第7代
エドワード3世
1327 – 77

けけけけ！
母上がフランス王女であった
ことを利用してフランスに
戦争をふっかけてやったのだ。

C

第7代の王太子
エドワード黒太子

我こそはかの有名な
黒太子なるぞ！

ランカスター家

ヨーク家

在位
4日

カペー朝 第13代
ジャン1世
1316.11/15 – 19

D

第8代
リチャード2世
1377 – 99

王権を強めようとしたら
逆に退位に追い込まれた！

① ② ③

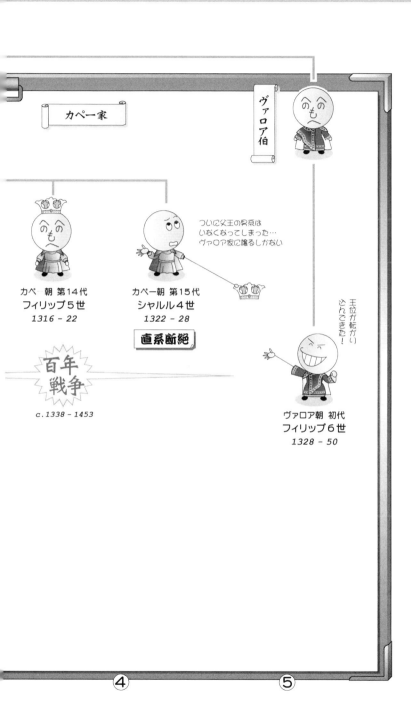

ヴァロア伯

カペー家

ついに父王の男系は
いなくなってしまった…
ヴァロア家に譲るしかない

カペー朝　第14代
フィリップ5世
1316 - 22

カペー朝　第15代
シャルル4世
1322 - 28

直系断絶

百年
戦争

c.1338 - 1453

王位が転がり
込んできた！

ヴァロア朝　初代
フィリップ6世
1328 - 50

④　　　　　　　⑤

序章　系図の基礎知識

第1章　イギリスの系譜

第2章　フランスの系譜

第3章　神聖羅帝国の系図

第4章　普墺の系譜

第5章　ロシアの系譜

第6章　丁諾希英の系譜

こまで歴史を辿ってきてわかったと思いますが、国が乱れるときはいつも「国王に子なく、王位継承問題が拗れた」ときです。

その意味では「王に子がいない」というだけで"罪深い"とも言え[*01]、逆に子を生しさえすれば他は無為無策の王であったとしても「国王としての最低限の義務は果たした」とも言えます。

ジョンの後世の評価は「無能」「暴虐」「裏切り者」「恥知らず」と散々ですが、そうした意味では彼は"名君"と言えるかもしれません。

なんとなれば、彼以降、3代・4代・5代・6代・7代・8代と6世代200年にわたって順調に父子継承がつづき、ジョンがその起点となっているためです[*02]。

内平らかになりて外勢いを増す

しかし、いつの世も"内（国内）"が安定すれば、自然と政治の矛先は"外（国外）"に向かうもの。

このころのイギリスも王位継承が安定すると目は外に向き、一旦は諦めた「大陸領奪還」の野望が渦巻くようになります。

百年戦争の勃発（プランタジネット朝第5代）

その契機となったのが、エドワード3世（B/C-2）でした。

彼が国王となったとき、因縁浅からぬフランスで国王に「子も弟もいない」状態が生まれます。

こうした場合は「男系親族を辿っていき、男系親族もいないとなると、いよいよ女系国王に頼らねばならなくなるため王朝交代を起こす」ということを我々

（＊01）どこの国でも王妃に対して「王妃は子を産むのが仕事」「一刻も早く子を産め！」というプレッシャーがキツイものがありますが、それはこうした歴史的な背景と切実な理由があるためです。

（＊02）もっとも「ただ"起点"になっているだけで、それはジョンの功績でないのでは？」と言われれば身も蓋もないのですが。

は学んできました。

　ただし今回は、幸いにして仏（フランス）王シャルル4世（A/B-4/5）には男系で繋（つな）がる従弟（いとこ）のヴァロア伯爵フィリップ（B/C-5）がいましたから問題ありません。

　ところが、これに「待った！」をかけたのがエドワード3世。

「ヴァロア伯など、シャルル4世から数えて4親等（従弟（いとこ））も離れておるが、

　余は3親等（甥（おい））しか離れておらんから、余の方が血が濃いぞ！

　余こそ次期フランス国王に相応（ふさわ）しい！」

　確かに"血の濃さ"だけで言えばそうかもしれませんが、系図を見れば一目瞭然、彼は「女系」ですからそもそも継承順位は最下位です[*03]。

　エドワード3世も、一旦はフィリップの即位を認めましたがすぐに翻意し、ついには戦（いくさ）にまで発展してしまいました。

　これがかの有名な「百年戦争（c.1338〜1453年）」です。

百年戦争の背景

　ただ、エドワード3世とて女系の自分に継承権がないことなど百も承知。

　それはあくまでも"戦争を吹っかけるための口実"であって、本当の理由は別にありました。

　じつは、当時のイギリスの基幹産業は羊毛産業だったのですが、その独占的輸出先だったのがフランドル地方[*04]。

　しかし、このころのフランドル地方はフランス領で、日々悪化する英仏関係の中でフランスが「イギリスからの羊毛の輸入を禁止する！」などと言い出したら、一気にイギリス財政は窮地に陥ってしまいます。

　英仏関係に左右されることなく、これからも羊毛の安定的な輸出体制を確保するため、イギリスは「フランドル地方の領有」を目論むようになっており、今回のフランス継承問題はそのいい口実となったのでした。

（＊03）そもそもフランスには「サリカ法」という女系継承を禁ずる慣習的な法があったため、フィリップ6世はこれを根拠としてエドワード3世の主張を拒絶しました。

（＊04）現在のオランダから北フランスあたりの地方。当時は毛織物産業がさかんな地域で、イギリス産羊毛の主な輸出先となっていました。

序章　系図の基礎知識

第1章　イギリスの系譜

第2章　フランスの系譜

第3章　神聖ローマ帝国の系図

第4章　両班の系譜

第5章　ロシアの系譜

第6章　王侯貴族の系譜

王朝最後の王（**プランタジネット朝第6代**）

　エドワード３世の嫡男エドワード黒太子（C/D-1）が、この百年戦争の序盤で活躍したことはつとに有名ですが、如何せん、このエドワード３世の治世は50年の長きに及んだため、黒太子の方が先に亡くなってしまい、その跡を継いだのは孫のリチャード２世（D-1）となりました。

　そして彼こそがプランタジネット朝〝最後の王〟となる人物です。

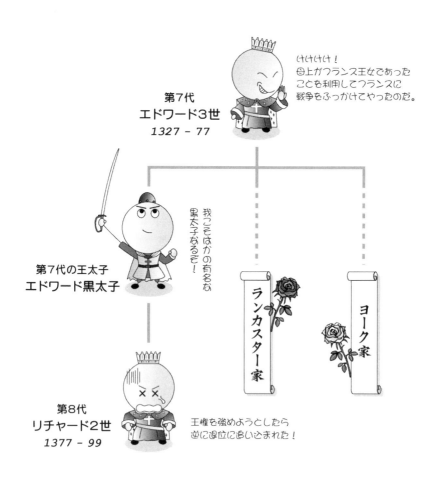

けけけけ！
母上がフランス王女であったことを利用してフランスに戦争をふっかけてやったのだ。

第7代
エドワード3世
1327 - 77

第7代の王太子
エドワード黒太子

我こそはかの有名な黒太子なるぞ！

ランカスター家

ヨーク家

第8代
リチャード2世
1377 - 99

王権を強めようとしたら逆に退位に追い込まれた！

第1章 イギリスの系譜

第6幕

百年戦争（後期）

ランカスター朝・ヨーク朝

依然「百年戦争」は続いていたが、ここからイギリスは内訌の時代に入る。英王リチャード2世は従兄にあたるヘンリー4世に玉座を追われ、そうして生まれた「ランカスター朝」もわずか3代で同族のエドワード4世に王位を奪われ、そうして生まれた「ヨーク朝」も一族で殺し合うという混迷の時代がつづく。

非合法手段によって
王位を簒奪するなど
断じて認めんぞ！

ヨーク公 第3代
リチャード

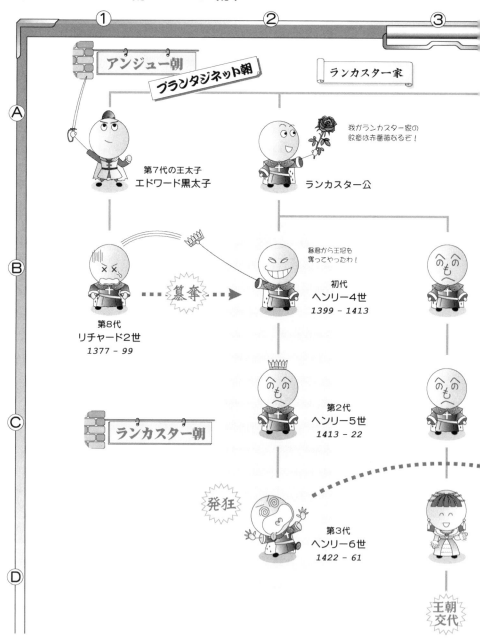

アンジュー朝

プランタジネット朝

ランカスター家

我がランカスター家の
紋章は赤薔薇なるぞ！

第7代の王太子
エドワード黒太子

ランカスター公

暴君から王冠も
奪ってやったわ！

第8代
リチャード2世
1377 - 99

簒奪

初代
ヘンリー4世
1399 - 1413

ランカスター朝

第2代
ヘンリー5世
1413 - 22

発狂

第3代
ヘンリー6世
1422 - 61

王朝
交代

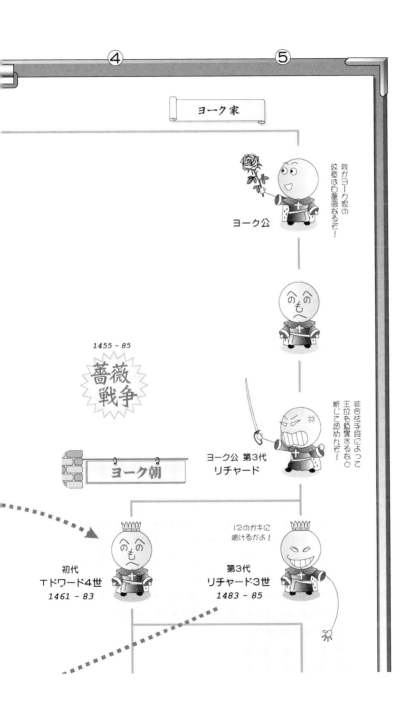

序章　系図の基礎知識

第1章　イギリスの系譜

第2章　フランスの系譜

第3章　神聖ローマ帝国の系図

第4章　首相の系譜

第5章　ロシアの系譜

第6章　丁抹希英の系譜

④　⑤

ヨーク家

我がヨーク家の
紋章は白薔薇なるぞ！

ヨーク公

1455 - 85

薔薇
戦争

非合法手段によって
王位を簒奪するなど
断じて認めぬぞ！

ヨーク公　第3代
リチャード

ヨーク朝

初代
エドワード4世
1461 - 83

12のガキに
負けるかよ！

第3代
リチャード3世
1483 - 85

百年戦争を始めたエドワード３世が亡くなったとき、嫡男のエドワード黒太子（Ａ-1）はすでに亡かったため、その子リチャード（Ｂ-1）が継承することになったところまで触れました。

王家の分裂（プランタジネット朝第8代）

　しかし、このときのリチャード２世はまだ10歳の子供でしたから、当然に政治はできませんでしたので、叔父にあたるランカスター公（Ａ-2）を筆頭とした貴族たちが輔佐することになりました。

　"輔佐"といえば聞こえはいいですが、要するに実質的に国を動かしているのはランカスター公で、リチャード２世は"お飾り"ということです。

　リチャード２世も子供ゆえそうした立場に甘んじていましたが、15歳のときに結婚（＊01）したころから変化が訪れます。

　王妃アンは夫君に実権がないことを知ると、親政を行うようリチャード２世にハッパをかけます。

──この国の王はあなたなのですよ！

　まずは目障りなランカスター公を宮廷から追い、さらに子飼いで側近を固め、リチャード２世は着実に"親政"へと歩み始めましたが、彼の手綱を握っていた王妃アンが27歳の若さで急死すると、統制を失ったリチャード２世は以後情緒が不安定となり、暴君と化していきます。

　衆目に晒される中で貴族を杖で打ち据えるなど、人望を失っていく中、ランカスター公が亡くなるとリチャード２世はランカスター公の所領没収を命じたため、その子ヘンリー（Ｂ-2）は謀反を決意。

　リチャード２世が遠征中（＊02）の留守を狙って政変を決行、そのまま宮廷を掌握するや、慌てて帰国したリチャード２世をも捕縛して即位してしまいました。

（＊01）王妃は神聖ローマ帝国皇帝カール４世の娘、アン。リチャード２世より１つ歳上。

（＊02）1399年のアイルランド遠征。

君子の門前 市を成し、
小人の門前 雀羅張らる_{（＊03）}
じゃく　ら

　こうもあっさり政変（クーデタ）が成功したのは、リチャード２世が独善的な人事の刷新により貴族から反発を買っていたことも然（さ）ることながら、治世後半の粗暴で感情の起伏が激しく人望を失っていたというのが大きな要因でした。

　そのため謀反（むほん）が起こったと知るや、貴族たちは一斉に叛乱軍に付いてしまい、王の味方になってくれる貴族がほとんどいなかったことが大きな敗因となります。

　途中いろいろあったとしても、結局最後は「人望」が事の成否を決めるものです。

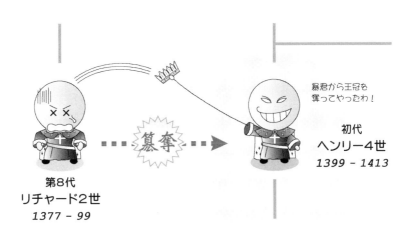

暴君から王冠を
奪ってやったわ！

篡奪

初代
ヘンリー４世
1399 – 1413

第8代
リチャード2世
1377 – 99

（＊03）「人望厚い人の周りには多くの人が集まり、人望のない人からは人がいなくなる」の意。
　　　　「雀羅」というのは雀を捕るための網。あまりに閑散としているため雀が集まり、その雀を捕ろうと網が張られるという譬え。

序章　系図の基礎知識

第1章　イギリスの系譜

第2章　フランスの系譜

第3章　神聖ローマ帝国の系図

第4章　普墺の系譜

第5章　ロシアの系譜

第6章　丁諾瑞英の系譜

王朝簒奪（ランカスター朝）

　こうして新たに即位することになった「ヘンリー４世（Ｂ-２）」ですが、彼はリチャード２世から系図を辿っていくと「男系親族^{（＊04）}」ですから、学問的には「王朝交代」とはなりません。

　しかしながら、類書を紐解くとことごとくここで「王朝交代」「ランカスター朝の幕開け」と説明してあるのはなぜでしょうか。

　じつは、本書「序章」でも説明いたしましたように、たとえ「男系で繋がる継承」であったとしても、それが「武力簒奪」という形態が取られた場合は、便宜上「王朝交代」と見做されるという例外があるためです。

　こたびはその典型例で、あくまで「男系継承」ですから理論上は「同一王朝」ですが、「放伐」を伴ったため形式上「王朝交代」と見做されるというわけです。

　このランカスター朝の時代はほぼ「百年戦争後期」に当たり、王位継承は順調に「親から子」「親から子」と継がれていき、第３代のヘンリー６世（Ｄ-２）のころ（1453年）にようやく「百年戦争」も終わりを遂げました。

薔薇戦争勃発（ヨーク朝初代）

　しかし、これでようやく115年^{（＊05）}ぶりの平和がイギリスに訪れた──とはならず、百年戦争が「終わった！」と思ったその２年後には性懲りもなくさらに30年もつづく内乱が始まることになります。

　じつは「1453年」はイギリスにとって激動の年で、「百年戦争」が終結した年であると同時に、国王ヘンリー６世が発狂した年であり、そのヘンリー６世に待望の世継ぎが産まれた年でもありました。

　かねてよりランカスター家の王位簒奪に不満を持っていたヨーク家は、「国王は発狂、世継ぎは乳呑み子」という状況と積年の恨みが爆発して反旗を翻しま

（＊04）リチャード２世の父の弟の子（従弟）。

（＊05）百年戦争は1338年前後から1453年まで。

す。

　これが「薔薇戦争（1455〜85年）」の嚆矢となりました。

　叛乱を起こしたヨーク公リチャード（C-5）自身は乱途中で戦死（1460年）してしまったものの、その子エドワードが「エドワード4世（C/D-4）」として即位することに成功したため、これが「ヨーク朝」の幕開け[*06]となります。

血塗られた玉座（ヨーク朝第3代）

　しかし、そのエドワード4世は若くして急死してしまった（享年40）ため、このとき王太子エドワード（D/E-5）はまだ12歳の子供でした。

「12のガキなんぞに傅けるか！」

　エドワード4世の弟リチャード（C/D-5）はこれを不服として政変を起こし、即位したばかりのエドワード5世を幽閉・殺害、自らリチャード3世として即位します。

1455 – 85

薔薇戦争

ヨーク朝

ヨーク公　第3代
リチャード

非合法手段によって
王位を簒奪するなど
断じて認めぬぞ！

（＊06）エドワード4世もまたランカスター朝最後の王ヘンリ　6世から数えて「男系で繋がる王族」ですから学問的には王朝交代ではありませんが、今回も「武力による簒奪」ですから便宜的に王朝交代扱いされ、「ヨーク朝の幕開け」とされます。

剣を取る者は剣によって滅ぶ

　即位後のリチャード３世は、ランカスター家の者を皆殺しにしてその玉座を確固たるものとしていきましたが、所詮〝血塗られた玉座〟に座る者には〝血塗られた人生〟と〝血塗られた末路〟が待ち受けているものです。

　まだ子供だったエドワード５世を殺して手に入れた玉座に、心からの忠誠を誓う者は少なく、その治世はつねに叛乱に怯える政情不安がつづき、〝ランカスター家の呪い（＊07）〟か、愛息・愛妃につぎつぎと先立たれる不幸にも見舞われます。

　リチャード３世が支持を失っていく中、ランカスター家傍系のテューダー公ヘンリー（E-3）が叛旗を翻すと貴族は一斉に彼を支持、リチャード３世は身内からもつぎつぎと裏切られ、最期は自ら斧を持って単身敵陣に突撃して戦死。

　そのうえ、遺体は丸裸にされて晒されるという辱めを受けたのでした。

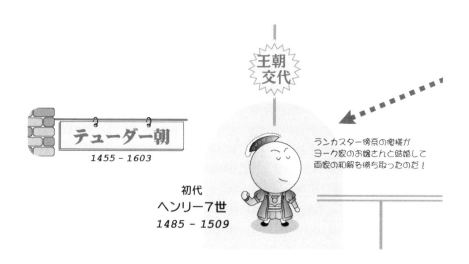

王朝交代

テューダー朝
1455 - 1603

初代
ヘンリー7世
1485 - 1509

ランカスター傍系の俺様が
ヨーク家のお嬢さんと結婚して
両家の和解を勝ち取ったのだ！

（＊07）「戦に勝った者が滅ぼされた側の呪いにかかってつぎつぎと不幸に見舞われる」という話は洋の東西を問わずよくあります。日本では「平家の呪い」など。

第1章　イギリスの系譜

第7幕

絶対主義時代へ

テューダー朝

テューダー朝は、ちょうど中世末から近世初頭にかけての時代の転換点に生まれた王朝で、封建体制から絶対主義体制へと移行していく〝産みの苦しみ〟を乗り越えねばならない激動の時代であった。

それはヘンリー８世の離婚問題に端を発した宗教騒乱という形になって現れることになる。

「妾は国家に嫁ぎたり！」

第5代
エリザベス1世
1558 - 1603

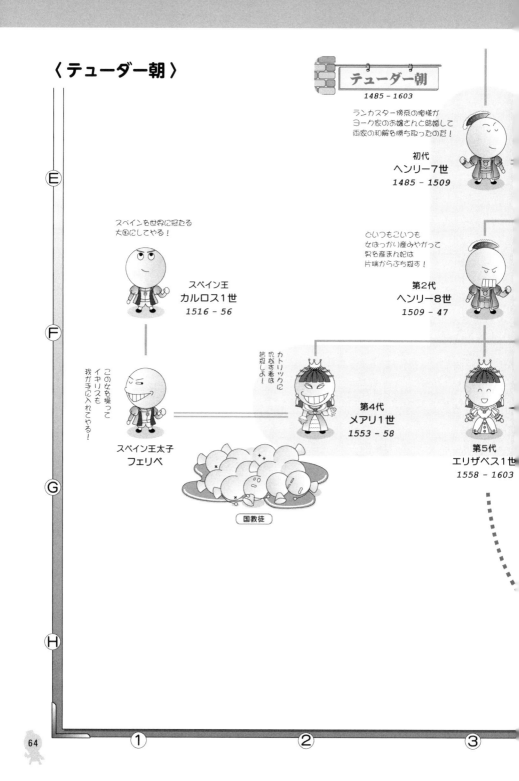

〈 テューダー朝 〉

テューダー朝
1485 - 1603

ランカスター傍系の俺様が
ヨーク家のお嬢さんと結婚して
両家の和解を勝ち取ったのだ!

初代
ヘンリー7世
1485 - 1509

スペインを世界に冠たる
大国にしてやる!

スペイン王
カルロス1世
1516 - 56

どいつもこいつも
女ばっかり産みやがって
男を産まぬ妃は
片端からぶち殺す!

第2代
ヘンリー8世
1509 - 47

この女を娶って
イギリスも
我が手に入れてやる!

スペイン王太子
フェリペ

カトリックに
仇なす者は
皆殺し!

第4代
メアリ1世
1553 - 58

国教徒

第5代
エリザベス1世
1558 - 1603

E

F

G

H

1　　　2　　　3

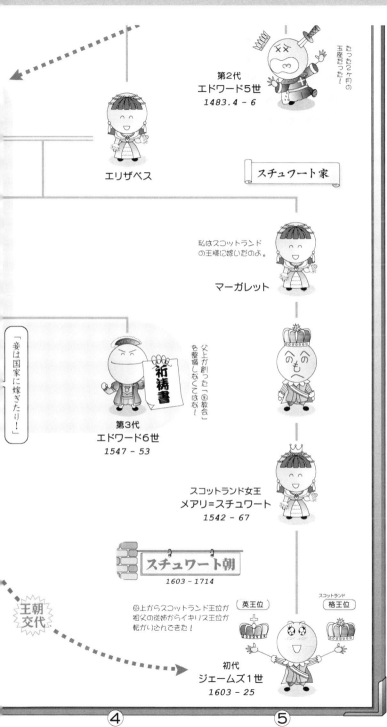

こうして、ランカスター家系の血筋を持つテューダー公ヘンリーがヨーク家の公女と結婚したことで、両家が結ばれてようやく「薔薇戦争」も終わりを迎えました。

このように、永らく対立した両家の男女が結婚することで安定を図るということは洋の東西を問わずよくあることで、日本では、西軍（豊臣陣営）と東軍（徳川陣営）に分かれた対立がつづく中、西軍棟梁（豊臣秀頼）と東軍棟梁（家康）の孫娘（千姫）が結婚したことを彷彿とさせます[＊01]。

待望の男子誕生（テューダー朝第2代）

しかし、系図を見てもらえばわかるように、ヘンリー7世はランカスター家の男系ではなく、"女系"でしたから、ここでついにヘンリー2世から脈々とつづいてきた男系王朝（プランタジネット朝〜ランカスター朝〜ヨーク朝）も終わりを遂げ、新王朝「テューダー朝」の幕開けとなります。

そのヘンリー7世の子・ヘンリー8世（E/F-3）は絶対王政を確立し、宗教改革を断行して「英国国教会」を旧教会から分離独立させるなど、政治・社会・体制を中世から近世へと切り替えた人物として有名ですが、それよりも彼の名を後世に轟かせたのは、やはり数多き"浮名"の方でしょう。

どうしても男の子が欲しかったヘンリー8世は、結婚した相手が女の子を産むと「女腹[＊02]は要らん！」とすぐに離婚・処刑を繰り返して、生涯6度の結婚を経験することになった人物です。

最初の妃キャサリンは女児（メアリ）を産んだため離婚され、それが教皇を巻き込んで宗教騒乱にまで発展しましたし、次のアン＝ブーリンも女児（エリザベス）を産んだため、処刑。

3人目の妻ジェーン＝シーモアがついに待望の男児（エドワード）を産んでくれたものの、産後の肥立ちが悪くそのまま死去。

4人目（離婚）、5人目（処刑）、最後の妻（死別）はすべて子なく、ヘンリー8世の死後は唯一の男子・エドワード6世（F/G-4）が即位することにな

（＊01）もしあのとき秀頼・千姫の間に男の子が生まれていたら、その子が跡を継ぐことでまとまり、大坂の陣もなかったかもしれません。

りました。

ブラッディ・メアリ（テューダー朝第4代）

　しかし、そのエドワード6世も若くして亡くなってしまった^(＊03)ため子なく、とりあえず姉のメアリが即位することになりました。

　これが "血まみれ_{ブラッディ}メアリ" として有名な「メアリ1世（F/G-2）」です。

　彼女の母はバリバリの旧教国スペインの王女カザリン（キャサリン）で、夫がスペイン王太子フェリペ（F/G-1）でしたから、当然、彼女も旧教徒_{カトリック}。

　そのため、ヘンリー8世・エドワード6世と2代にわたって育んできた「英国国教会_{アングリカンチャーチ}」を躊躇いもなく叩き壊し、敵対する者には大弾圧をかけたことで "血まみれ_{ブラッディ}メアリ" と呼ばれるようになります。

　しかし。

　歴史の流れに逆らう者は例外なく "歴史の神_{クレイオ}" によって抹殺されます。

流れに身を任さば浮き、
逆らわば溺_{おぼ}る

　こたびも、すでに時代は "新しい時代（近世）" へと流れ始めていたのに、それを逆流させた彼女の行為は愚行以外の何物でもなく、"歴史の神_{クレイオ}" の怒りに触れたか、殺されていった者たちの "呪い" のためか、彼女の治世はわずか5年、42歳の若さで子を産むこともなく亡くなってしまったので、その妹が即位することになりました。

処女王（テューダー朝第5代）

　彼女こそが "処女王_{ヴァージンクィーン}" と謳_{うた}われるエリザベス1世（F/G-3）です。

　妻を通じて間接的にイギリスを支配していたフェリペは、メアリ_{メアリ}を失ったこ

（＊02）「女の子ばかり産む女性」のこと。

（＊03）享年15。

とでイギリス支配の〝傀儡糸〟が切れてしまうことを恐れ、エリザベスにも求婚しましたが、これに肘鉄を喰らわせた彼女の言葉は有名です。

── 妾は国家に嫁ぎたり。

フェリペの求婚を断った彼女は、メアリ1世が破壊してしまった「英国国教会（アングリカンチャーチ）」を再建し、内には絶対主義を確立し、外には当時の強国スペイン（＊04）を破って（＊05）のちの〝海洋帝国〟の礎（いしずえ）を築き、北米植民地を切り拓いた女王としてつとに有名ですが、彼女は生涯独身を通したこともあって、やはり子に恵まれませんでした。

テューダー朝ではメアリ1世・エリザベス1世と「女性国王」がつづきましたが、彼女たちは〝女系〟ではありませんから、まだこの時点では王朝交代は起こっていません。

しかし、エリザベス1世に子がなかったことで、ついに「女系国王」が立つことになります。

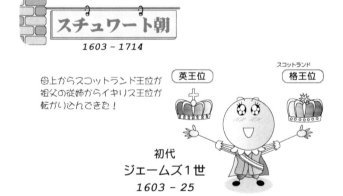

スチュワート朝
1603 - 1714

🙂上からスコットランド王位が祖父の従姉からイギリス王位が転がり込んできた！

英王位

スコットランド
格王位

初代
ジェームズ1世
1603 - 25

（＊04）当時のスペインは「スペイン動けば世界が震える」「スペインの領海に日没なし」と謳われた強国でした。

（＊05）1588年「アルマダ海戦」。ちなみに「アルマダ」というのは地名ではなく「（スペイン無敵）艦隊」の意。

第1章　イギリスの系譜

第8幕

2度の革命を経て……

ステュワート朝

イギリス千年の歴史の中で、革命が起きたのはたった2回だけであるが、その2回ともがこの「ステュワート朝」で起きている。

前王朝では「新教 vs 旧教」の宗教騒乱がつづいたが、こたびは「絶対主義君主と議会」の鬩ぎ合いという形となって現れた。

清教徒
革命

ちぐじ.ょ～～っ!

第2代
チャールズ1世
1625 - 49

〈 ステュワート朝 〉

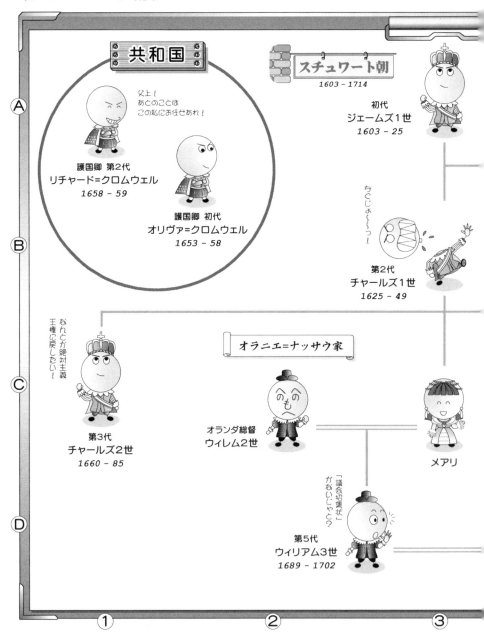

共和国

父上！
あとのことは
この私にお任せあれ！

護国卿 第2代
リチャード＝クロムウェル
1658 - 59

護国卿 初代
オリヴァ＝クロムウェル
1653 - 58

スチュワート朝
1603 - 1714

初代
ジェームズ1世
1603 - 25

ちぐじょ〜っ！

第2代
チャールズ1世
1625 - 49

なんとか絶対主義
王権に戻したい！

第3代
チャールズ2世
1660 - 85

オラニエ＝ナッサウ家

オランダ総督
ウィレム2世

メアリ

「議会召集状」
がないじゃと？

第5代
ウィリアム3世
1689 - 1702

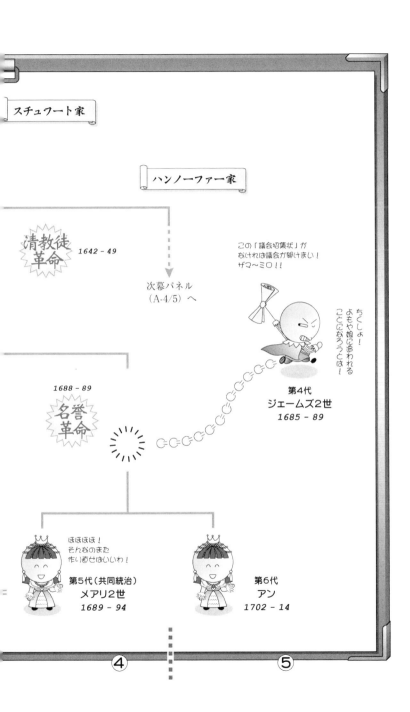

スチュワート家

ハンノーファー家

清教徒革命　1642 - 49

次幕パネル
（A-4/5）へ

この「議会招集状」が
なければ議会が開けまい！
ザマ〜ミロ！！

ちくしょ！
よもや娘に追われる
ことになろうとは！

第4代
ジェームズ2世
1685 - 89

1688 - 89

名誉革命

ほほほほ！
そんなのまた
作り直せばいいわ！

第5代（共同統治）
メアリ2世
1689 - 94

第6代
アン
1702 - 14

④

⑤

序章　系図の基礎知識

第1章　イギリスの系譜

第2章　フランスの系譜

第3章　神聖ローマ帝国の系図

第4章　普墺の系譜

第5章　ロシアの系譜

第6章　工業帝英の系譜

エリザベス1世には子もなく弟妹もなかったため、そうなると、男系を辿っていくことになりますが、すでに男系もいませんでした。

そうなると、いよいよ女系国王の登場、すなわち王朝交代となります。

エリザベス1世から辿って父の姉(マーガレット)がスコットランド王家に嫁いでおり、その子孫にあたるスコットランド国王「ジェームズ6世」に"白羽の矢"が立つことになりました。

王権神授説(ステュワート朝初代)

これが「ステュワート朝」です。

こうしてジェームズ6世は、英王としては「ジェームズ1世(前幕H-5)」と呼ばれるようになりましたが、彼はエリザベス1世の従姪孫(＊01)にあたり、系図を辿ると、エリザベスの父(ヘンリー8世)の姉(マーガレット)の息子の娘(メアリ=ステュワート)の息子(ジェームズ)です。

女(メアリ=ステュワート)を挟んでいるのですから、ジェームズ6世はステュワート王朝からみて「女系国王」に見えます。

となれば、王朝交代を起こしているはずなのに、依然として「ステュワート朝」なのは、じつはジェームズ6世の父(ダーンリー卿ヘンリー)がステュワート家の血を引いている(男系親族)ためです。

この王朝はちょうど「近世」から「近代」の過渡期にあたり、「旧時代(近世的体制)を守ろうとする王党派」と「新時代(近代的体制)を切り拓こうとする議会派」の鬩ぎ合いが生じ、それが「革命」という形となって表面化した時代でもあります。

1000年を超える永いイギリス史上、「革命」が起こったのはたった2回ですが、その2回が2回ともこのステュワート朝下で起こったのはそうした歴史背景があったためです。

(＊01)自分の従兄弟(いとこ)の孫。「姪」という字で表現されていますが男女不問。

(＊02)このころのイギリスはアイルランドも征服していましたので。

(＊03)共通の君主を戴いてはいるが、政府や議会などが別々に独立している国家形態。
そして、同君連合という形態を取る王国のことを「連合王国」と呼び、現在のイギリスの正式な国号が「大ブリテンおよび北アイルランド連合王国」です。

ところで、すでに<ruby>格<rt>スコットランド</rt></ruby>王だったジェームズが、<ruby>英<rt>イギリス</rt></ruby>王＆<ruby>愛<rt>アイルランド</rt></ruby>王（＊02）として即位したことでこの3国は"<ruby>同君連合<rt>＊03</rt></ruby>"となりました。

しかし、彼はこの「同君連合」で満足することなく、エリザベス1世が確立した絶対主義体制を基盤としてこの3国を名実ともに"<ruby>ひとつ<rt>＊04</rt></ruby>"に統合せんと試みます。

政治においては「王権神授説」を唱えて議会を抑え込み、宗教においては国教徒以外認めず、同じキリスト教徒であっても<ruby>旧教<rt>カトリック</rt></ruby>はもちろん、同じ新教の<ruby>清教徒<rt>ピューリタン</rt></ruby>ですら徹底した弾圧を受けることになりました。

この弾圧に耐えかねた<ruby>清教徒<rt>ピューリタン</rt></ruby>たちが続々と"<ruby>清教徒の新天地<rt>ピューリタン</rt></ruby>"を求めてアメリカに渡っていった（＊05）ことがありましたが、彼らこそが「<ruby>巡礼始祖<rt>ピルグリム・ファーザーズ</rt></ruby>」と呼ばれ、現在のアメリカ合衆国の<ruby>礎<rt>いしずえ</rt></ruby>となっていきます。

<ruby>清教徒革命<rt>ピューリタン</rt></ruby>（ステュワート朝第2代）

ジェームズ1世の跡を継いだチャールズ1世（B-3）も父の基本政策「国教主義的絶対主義」をそのまま継承したため、ついに王党派と議会派の対立は修正不可能となって<ruby>革命<rt>レヴォリューション</rt></ruby>が起こってしまいます。

これが世にいう「<ruby>清教徒革命<rt>ピューリタンレヴォリューション</rt></ruby>（B-3/4）」です。

しかし、この革命は2代にわたる議会への抑圧が爆発した形となったことで<ruby>統制<rt>コントロール</rt></ruby>を失って過激化し、国王チャールズ1世を斬首したばかりか、王制そのものを打倒して「共和国」になってしまいました。

君子は中庸に徹し、
　　小人は中庸に反す（＊06）

目的地が遠いとついつい急いでしまいがちですが、急げばかならずあちこち

（＊04）彼は「ひとりの国王、ひとつの信仰、ひとつの法、ひとつの議会、ひとつの国名、ひとつの国旗」をスローガンとしています。

（＊05）この動きを「清教徒離国（ピューリタン・エクソダス）」といいます。

（＊06）子思『中庸』の「第2段 第1節」より。

に歪みが生じて結局はすべて破綻します。

　何事も「中庸」が大切ですが、特に改革は「急進的（ラディカル）に事を進めればろくな結果にならない」ことが歴史によって証明されています。

　案の定、「絶対君主（チャールズ１世）を斬首してみたら独裁者（Ｒ．クロムウェル）（リチャード）が現れた」（＊07）という本末転倒な結末となったため、国民の失望を受けてほどなく王政復古となり、フランスに亡命していたチャールズ１世の子が「チャールズ２世（C-1）」として玉座に返り咲くことになりました。

　しかし、所詮は「蛙の子は蛙」。

　彼も彼の弟（ジェームズ２世）（B/C-5）も絶対主義君主を目指して議会と対立したため、もう一度「革命」を必要とすることになりました。

　これが「名誉革命（C-4）」です。

名誉革命（ステュワート朝第4代）

「次の王様こそ、自由主義思想の持ち主を！」

　そこで議会は王家の血筋を辿っていき、その目に留まったのが当時のオランダ総督でした。

　じつは、ジェームズ２世の姉にメアリ（C-3）がいて、彼女はスペインからの独立に功のあったオラニエ公ウィレム１世の孫ウィレム２世（C-2）に嫁いでいました。

　その子ウィレム３世（D-2/3）が自由主義的思想の持ち主ということで、彼に"白羽の矢"が立ったのでした。

　そのうえ彼は新教徒（プロテスタント）であり、ジェームズ２世の娘を妻としていたことも加点評価となりました。

　こうして英（イギリス）議会から招かれたウィレム夫妻が蘭（オランダ）軍を率いてイギリスに上陸。

　ジェームズ２世からすれば、自分の姉の子に嫁がせた愛娘（まなむすめ）に牙を剥（む）かれたわ

（＊07）おなじ市民革命である「フランス革命」もまた、清教徒革命と同じように急進革命に走ったため、「絶対君主（ルイ16世）を斬首してみたら独裁者（ロベスピエール・ナポレオン）が現れた」と見事に清教徒革命の轍を踏む結果となっています。

けで、怒り心頭、これを迎え討つべく臨戦態勢に入ろうとしましたが、肝心の軍が従わず、それどころか各地で謀反(むほん)が勃発する始末で、ジェームズ2世は逃げ出さざるを得ない状況に追い詰められます。

国栄えて倭臣(ねいしん)群がり、国乱れて支える者なし

人生上り坂のときにはその人が持つ財力・権力に寄せられてあたかも"蟻の甘きにつくが如く"多くの人が周りに集まりますが、そうした者たちはいざとなれば"蜘蛛(くも)の子を散らすが如く"姿をくらますため「支え」とはなりません。

しかし、その人に人望があれば話は別です。

結局、最後は「人望がモノを言う」ということです。

ジェームズ2世は家臣にも軍部にも見放され、アッという間に孤立して亡命を余儀なくされた事実が、彼の人望のなさを象徴していますが、その際、彼は『議会招集状』を握りしめて叫びます。

「これで勝ったと思うなよ!!

この『議会招集状』がなければやつらは議会が開けないのだ!

ザマを見よ!!」

しかしながら、『議会招集状』がなければ、また新しく作り直せばよいだけのこと。

このひとことからも、ジェームズ2世が如何(いか)に人望もなければ教養もない王だったかが窺(うか)い知れます。

幻と消えた一代王朝(ステュワート朝第5代)

こうして即位したのが「ウィリアム3世」です[＊08]。

(＊08)一応、より血の濃いメアリ2世との「共同統治」という形を取りましたが、メアリ2世の方が先に亡くなっています。

彼はオラニエ公系の「女系国王」ですから、新王朝「オレンジ朝[＊09]の幕開け」といいたいところですが、彼はチャールズ1世の外孫[＊10]でもあり、また、妻のメアリ2世との"共同統治"という形を取りましたので、そのまま「ステュワート朝」と見做されます。

もし、ふたりの間に子が生まれてその子が王位を継げば、そのときは晴れて「オレンジ朝の幕開け」となりますが、残念ながらメアリ2世は名誉革命からわずか5年後に32歳という若さで亡くなってしまったために夫婦には子なく、したがってウィリアム3世が亡くなったのち妹のアンが継ぐことになりました。

彼女は多産（17回の妊娠）ではあったものの、流産を6回、死産を6回繰り返し、せっかく産まれた子供も5人が全員夭折したため、彼女もまた跡取りなく亡くなることに。

こうしてついにステュワート朝は断絶し、議会はふたたび国王選びに苦労させられることになったのでした。

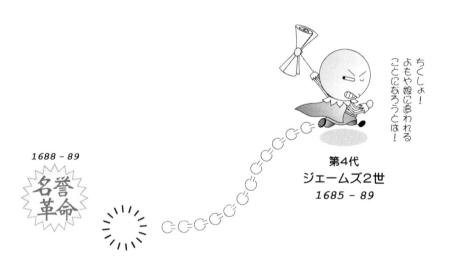

ちくしょ！
よもや娘に追われる
ことになろうとは！

1688 - 89

名誉革命

第4代
ジェームズ2世
1685 - 89

（＊09）「オラニエ公」「オレンジ朝」で表記にブレがあるのは、オランダ語発音と英語発音の違いに拠ります。

（＊10）他家に嫁いでいった娘の子のこと。ここではチャールズ1世の娘メアリの子。

第1章　イギリスの系譜

第9幕

初のドイツ系王朝

ハノーヴァー朝

ステュワート朝の断絶により、ドイツに嫁いでいた女系に〝白羽の矢〟が立った。それがジョージ1世である。この王朝はイギリス史上初のドイツ系王朝で、他の王朝と違って安定的に父子継承が行われていったが、ヴィクトリア女王のときについに断絶、サクス＝コーバーグ＝ゴータ朝に代わった。

こちとら
ドイツ生まれのドイツ育ち！
議会が何しゃべってんのか
わからんから退屈だ！

初代
ジョージ1世
1714 - 27

〈 ハノーヴァー朝 〉

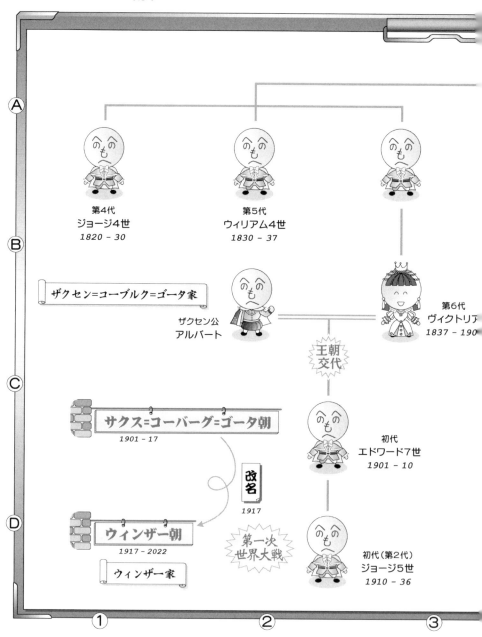

第4代
ジョージ4世
1820 – 30

第5代
ウィリアム4世
1830 – 37

第6代
ヴィクトリア
1837 – 190

ザクセン＝コーブルク＝ゴータ家

ザクセン公
アルバート

王朝
交代

サクス＝コーバーグ＝ゴータ朝
1901 – 17

改名
1917

初代
エドワード7世
1901 – 10

ウィンザー朝
1917 - 2022

ウィンザー家

第一次
世界大戦

初代（第2代）
ジョージ5世
1910 – 36

A

B

C

D

1

2

3

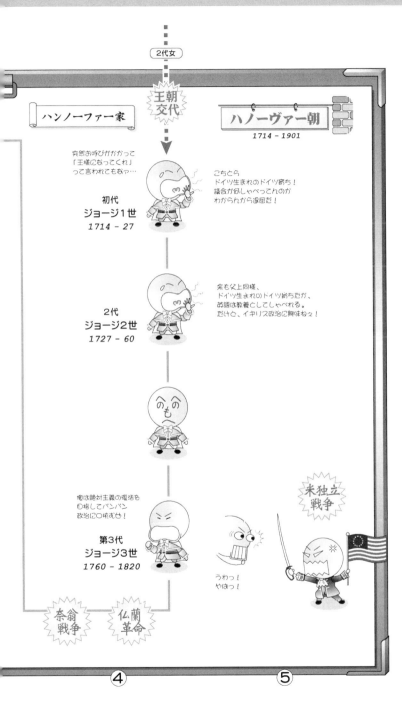

序章　系図の基礎知識

第1章　イギリスの系譜

第2章　フランスの系譜

第3章　神聖ローマ帝国の系図

第4章　辺境の系譜

第5章　ロシアの系譜

第6章　丁諾希英の系譜

アン女王亡きあと、次の王様の選考には難航します。

"自由主義的な思想"を持った新教徒（プロテスタント）で、かつステュワート王家と血が繋がる者となるとなかなか条件が厳しい。

そこで、今回"白羽の矢"が立ったのが、独（ドイツ）貴族だったハンノーファー公ゲオルグ。

じつは、ステュワート朝最後の王・アンの祖父（チャールズ1世）の姉がドイツ貴族に嫁いでいたのですが、ゲオルグはその孫に当たる人物だったのでした。

責任内閣制（ハノーヴァー朝初代）

彼（ゲオルグ）は、アン女王から見て6親等も離れた遠い親戚（＊01）でしたから、ほとんど他人のようなものでしたし、しかも、ドイツ生まれのドイツ育ちの両親に育てられた"生粋のドイツっ子"で、御歳（おんとし）54歳で友人も知人も皆ドイツ人で英語すらしゃべれません。

彼は指名を受けて渡英してジョージ1世として即位、英語の勉強もしてカタコトには理解できるようにはなったものの、これまでの英（イギリス）王室は基本的にフランス系でドイツ系の王は初めてでしたから国民からの人気もなく、多少英語が理解できるようになったが故にそうした気分を害する情報（＊02）も耳に入ってすこぶる居心地が悪く、しかも肝心の議会での難しい英語はやはりほとんど理解できないうえ、ジョージ1世本人もイギリスの政治に大した興味も関心もなかったため議会でも居眠りばかり。

「議会では退屈」「宮廷では居心地が悪い」となれば彼には居場所がありません。

ほどなく彼は望郷の念に駆られて頻繁に故国（ドイツ）に帰ってしまうようになり、そうなると議会は国王不在のまま審議を行わなければならない議題が増えていくことになり、議会としても困った事態となります。

（＊01）続柄でいえば「再従弟（はとこ）」。

（＊02）ジョージ1世の悪口。

所変われば品変わり、 時が変われば仕様も変わる

しかし、物事うまくしたもので、状況が変わったとなれば、自然とそれに即した新しいシステムが生まれるもの。

今回も「国王不在の議会」に合わせて"内閣が政治責任を負う"システムが生まれます。

これが「責任内閣制」と呼ばれて世界に広まり、現代日本にも影響を与える制度となったのでした。

アメリカ独立革命 (ハノーヴァー朝第3代)

次のジョージ2世もやはりイギリスの政治に関心を示さなかったため、「責任内閣制」は一時的なものに止まらず定着していくことになりましたが、次のジョージ3世はそうして定着した責任内閣制をふたたびひっくり返して「絶対主義君主」を再建しようとします。

すでに時代は市民　革命 _{ブルジョワレヴォリューション} を終え、産　業　革　命 _{インダストリアルレヴォリューション} に入り、「近世」から「近代」へと"ゲームチェンジ^(＊03)"を起こしているというのに。

これを日本で喩えるなら、「明治の世 (近代) になって文明開化しているというのに、旧態依然とした幕藩体制 (近世) に揺り戻そうとする」ほどの愚行であって、この一点を見るだけでも彼が為政者として如何に無能かが窺い知れます。

彼 (ジョージ3) がつぎつぎと実施する時代錯誤な政策は、議会を筆頭として各方面からの反発を喰らい、彼はそうした試練・苦難と戦っていかなければならなくなりますが、そのうちのひとつが「アメリカ独立革命」です。

ちなみに、このとき発せられた「独立宣言」を紐解くと、その中身のほとん

(＊03)時代が急激に変動し、従来のルール・制度　価値観などが一斉に通用しなくなり、ことごとく新しい時代の新しいルール・制度・価値観へと移り変わる現象のこと。
　　　詳しくは、拙著『ゲームチェンジの世界史』(日本経済新聞出版)をご参照ください。

どがジョージ３世の無能ぶりを糾弾する弾劾に費やされているほどです。

　アメリカに独立されてしまったあとも、フランス革命・ナポレオン戦争と彼にとって苦難の日々がつづき、結局なんら事を成すこともできぬまま、晩年は精神に異常をきたして亡くなります。

ヴィクトリア朝（ハノーヴァー朝第6代）

　さらに、ジョージ３世の子供たちは後継者に恵まれず、次のジョージ４世（A/B-1）にも、その次のウィリアム４世（A/B-2）にも子がなく、ついにヴィクトリア女王（B/C-3）に至って完全に男系が途絶えてしまいます。

　ヴィクトリア女王といえば「帝国主義時代」を象徴する英^{イギリス}王で、ディズレイリ首相を従え、その治世は64年^{（＊04）}にも及び、イギリス千年の歴史の中でもその絶頂期にあたる時代となりました。

　祖父（ジョージ３世）の失政によりアメリカを失いましたが、これに代わるものとして彼女の御世^{みよ}にインド全土を完全に植民地化したのち、これを「インド帝国」とし、その初代皇帝として君臨、彼女の治世は後世「ヴィクトリア朝」と呼ばれるようになります。

エドワード朝（サクス＝コーバーグ＝ゴータ朝）

　しかし、彼女^{ヴィクトリア}も寄る年波には勝てず、彼女の子エドワードがその跡を継ぐと、彼は「女系国王」となりますのでここで王朝交代となります。

峠を越えれば
　　　あとは下り坂あるのみ

　「ヴィクトリア朝」が絶頂期だと申しましたが、これは裏を返せば「ここから先は下り坂」ということです。

　彼の治世は、母王の「ヴィクトリア朝」の流れから「エドワード朝」などと

（＊04）2022年にエリザベス２世がこの記録を抜くまで、永らくイギリス史上最長の在位期間（70年）でした。ちなみに、ギネスに載る世界最長はルイ14世の「72年」。

呼ばれることもありますが、約1000年前（829年）のエグバートによる天下統一以来ここまで上り調子だったイギリスの歴史が、ついにここから「衰退期」に入る、その転換期となります。

　ところで、ヴィクトリア女王はザクセン＝コーブルク＝ゴータ家のザクセン公アルバート（B/C-2）に嫁いでいましたから、新王朝は「サクス＝コーバーグ＝ゴータ朝[*05]」となり、その初代国王がエドワード7世（C/D-2/3）です。

　しかし、残念ながらというべきか、この王朝名は一般にはあまり認知されていません。

　これまで学んでまいりましたように、学問的には"歴とした王朝"なのに世間的にはほとんど認知されていない王朝はいつも「一代王朝」でしたから、今回もそうなのかと言えばそういうわけでもなく、サクス＝コーバーグ＝ゴータ朝は以後120年以上5代にもわたってつづいている王朝です。

　ではなぜ、この王朝名があまり知られていないのか。

　じつは、この王朝は次のジョージ5世（D-2/3）のときに改名しているためです。

第一次世界大戦（ウィンザー朝初代）

　じつは、このジョージ5世の御世に「第一次世界大戦」が勃発しているのですが、このときのイギリスの敵国がドイツ。

　これからドイツと戦っていかなければならないのに、王朝名がドイツ家名では国民としても如何にも戦いにくい。

　そこで、当時王宮のあったウィンザー城から1917年に家名を「ウィンザー家[*06]」、王朝名を「ウィンザー朝」と改名したのです。

（*05）「ザクセン＝コーブルク＝ゴータ家」と「サクス＝コーバーグ＝ゴータ朝」で表記にブレがあるのは、ドイツ語発音か英語発音かの違いに拠ります。ドイツの話をしているときはドイツ語発音でイギリスの話をしているときは英語発音に準じています。
　ちなみに、この家柄については最終章で詳説しています。

（*06）当時、王宮が置かれていた「ウィンザー城」に拠る。

序章　系図の基礎知識

第一章　イギリスの系譜

第2章　フランスの系譜

第3章　神聖羅帝国の系図

第4章　簡壊の系譜

第5章　ロシアの系譜

第6章　丁定希英の系譜

ところで、歴史学では「その本質が変わったわけではないのに名前が変わる」こともあれば、その逆に「その本質が変わっているのに名前が同じ」ということもあります。

　このような場合、本質が変わっていなければ同じ名前で呼び、本質が変わっていれば別々の名を与える作業が行われます。

　たとえば、「ローマ帝国」は前27年から後395年まで約400年にわたってつづいていますが、その蓋を開けると、ローマ帝国の上半期と下半期ではまったく本質が違います。

　歴史家は本質が違うものを同じ名前で呼ぶことを嫌いますので、それぞれ上半期の300年間に「プリンキパートゥス」、下半期の100年間に「ドミナトゥス」という名が与えられます。

　逆の例でいえば、中国では1915年に『青年雑誌』という雑誌が発刊されましたが、翌1916年にはこれを『新青年』と改題しています。

　書名は変わりましたが、特に雑誌の中身が変わったわけではありません。

　そうしたときは、「改名前も改名後の名称でひっくるめて呼ぶ」ということがよく行われます。

　類書を紐解くと、「1915年、『新青年』発刊」と書いてあったりしますが、これは厳密には誤りとはいえ、慣習的表現としては誤りではありません。

　閑話休題。

　じつは、今回も「サクス＝コーバーグ＝ゴータ朝」はわずか16年で「ウィンザー朝」と改名されましたが、王朝交代が起こったわけではないため、サクス＝コーバーグ＝ゴータ朝の最初から「ウィンザー朝」として説明してある本が多いのはそうした理由からです。

第1章 イギリスの系譜

第10幕

2度も王朝名を変えた王朝

ウィンザー朝

独風の「サクス゠コーバーグ゠ゴータ朝」から英風の「ウィンザー朝」に改名し、心機一転と行きたいところだったが苦難の道はつづく。外からは2つの世界大戦が襲いかかり、内には継承問題が続発。エドワード8世は王位を棄て、戦後はついに男系が絶えて女王が立つ。王朝断絶の危機に彼女が採った手段とは……!?

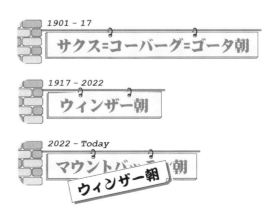

1901 – 17
サクス゠コーバーグ゠ゴータ朝

1917 – 2022
ウィンザー朝

2022 – Today
マウントバッ   朝
ウィンザー朝

〈 ウィンザー朝 〉

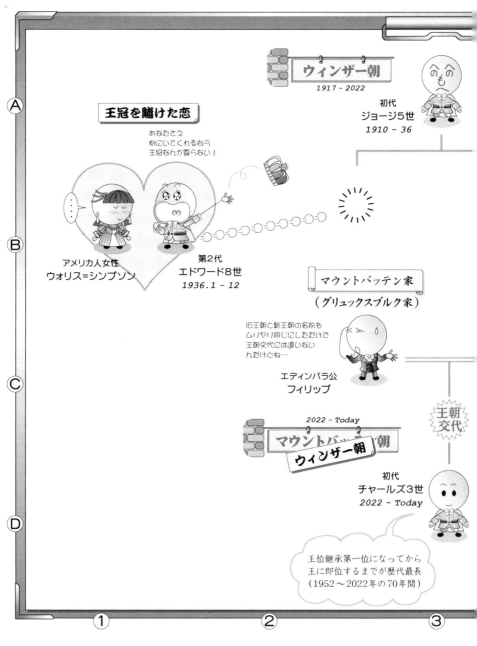

ウィンザー朝
1917 – 2022

初代
ジョージ5世
1910 – 36

王冠を賭けた恋

あなたさえ
側にいてくれるなら
王冠なんか要らない！

アメリカ人女性
ウォリス＝シンプソン

第2代
エドワード8世
1936.1 – 12

マウントバッテン家
（グリュックスブルク家）

旧王朝と新王朝の名前を
ムリヤリ同じにしただけで
王朝交代には違いないん
だけどね…

エディンバラ公
フィリップ

王朝
交代

2022 – Today
マウントバッテン朝
ウィンザー朝

初代
チャールズ3世
2022 – Today

王位継承第一位になってから
王に即位するまでが歴代最長
（1952～2022年の70年間）

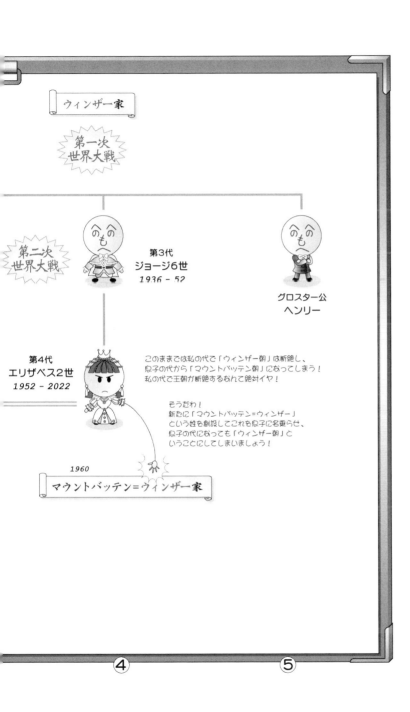

ウィンザー家

第一次
世界大戦

第二次
世界大戦

第3代
ジョージ6世
1936 - 52

グロスター公
ヘンリー

第4代
エリザベス2世
1952 - 2022

このままごは私の代ご「ウィンザー朝」は断絶し、
息子の代から「マウントバッテン朝」になってしまう！
私の代ご王朝が断絶するなんて絶対イヤ！

そうだわ！
新たに「マウントバッテン＝ウィンザー」
という姓を創設してこれを息子に名乗らせ、
息子の代になっても「ウィンザー朝」と
いうことにしてしまいましょう！

1960

マウントバッテン＝ウィンザー家

④　　　　　　　⑤

序章　系図の基礎知識

第1章　イギリスの系譜

第2章　フランスの系譜

第3章　神聖ローマ帝国の系図

第4章　普墺の系譜

第5章　ロシアの系譜

第6章　丁諾希英の系譜

て、こうしていよいよ「ウィンザー朝」の幕が開けましたが、この土朝
さこそが第一次世界大戦・第二次世界大戦・戦後の冷戦期という"激動の
20世紀"を駆け抜けた王朝です。

　この王朝が駆け抜けた時代背景も激動でしたが、この王朝自体も"激動の王
朝"だったといえましょう。

　このことを以下に見ていくことにいたします。

"王冠を賭けた恋"（ウィンザー朝第2代）

　ウィンザー朝の初代（＊01）ジョージ5世（A-3）が亡くなったのは1936年
ですが、「1936年」といえばヒトラーが「ラインラント進駐」をかけた年で、
まさに"風雲急を告げる"重要な年です。

　ここから世界は一気に雲行きが怪しくなり、「第二次世界大戦」へと驀進して
いくことになりましたが、そうした激動の年に即位したのがジョージ5世の嫡
男「エドワード8世（B-1/2）」でした。

　彼はジョージ5世の長男であることはもちろん、容姿端麗で社交的、しかも
国民からの人気もありましたので、そうした意味では"順当な継承"と言えま
したが、ひとつ懸念材料があって、それは彼が即位の3年ほど前からアメリカ
人の離婚歴のある人妻ウォリス＝シンプソンと不倫していたこと。

　王太子時代ならまだしも、正式に戴冠し、「エドワード8世」として即位し
たからには、日に日に悪化する国際情勢の中、「王としての自覚」を以て不倫
を清算してくれることが期待されましたが、そうした周囲の期待を裏切って、
彼はあくまでもウォリスとの結婚を望み、公衆の面前で彼女の夫に「さっさと
離婚しろ！」と恫喝、さらには暴行を加えるなど、王としてあり得ない常軌を
逸した言動を繰り返すようになります。

（＊01）ウィンザー朝は、サクス＝コーバーグ＝ゴータ朝（エドワード7世）を含めるか含めない
　　　　かで代数（「第〇代」などの付番）がひとつつつズレてしまいますが、以下、含めない数
　　　　え方の代数で表記します。

（＊02）恋愛に障害が伴うと燃え上がるのは、「恋愛障害に対する"戦闘心"を脳が"恋愛による
　　　　興奮状態"と勘違いしてしまうため」という研究論文（R.ドリスコール博士）がありま
　　　　す。

およそ「王としての自覚」もなく、その威信を傷つける言動に加え、そもそも英国国教会では離婚を禁じており、英国国教会の首長でもある国王が御自ら これを破ろうとしていることになりますから言語道断です。

恋を阻む壁は想いを募らす堰

こうしてエドワード8世は宮廷・政府・国民から見限られていきましたが、どんなに周りから非難されても説得されても孤立しても、いえ、それだからこそいよいよ以て恋は燃え上がり(＊02)、彼は"王冠"を棄てる覚悟を決めます。

こうして、即位よりわずか11ヶ月、歴代 英 王の中で「在位期間最短」という不名誉な記録を残して彼は玉座を去る(＊03)ことになったのでした。

第二次世界大戦(ウィンザー朝第3代)

こうして玉座は弟(ジョージ)に転がり込んでくることになりました。

彼こそが第二次世界大戦期の英王「ジョージ6世(B-4)」です。

王冠を賭けた恋

あなたさえ
側にいてくれるなら
王冠なんか要らない！

アメリカ人女性
ウォリス＝シンプソン

第2代
エドワード8世
1936.1 - 12

(＊03)当時は「王冠を賭けた恋」などと騒がれ、ふたりは周囲の反対を押し切って結婚しましたが、晩年の夫婦関係は冷えきっていたようです。

序章　系図の基礎知識
第1章　イギリスの系譜
第2章　フランスの系譜
第3章　神聖ローマ帝国の系図
第4章　首墳の系譜
第5章　ロシアの系譜
第6章　王統布英の系譜

しかし、彼は生まれつき内気で病弱（＊04）であったため、「この激動の時代を担う重責に私の体は耐えられないかもしれない」という思いがありました。

そこで、即位当初から跡継ぎのことが考えられましたが、彼には娘（エリザベス（＊05））しかいなかったため、本来であれば弟のグロスター公ヘンリー（B-5）が継ぐべきところです。

グロスター公には嫡男がいましたから、王朝存続という意味でもグロスター公の方が適任です。

しかし、ジョージ6世は我が子かわいや、弟を呼び出して懇願します。
「ヘンリーよ。もし、余に"もしも"のことがあったら、
　　どうか幼き我が愛娘を即位させ、そなたが彼女を輔佐してやってほしい。」

たいていの者は王位を望むため、こうした頼みは断るところですが、グロスター公は元来内気で人前に出るのが苦手な性格だったため玉座に興味なく、これを快諾。

こうしてエリザベスが継承順位第一位となったのでした。

イギリス史上最長在位（ウィンザー朝第4代）

1952年、ジョージ6世が亡くなると、娘が「エリザベス2世（C-4）」として即位することになりました。

ここまでの"イギリス千年の歴史"の中で女王は「メアリ1世」「エリザベス1世」「メアリ2世」「アン」「ヴィクトリア」の5人しかいません（＊06）が、メアリ1世を除けばたいていイギリス史の安定期・繁栄期にあたり、また治世も比較的長い人が多く、こうしてみるとイギリスで女王が立つことは"縁起がいい"とも言えます。

（＊04）慢性胃炎・十二指腸潰瘍など特に胃腸が弱く、手術までしています。

（＊05）当時まだ9つ。

（＊06）他にも「マティルダ」「ジェーン＝グレイ」がいますが、彼女たちは対立王を抱えて王権を掌握できていませんでしたし、治世期間もジェーン＝グレイは戴冠からわずか9日間と短く、マティルダに至っては戴冠すら受けていないため、彼女たちを「女王」として数えないことが多い。

　これが中国だと、女帝や睡簾聴政(＊07)など女が政治に口を挟むとたちまち国が傾きますからイギリスとは対照的です。

女は男を支配してはならない

……とは『新約聖書』の中に出てくる聖句(第一テモテ 2-12)ですが、この聖句はキリスト教国のイギリスには当てはまらないようで、むしろ異教の国・中国にこそ当てはまるようです。

　その証拠に、こたびのエリザベス 2 世もその在位期間はイギリス史上ではそれまでの最長記録であったヴィクトリア女王を抜き(＊08)、世界史上でもルイ 14 世に迫る世界第 2 位(＊09)という長さを誇り、その在位期間、国家も大禍なく過ごすことができました。

新王朝の名称を改定

　ところで、彼女が即位した当時、すでに 4 歳の息子チャールズがいましたから、将来この子が即位すれば彼は〝女系国王〟となりますので「王朝交代」となります。

　彼の父はマウントバッテン家のエディンバラ公フィリップ(C-2/3)ですから、新王朝の名はさしづめ「マウントバッテン朝(＊10)」といったところでしょう。

　このことは当時から何かと話題にされ、マスコミの取材を受けたマウントバッテン一族の者が「ついに我が一族から王家を出すことになったわい!」と得意満面に話したことが報道されました。

(＊07)皇帝を傀儡とし、皇后や皇太后が実権を握って政治を取り仕切ること。

(＊08)エリザベス 2 世の在位期間が「70 年」、ヴィクトリア女王が「64 年」。

(＊09)ルイ 14 世の在位期間は「72 年」で今のところ世界一。エジプト王ペピ 2 世(94 年)や高句麗の長寿王(79 年)などをルイ 14 世より上にランキングしてあるものも散見されますが、彼らは確たる証拠のない人たちですので歴史学的にはランキングに入れません。

(＊10)もっと厳密に言えば「グラックスバーグ朝」なのですが、ここでは詳しくは触れません。

序章　系図の基礎知識
第 1 章　イギリスの系譜
第 2 章　フランスの系譜
第 3 章　神聖羅帝国の系図
第 4 章　菩薇の系譜
第 5 章　ロシアの系譜
第 6 章　丁諾希英の系譜

おそらくエリザベス2世自身も「私が女であるばかりに王朝が私の代で断絶してしまう」ということに気が咎める（とが）ところもあったのでしょう、マウントバッテン家の者の心なき言葉がエリザベス2世の耳にも届くと、彼女はいたく気分を害し、手を打つことにします。

彼女の息子チャールズは、本来であれば父方の家名「マウントバッテン家」に属するところですが、1960年、エリザベス2世は「枢密院令」を発して父方と母方の家名を合わせた「マウントバッテン＝ウィンザー家」という家を創設し、これを息子の家名とさせたうえで、チャールズは「マウントバッテン＝ウィンザー家なのだから」という理屈で新王朝の名称も「ウィンザー朝」と定めてしまいます。

舌は是（こ）れ身を切る刀なり

マウントバッテン卿が余計なことを言わなければ実現したかもしれない「マウントバッテン朝」は、こうして〝舌〟が災いして歴史からその名を削られることになったのでした。

新王朝の誕生（〝新〟ウィンザー朝初代）

それから62年後。

即位から数えれば70年という時を経て、ついにエリザベス2世もこの世を去り、予定通り彼女の嫡男が「チャールズ3世（＊11）」として即位することになりました。

彼は〝女系国王〟、ここで「王朝交代」となります。

しかし、先にも述べましたとおり、こたび生まれた新王朝の名を「ウィンザー朝」と法律で定めてしまったため、これ以降も「ウィンザー朝」と呼ばれつづけることになりました。

これが多くの人に勘違い（＊12）を招く結果になります。

（＊11）彼はイギリス1000年の歴史の中でも「もっとも長く王位を待たされた王太子」となりました。

　チャールズ3世の即位後も「ウィンザー朝」と呼ばれつづけることになったことで、歴史に疎い人たちが「王朝交代は起こっていない」と勘違いし、その認識が巷間に拡がっていくことになります。

　その結果、「イギリスでは女系国王が即位しても王朝交代が起こらないのに、なぜ日本では"女系天皇が立つと王朝交代が起こるからダメだ"などと言われるのか?」という混乱が蔓延るようになりました。

　思い違いをしてはならないのは、今回のイギリスでも紛れもなく「王朝交代は起こっている」ということです。

　ただ、王朝交代を挟んだ「旧王朝名」と「新王朝名」を法律で無理やり同じ名前にしてしまうという強引な手法によって新王朝成立後も同じ名前で呼ばれているという"まやかし"にすぎません。

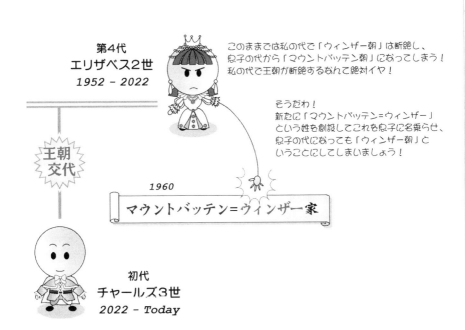

――――――――――
（＊12）もっともこれは「大衆がそのように"勘違い"するように仕向けられた一種のプロパガンダ」なので、大衆がそう誤解するのは、まさに王室の"目論見通り"なのですが。

法的に王朝名を同じにしてしまいましたが、実体は紛うことなき〝別王朝〟なのです。

　たとえば、日本では歌舞伎や落語など芸能の世界では「襲名」というものが行われますが、「市川團十郎」「桂米朝」という名を襲名したからといって「初代」と「2代目」が同一人物ではないのと同じです。

　先に、「歴史用語には〝中身が別物なのに名前が同じ〟ということがままある」と申しましたが、今回はその典型例となり、「そうした場合は歴史家によって〝別名〟が与えられる」ことが多いので、今回もそのうち「新ウィンザー朝」などの〝別名〟が与えられることになるかもしれません。

　こうして、「改名」によって生まれたウィンザー朝は、「改名」によって〝見せかけだけの延命〟を図ったのでした。

途切れ途切れの血統

　さて、ここまでイギリスの歴史を建国から現代まで、系図視点から俯瞰してまいりました。

　イギリスが天下統一してから1000年余り、こうして眺めてみると、初代のエグバートから現在のチャールズ3世に至るまで血筋そのものは脈々と繋がっている(＊13)ことがわかります。

　しかし、その間十数回にわたって〝女系国王〟が立って男系が途切れていますから「一系」ではありません。

　そこのところが2000年以上前の神話時代から脈々と男系で繋がる「万世一系(＊13)」の天皇家とは決定的に違うところです。

（＊13）「ここで王妃が浮気しているから王家は断絶している」などは考慮に入れません。
　　　　王位継承において重要なのは「客観的事実」ではなく「みんながそう信じているという事実」なのですから。

第2章 フランスの系譜

第1幕

" カペーの奇蹟 "

カペー朝（父子継承期）

幾度となく王朝交代を繰り返したイギリスとは対照的に、フランスは最初に生まれた王朝「カペー朝」が現在に至るまで1000年以上にわたって一度も断絶することなく続いている。これを〝カペーの奇蹟〟という。

しかし、一般的には「ヴァロア朝」「ブルボン朝」と、さも王朝交代しているように書かれているのはなぜか。

余は王朝存亡の機を
大発展に転換した
カペー朝随一の名君
中の名君なのだぞ！

カペー朝 第7代
フィリップ2世
（尊厳王）
1180 - 1223

〈カペー朝〉

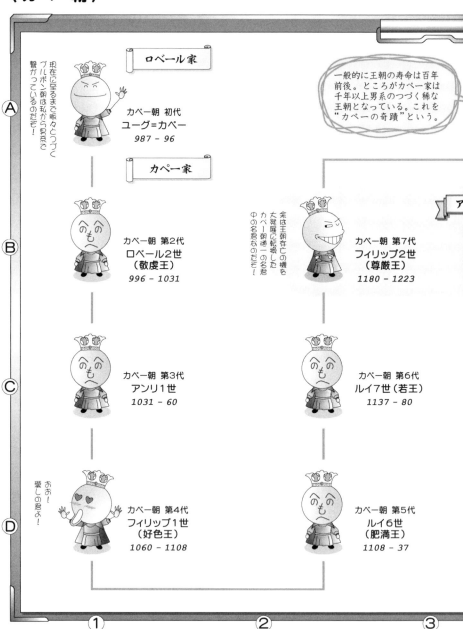

ロベール家

カペー朝 初代
ユーグ＝カペー
987 - 96

一般的に王朝の寿命は百年前後。ところがカペー家は千年以上男系のつづく稀な王朝となっている。これを"カペーの奇蹟"という。

現在に至るまで脈々とつづくブルボン朝は私から系譜で繋がっているのだぞ！

カペー家

カペー朝 第2代
ロベール2世
（敬虔王）
996 - 1031

カペー朝 第7代
フィリップ2世
（尊厳王）
1180 - 1223

余は王朝存亡の機を大発展に転換したカペー朝通一の名君中の名君なのだぞ！

ア

カペー朝 第3代
アンリ1世
1031 - 60

カペー朝 第6代
ルイ7世（若王）
1137 - 80

カペー朝 第4代
フィリップ1世
（好色王）
1060 - 1108

おお！愛しの君よ！

カペー朝 第5代
ルイ6世
（肥満王）
1108 - 37

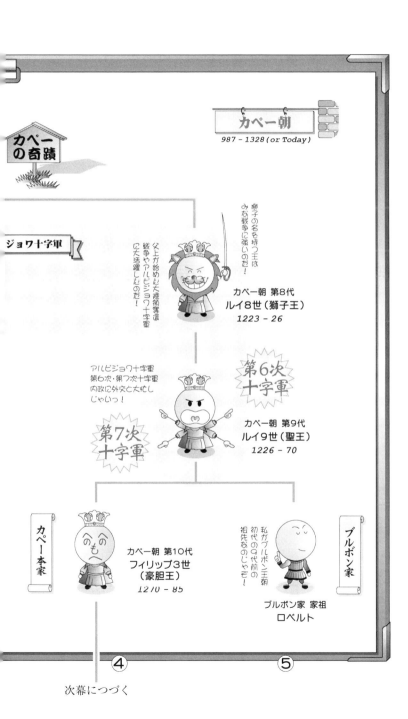

カペー朝
987 – 1328 (or Today)

カペー
の奇蹟

ジョワ十字軍

獅子の名を持つ王は
みな戦争に強いのだ！

父上が始めた大陸領奪還
戦争やアルビジョワ十字軍
に大活躍しんのだ！

カペー朝 第8代
ルイ8世（獅子王）
1223 – 26

第6次
十字軍

アルビジョワ十字軍
第6次・第7次十字軍
内政に外交と大忙し
じゃいっ！

第7次
十字軍

カペー朝 第9代
ルイ9世（聖王）
1226 – 70

カペー本家

カペー朝 第10代
フィリップ3世
（豪胆王）
1210 – 85

私がブルボン王朝
初代の9代前の
祖先なのじゃぞ！

ブルボン家

ブルボン家 家祖
ロベルト

④

⑤

次幕につづく

序章 系図の基礎知識

第1章 イギリスの系譜

第2章 フランスの系譜

第3章 神聖ローマ帝国の系譜

第4章 諸侯の系譜

第5章 ロシアの系譜

第6章 ﾉ譜希臘の系譜

97

さて、次は海峡を挟んだイギリスの隣国にして"永遠のライヴァル"、フランスの歴史を系図から俯瞰していきます。

イギリスは、（数え方にも拠りますが）今日に至るまで十数回もの王朝交代を繰り返してきましたが、では、イギリスとよく対比されるフランスはカペー朝成立以来、何回ほど王朝交代をしたのでしょうか。

イギリスと同じくらいで、やはり十数回？

それとも半分くらいの６〜７回？

学生時代に習ったことが頭の片隅にある人なら、鼻を膨らめながらこう答えるかもしれません。

——いやいや、それくらい知ってますよ。

　カペー朝、ヴァロア朝、ブルボン朝、オルレアン朝の３回でしょ？

いいえ。

じつは、「０回」です。

フランス最初の王朝「カペー朝」は、イギリスが統一王朝を築いたのと同じころに誕生していますが、以来1000年、イギリスが頻繁に王朝交代を繰り返したのとは対照的に、フランスは一度も王朝交代していません。

でも、確かに教科書を始めとして、どんな本を開いても「カペー朝→ヴァロア朝→ブルボン朝→オルレアン朝」と、さも王朝交代しているように書かれています。

これはどういうことでしょうか。

なぜそういうことになっているのかも踏まえながら、本章ではフランスの歴史を系図から俯瞰していくことにしましょう。

フランス王国の成立前

ヨーロッパに最初に君臨した「帝国」といえば、人類史上後にも先にも唯一地　中　海を"我らが海"とした「ローマ帝国」です。

（＊01）ただし「分裂」とはいっても、"ひとつの帝国"という意識は持ちつづけました。

（＊02）とはいえ、東地中海を"我らが海"としていたのはほんの200年余りで、以降はバルカン半島とアナトリア半島の一角を占めるだけの地方政権と化していましたが。

しかし、何事も "適度" というものがあり、「大きければよい」というものではありません。

大欲は蛇の口を裂き、
熊鷹の股をも裂く

ローマ帝国は「外敵 (ゲルマン) によって亡ぼされた」というより、「そのあまりにも大きくなりすぎた巨体を自ら支えきれなくなって自壊した」と表現した方が現実に近く、そうして 395 年、東西に "分裂(＊ 01)" しました。

「帝国の東半分 (通称「東ローマ帝国」)」はそれから 1000 年以上にわたって生き存えました(＊ 02)が、「西半分 (通称「西ローマ帝国」)」は 100 年と保たず崩壊、その故地ではしばらく地方政権の濫立がつづくことになりました。

カール戴冠

この戦国さながらの動乱の中から頭角を現し、西ローマ帝国旧領の大半を再統一することに成功したのが「カロリング朝フランク王国」です。

ところで、永くつづいた戦乱を平定する者が現れると、その者はその国の "権威" から何かしらの称号が与えられる——というのが世の常です。

たとえば、欧州ならオクタヴィアヌスが打ちつづくローマの混乱「内乱の一世紀」を平定すると元老院から「尊厳者」の号が与えられましたし、イスラームではアッバース朝東部の混乱を抑えたブワイフ朝にカリフから「大総督」の号が、つづくセルジュック朝には「権威者」の号が与えられましたし、中国では三國志の動乱の中で関羽が「漢寿亭侯」を賜り、日本では戦国の世を平定した豊臣秀吉が天皇から人臣最高位の「関白」を受け取っていますが、これらの共通点はいづれも "その国の権威から拝受されたものなれど、実体を伴わないただの名誉号" だという点です。

今回も、カール大帝がその功によりローマ教皇レオン 3 世から "西ローマ帝

(＊ 03) 800 年 12 月 25 日の所謂「カール戴冠」。これによりカール大帝以降の歴代フランク国王は「西ローマ帝国皇帝」を兼位することになります。

国皇帝"として戴冠を受けた（＊03）ことはあまりにも有名ですが、西ローマ帝国などすでに滅亡して久しい何の実体もない肩書です。

　しかし、"成り上がり者"にとって、その実体の有無より"その国の権威から認められた"という事実が重要なので、ありがたくも拝受します。

　こうして「西ローマ皇帝」という古代の権威を纏ったとはいえ、やはりこの巨大な帝国を維持することは至難の業で、このフランク王国も戴冠から半世紀と保たずに解体、ここから現在の独・仏・伊の原型となる国（＊04）が生まれてきます。

　こうして生まれた３国は、当然のことながら最初はすべて「カロリング朝」でしたが、それも伊（875年）・独（911年）・仏（987年）と順次血統が断絶してそれぞれ王朝交代していきました。

　西フランク王国最後の王（ルイ５世）には嫡男がいなかったため、こうした場合、ここまで見てまいりましたとおり、本来であれば男系親族を辿っていくことになります。

　ルイ５世には叔父（＊05）がいましたから、順当にいけば彼が継ぐことになるはずでした。

フランス初の王朝（カペー朝初代）

　しかし、現実にはそうはなりませんでした。

　じつは、叔父のシャルルは先君ロテール王（ルイ５世の父／シャルルの兄）と対立して、外国軍まで国内に招き寄せて戦を仕掛けてきたため、諸侯から「王に相応しくない」との烙印を押されていたためです。

　そこで"白羽の矢"が立ったのがロベール家（＊06）のパリ伯ユーグ＝カペー（A-1）でした。

　ロベール家といえば、祖父の代までは西フランク王を出すほどの大々諸侯でしたが、ユーグ＝カペーが家督を継いでからはあれよあれよという間に零落し、

（＊04）それぞれ東フランク王国・西フランク王国・中フランク王国。中フランク王国は「南フランク王国」「イタリア王国」「ロタール王国」など呼称が一定しません。

（＊05）ルイ５世の父（ロテール王）の弟（シャルル）。

このころにはパリとその周辺を支配するだけの弱小伯爵に零落していました。

しかし、少し前まで王を輩出したほどでしたから家柄のよさは申し分ないのに力は弱く、しかもその当主（ユーグ）が無能というのは、むしろ諸侯たちにとっては都合がよい[*07]ものでした。

カペーの奇蹟（第2～6代）

しかし、ここからがカペー家の真骨頂となります。

一般的に、ひとつの王朝の平均寿命はだいたい100年ほどです。

前章でイギリスの歴代王朝を見てもらってもわかりますように、1代2代で断絶してしまうことも珍しくなく、200年以上つづくことは稀です。

イギリス史上、「アングロサクソン朝」と「プランタジネット朝」だけが200年超えですが、あとはだいたい男系がつづかず100年に届きません。

にもかかわらず、カペー朝はこれから1000年以上にわたって男系で繋がる王朝を現在に至るまで脈々と伝えており、これはたいへん稀有なことであるため「カペーの奇蹟（A-3）」と呼ばれるほどです。

ちなみに、歴史を系図視点から俯瞰して学んでみると、王位継承と国の栄枯盛衰にはおおよその因果関係があることがわかってきます。

一波纔かに動いて万波随う

閑かな湖面の真ん中に小石を落とすと、それが波紋となって全体に拡がっていくように、宮廷の乱れは中央だけに収まらず、国全体を揺るがすことが多いためです[*08]。

たとえば、「親から子」「親から子」と一直線に直系で王位が継承されているときはたいてい宮廷が安定しているときで、その国の情勢も安定していますが、

（＊06）ロベール家はユーグ＝カペーから以降、「カペー家」と呼ぶようになります。

（＊07）諸侯らにとっては、王権は弱い方が好き勝手に振る舞えるため。

（＊08）その逆もまた然り、社会不安が継承問題を引き起こすこともあります。

弟や甥、従弟、又従弟と親等の低い継承が連続的に行われるようになるときは たいてい宮廷が乱れているときですから、国も傾きますし、その王家自体がほ どなく断絶します。

　このことを踏まえたうえでカペー朝の系図を見てみると、ユーグ＝カペーの あと、「親から子」「親から子」「親から子」となんと第13代まで一直線で繋い でいっていることがわかります。

　そのため、王朝成立当初は弱小伯爵にすぎなかったカペー家が、その後、着 実かつ安定的に力を蓄えていき、第7代フィリップ2世（B-2/3）のころには 英王ジョンから大陸領をごっそり奪還して強大な王権を築き上げるまでになって います。

“フランス最初の名君”（カペー朝第7代）

　フィリップ2世がジョンから大陸領を奪還した経緯はイギリス史とかぶりま すのでここでは割愛しますが、イギリスを大陸から追い出すことに成功したこ とで、フランスは一気にヨーロッパ屈指の強国に躍り出ることになりました。

　外交だけでなく、内政にも力を注ぎ、彼は“フランス最初の名君”との誉れ も高く、ローマ帝国初代皇帝の称号から「尊厳王（オーギュスト）」と諡（おく）られたほどです。

　しかし、そうしたフィリップ2世の前に、今度は南仏諸侯が立ちはだかりま す。

　南仏諸侯は、これまで経済的にはイギリスとの関係が深く、政治的にはアラ ゴン王国（＊09）に近しく、ここにきて急速に力を付けてきたカペー朝に反発し たためです。

　彼らは、当時地中海南岸一帯に勢力を拡げていた「カタリ派（＊10）」という キリスト教異端と結んで王権に抵抗してきたため、フィリップ2世は時のロー マ教皇インノケンティウス3世から「異端討伐」という“お墨付き”を得て 「十字軍」を名乗って討伐隊を出します。

　これが、かの有名な「アルビジョワ十字軍（B-3/4）」です。

（＊09）ピレネー山脈の南麓一帯に拡がり、のちのスペイン王国の母体のひとつとなった国。

最後の十字軍遠征（カペー朝第9代）

　しかし、宗教が絡むと抵抗も激しく、南仏諸侯も頑強に抵抗したため、ついにフィリップ2世の代では決着が付かず、次のルイ8世（B-4/5）でも付かず、その決着はルイ9世（C-4/5）までもつれ込むことになりました。

　3代にわたる戦いでようやくこれを討伐することに成功したルイ9世。

　これにより、パリとその周辺にしか支配が及ばなかった弱小カペー朝の力ははるか南の地中海沿岸にまで達することになり、ここに至ってルイ9世は新たな野望を持ちはじめます。

　それが目の前に拡がる地中海を"我らが海（マーレ・ノストゥルム）"とすること。

　当時、東地中海の制海権を握っていたのがエジプトのアイユーブ朝、西地中海の貿易覇権を握っていたのがチュニジアのハフス朝でしたが、ハフス朝はフランスから近いものの"貿易の旨味"としては東地中海の方が圧倒的に大きかったため、まずはアイユーブ朝を攻めることにします。

　1248年、ルイ9世は「第6次十字軍（B/C-5）」を起こして自ら親征してエジプトに向かいましたが、いいところなく敗れたばかりか、ルイ9世自身が捕虜となってしまうという大失態を演じます。

最初の一歩の躓（つまづ）きは神の助言

　人が夢や目標に向かって努力するとき、その途上に一度や二度の失敗は付きものですが、意気盛んに何か新しいことに乗り出した矢先、その"第一歩"でいきなりコケるときは、たいてい努力の方向性そのものが間違っているときです。

　こうしたときは遮二無二（しゃにむに）進もうとせず、一歩下がって自らを冷静に見直し、できればその計画はいったん白紙に戻してまったく別のことに力を注ぐのが

（＊10）十字軍で建設された十字軍国家に植民されたキリスト教徒が、現地のマニ教の影響を受けて生まれたキリスト教の異端。カタリ派の中で特に南仏に現れた者たちを「アルビジョワ派」といいます。

序章　系図の基礎知識
第1章　イギリスの系譜
第2章　フランスの系譜
第3章　神聖ローマ帝国の系図
第4章　希臘の系譜
第5章　ロシアの系譜
第6章　工諾希英の系譜

"吉"です。

　こたびのルイ9世もいきなり大失態を演じたのですから、本来であれば「十字軍」そのものを取りやめるべきでしたが、なんとか帰国を果たした[＊11]ルイ9世は、周囲の反対を押し切って次にハフス朝を攻めるべく、1270年「第7次十字軍（C-4）」を起こします[＊12]。

　こうした"神の掣肘（せいちゅう）"に逆らう行為はかならず破滅に向かいます。

　案の定、ルイ9世はここで客死（かくし）[＊13]。

　ルイ9世による相次ぐ外征の失敗、そしてそれによって国力を削（そ）がれたフランスは、以降、国内の安定に力を注ぐようになります。

第6次
十字軍

アルビジョワ十字軍
第6次・第7次十字軍
内政に外交と大忙し
じゃいっ！

第7次
十字軍

カペー朝　第9代
ルイ9世（聖王）
1226－70

（＊11）釈放に当たって、莫大な身代金を支払わされました。

（＊12）結果的に、これが最後の十字軍となりました。

（＊13）戦争中に軍内に感染病（チフスor赤痢？）が蔓延し、ルイ9世もこれに感染しての病死。

第2章 フランスの系譜

第2幕

男系で繋がる王朝交代

カペー朝からヴァロア朝へ

安定的に「父子継承」がつづいていたカペー朝にもついに直系が絶えてしまう時が来た。

こうしたときは親族を辿り、男系がいれば「王朝存続」、女系しかいなければ「王朝交代」となるが、このたびはちゃんと男系親族（フィリップ）がいたためカペー朝は安泰——のはずだったのだが……。

ついに父王の男系はいなくなっこしまった…ヴァロア家に譲るしかない

直系断絶

カペー朝　第15代
シャルル4世
1322 - 28

〈 カペー朝からヴァロア朝へ 〉

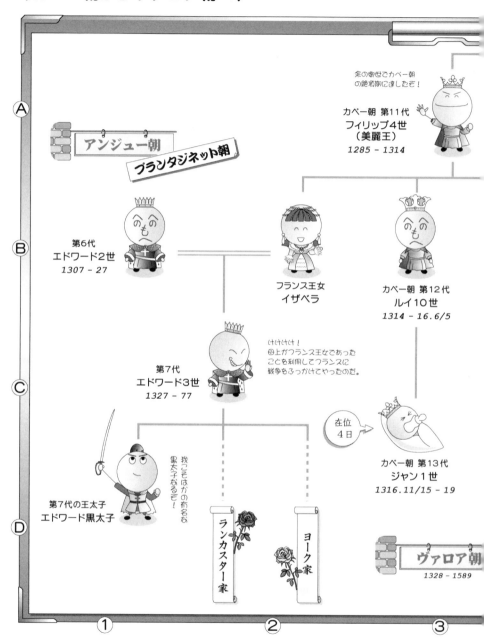

余の御世でカペー朝の絶頂期に達したぞ！

カペー朝 第11代
フィリップ4世
（美麗王）
1285 - 1314

アンジュー朝

プランタジネット朝

第6代
エドワード2世
1307 - 27

フランス王女
イザベラ

カペー朝 第12代
ルイ10世
1314 - 16.6/5

第7代
エドワード3世
1327 - 77

けけけけ！
母上がフランス王女であった
ことも利用してフランスに
戦争をふっかけてやったのだ。

在位
4日

カペー朝 第13代
ジャン1世
1316.11/15 - 19

第7代の王太子
エドワード黒太子

我こそはかの有名な
黒太子になるぞ！

ランカスター家

ヨーク家

ヴァロア朝
1328 - 1589

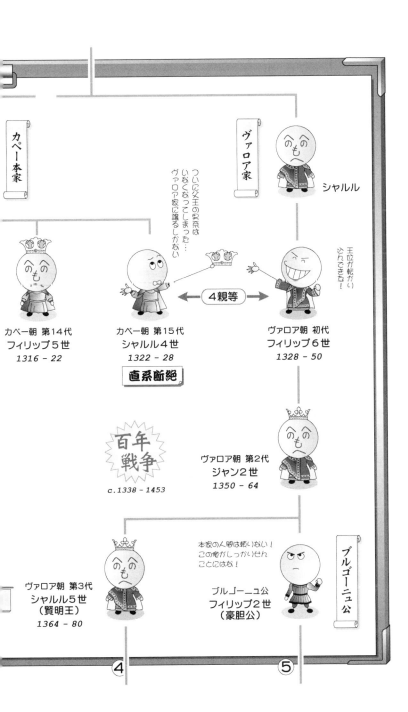

カペー本家

ヴァロア家

シャルル

ついに父王の男系は
いなくなってしまった…
ヴァロア家に譲るしかない

王位が転がり
こんできたな!

← 4親等 →

カペー朝 第14代
フィリップ5世
1316 - 22

カペー朝 第15代
シャルル4世
1322 - 28

直系断絶

ヴァロア朝 初代
フィリップ6世
1328 - 50

百年戦争

c.1338 - 1453

ヴァロア朝 第2代
ジャン2世
1350 - 64

ヴァロア朝 第3代
シャルル5世
（賢明王）
1364 - 80

本家の人間は頼りない!
この俺がしっかりせん
ことにはな!

ブルゴーニュ公
フィリップ2世
（豪胆公）

ブルゴーニュ公

④

⑤

序章　系図の基礎知識

第１幕　イギリスの系譜

第２章　フランスの系譜

第３章　神聖ローマ帝国の系図

第４章　普墺の系譜

第５章　ロシアの系譜

第６章　丁諾希英の系譜

さて、ルイ９世ののち、一代挟んで孫のフィリップ４世（A-3）の御世<ruby>み<rt>みよ</rt></ruby>になったころには、外征より内政に力を注いだことが奏功して王権は過去に例を見ないほど強大となりました。

王領が全国の７割（＊01）にも達し、これで国内にはもはや王権に逆らい得る勢力は見当たらなくなった――かと思いきや、ありました。

それが「教会」です。

当時、教会は〝教皇によって叙任され、<ruby>仏<rt>フランス</rt></ruby>王によって冊封される<ruby>（＊02）<rt>さくほう</rt></ruby>〟という二重権力状態でしたから、司教によっては国王にすり寄る者もあれば、教皇にすり寄る者もあったためです。

教皇との対決（カペー朝第11代）

国内の主権をすべて国王に集中させるためには、国内の教会をすべて国王の足下に<ruby>跪<rt>ひざまず</rt></ruby>かせなければなりませんが、そのためにはその後盾となっている教皇を屈服させなければなりません。

しかし、これまで神聖ローマ皇帝（ハインリヒ４世）・仏王（フィリップ２世）・英王（ジョン）と名だたる帝王たちが幾度となく教皇に挑んで敗れていった歴史をフィリップ４世も重々承知しています。

必ず<ruby>全<rt>まった</rt></ruby>きを<ruby>以<rt>もっ</rt></ruby>て天下に争う^{（＊03）}

敵と戦うときには、身近な敵を味方に取り込んで万全の状態で外敵と戦わなければ、勝てる<ruby>戦<rt>いくさ</rt></ruby>も勝てません。

――彼らが敗れたのは、あらかじめ国内有力者の支持を取り付けてこなかったからだ。

（＊01）絶大な権力を誇った江戸幕府ですら天領は全国の２割に満たないほどでしたから、それと比べてみてもこの数字が如何にすさまじいかがわかります。

（＊02）つまり、聖職者の地位を与えるのは教皇だが、教会領の支配権を与えるのはフランス王だということ。

（＊03）『孫子』謀攻篇。

　そこでフィリップ４世は、教皇と対決する前にまずは国内の支持を取り付けるべく諮問機関を開設することにしました。

　これが「三部会」です。

　当時のフランスで発言権の強かった３つの身分（教会・諸侯・市民）に政治的発言権を与えることで彼らを取り込み、国王への支持と忠誠を誓わせたうえで教皇との対決に臨んだのです。

　後盾を得たフィリップ４世は、時の教皇ボニファティウス８世をアナーニで捕縛して憤死させ、次の教皇（ベネディクトゥス11世）もすぐに毒殺[＊04]し、次の教皇（クレメンス５世）は自らのお膝元（アヴィニョン）に置いて、以降70年近くにわたって、教皇を仏王の監視下に置く[＊05]ことに成功しました。

　中世以来、何者も成し得なかった「教皇を支配下に置く」ことを成し遂げ、カペー朝は絶頂期に入ったのでした。

教皇の呪い（カペー朝第12〜15代）

　しかし、ここからカペー家の受難が始まります。

　カペー朝といえば、ここに至るまで「カペーの奇蹟」と言われるほどきれいに父子継承がつづいており、フィリップ４世もまた４男３女に恵まれてこの"奇蹟"は今後もつづくかと思われました。

　ところが、フィリップ４世の死後、順当に嫡男がルイ10世（B-3）として即位したものの、彼は在位わずか１年半で急死。

　彼の"一粒種"となったジャン１世（C/D-3）は生後０日で即位[＊06]しましたが、その５日後に死亡。

　ここに至って、ユーグ＝カペー以来13代350年近くにわたってつづいてきた父子継承の伝統がついに破れ、ルイ10世の弟がフィリップ５世（B-3/4）

（＊04）証拠はありませんが、教皇就任からわずか８ヶ月で急死したため、当時から誰もがそう考えました。

（＊05）所謂「教皇のバビロン捕囚」。

（＊06）ジャン１世は父ルイ10世の死後に生まれたため、「生後０日」での即位となっています。

序章　系図の基礎知識

第１章　イギリスの系譜

第２幕　フランスの系譜

第３章　神聖ローマ帝国の系図

第４章　普墺の系譜

第５章　ロシアの系譜

第６章　丁諾希英の系譜

として即位しました。

　しかし、彼もまた2男5女に恵まれながら男子がことごとく夭折という惨状で、次に即位した弟のシャルル4世（B-4）も以下同文。

　今まで安定的に父子継承が行われてきたカペー家に襲いかかる夭折・夭折・夭折の連続に逢着、まるで"呪い"でもかけられているかのようで、当時の人々はこれを"教皇の呪い"だと噂し合ったものでした。

フランス史上初の従兄弟継承（ヴァロア朝初代）

　ところで、直系が途絶えたときは「男系親族を辿っていく」ことをすでに我々は学んできました。

　こたびは、シャルル4世の父（フィリップ4世）の弟シャルル（A-5）がヴァロア伯となっており、その子フィリップに白羽の矢が立ったのでした。

　シャルル4世から見て従弟に当たりますので、ここにおいてフランス史上初めて「父子・兄弟継承」が破れ、「従兄弟継承」が行われることになります。

　これが「フィリップ6世（B-5）」です。

　ところが、ここで大きな誤解が拡がってしまっています。

　類書を紐解くと、「男系が絶えたから王朝交代した（＊07）」とか「直系が絶えたから王朝交代した」などと堂々とウソの説明がなされています。

　まず第一に、カペー家はシャルル4世から男（父）→ 男（弟）とフィリップ6世（子）まで男系で繋がっており、直系は絶えましたが男系は絶えていません。

　第二に、確かに直系はここで絶えましたが、直系が絶えたことと王朝交代はなんら因果関係にありません。

　つまり、このときフランスは王朝交代などしていません。

　ところが現実問題として、教科書を読んでもその他の類書を見てもはっきりと「ヴァロア朝に王朝交代」と書かれています。

　これはどういうことでしょうか。

（＊07）こうした誤りを書く著者は「カペー家の系図も見ていない」か、「直系と男系の区別も付いていない」かのどちらかです。

すでに何度も説明したように、学問的に王朝交代が起こるのは「男系が断絶したとき」のみです。

しかし、慣習的に"みなし王朝交代"というものがあることも序章で触れてまいりました。それが以下のパターンです。

> ① 王朝名が改名された場合。
> ② 放伐（戦争で手に入れた玉座）の場合。

今回の場合は、王朝名を変えたわけではありませんから②が該当します。

もしこたびの継承が平和的にスムーズに移行していたならば、後世これが「ヴァロア朝」などと呼ばれることはなかったでしょう。

しかし今回は、この継承に「異議あり！」と唱える者が現れ、その継承権をめぐって120年にわたる大戦争が勃発しました。

王位継承に「戦争」を伴った場合、たとえ男系で繋（つな）がっている同一王朝であっても便宜（べんぎ）的に"王朝交代扱い"されるだけであって、繰り返しになりますが、学問的には王朝交代など起きていません。

"カペーの奇蹟"再開

その「待った！」をかけた人物が誰（C-1/2）であるか、そこから起こった王位継承戦争が何（C-4）であるかも我々はすでに学んでまいりましたので、その詳細は前章に譲るとして、どうやら"教皇の呪い"はフィリップ4世の直系のみにしか及ばなかったらしく、傍系に移った途端、フィリップ6世、ジャン2世（C-5）、シャルル5世（D-4）、6世、7世、ルイ11世、シャルル8世とふたたび父子継承が順調につづくようになりました。

シャルル7世までの5代は「百年戦争」の真っ只中にあって、苦難の歴史がつづいていたにもかかわらず。

さきほどもご説明いたしましたとおり、「国や社会の乱れ」と「王位継承の乱れ」は連動していることが多いのですが、どうやら"カペーの奇蹟"の前にはそうした法則性も通用しないようです。

劣勢を強いられる百年戦争

　百年戦争の序盤は、つねにフランスが劣勢を強いられました。

　まず、1338年[＊08]英（イギリス）軍が北フランスに上陸してきたころから始まったこともあって、戦場は終始フランス本土となり、戦争が長引けば長引くほど国土は荒れる一方。

　さらに、英（イギリス）軍はエドワード黒太子（D-1）に率いられた士気の高い兵が長弓（ロングボウ）と大砲（キャノン）といった近世的兵器を操ったのに対し、これに立ち向かう仏（フランス）軍は重装騎兵と弩弓（クロスボウ）という中世さながらの旧式兵器で臨むという、あたかも「長篠の戦」か「チャルディラーンの戦」[＊09]を彷彿（ほうふつ）とさせるものでしたから、仏（フランス）軍の劣勢は必然といえましょう。

　フィリップ6世の晩年の1348年から西欧に黒死病の大流行（ベスト　パンデミック）が起きたため、戦（いくさ）どころではなくなり、大流行（パンデミック）が猛威を振るっている間は戦も収束していましたが、大流行（パンデミック）の鎮静化とともに戦（いくさ）が再開されると、ジャン2世のころにはギュイエンヌ地方を奪われ、シャルル5世のころにこれを奪還するという一進一退がつづくことになりました。

第7代の王太子
エドワード黒太子

我こそはかの有名な黒太子なるぞ！

（＊08）百年戦争は、1337年に最後通牒、1338年に英軍が北フランスに上陸、1339年に戦闘開始という経過を辿っており、そのどれを以て「百年戦争開始の年」と見るかで学説が分かれています。

（＊09）1575年の「長篠の戦（織田信長vs武田勝頼）」も、1514年の「チャルディラーンの戦（オスマン帝国vsサファヴィー朝）」も、いづれも「近世的銃砲器vs中世的騎兵」の戦いでした。

第2章　フランスの系譜

第3幕

王族同士で暗殺の応酬

ヴァロア朝（百年戦争期）

戦争は劣勢に立たされているというのに、王は発狂し、王族同士で暗殺の応酬が行われるように。

そればかりか、王族の中に敵国イギリスと結ぶ者まで現れ、ランカスター朝フランス国王が即位することに。

もはや刀折れ矢尽き、万策尽きたそんな折にフランスに〝救世主〟が現れ、たちまち形勢は逆転する。

オルレアン公

オルレアン公
ルイ1世

暗殺

ぐぁぁあああぁ！
やられたぁ！！

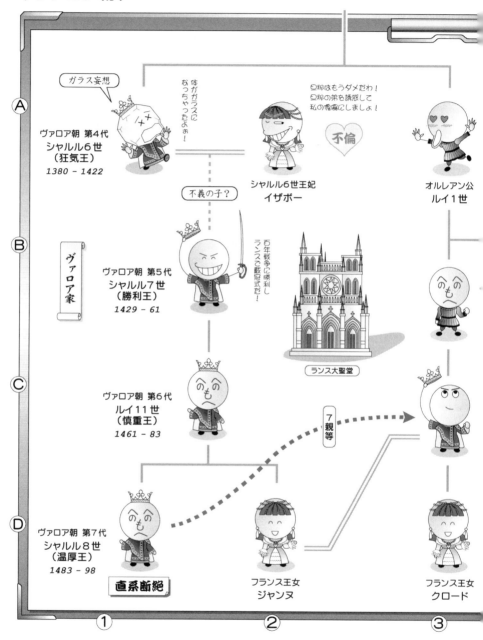

〈 ヴァロア朝 〉

ガラス妄想

体がガラスになっちゃったよぉ！

ヴァロア朝 第4代
シャルル6世
（狂気王）
1380 - 1422

シャルル6世王妃
イザボー

旦那はもうダメだわ！
旦那の弟を誘惑して
私の傀儡にしましょ！

不倫

オルレアン公
ルイ1世

不義の子？

ヴァロア家

百年戦争に勝利し
ランスで戴冠式だ！

ヴァロア朝 第5代
シャルル7世
（勝利王）
1429 - 61

ランス大聖堂

ヴァロア朝 第6代
ルイ11世
（慎重王）
1461 - 83

7親等

ヴァロア朝 第7代
シャルル8世
（温厚王）
1483 - 98

直系断絶

フランス王女
ジャンヌ

フランス王女
クロード

A

B

C

D

1

2

3

114

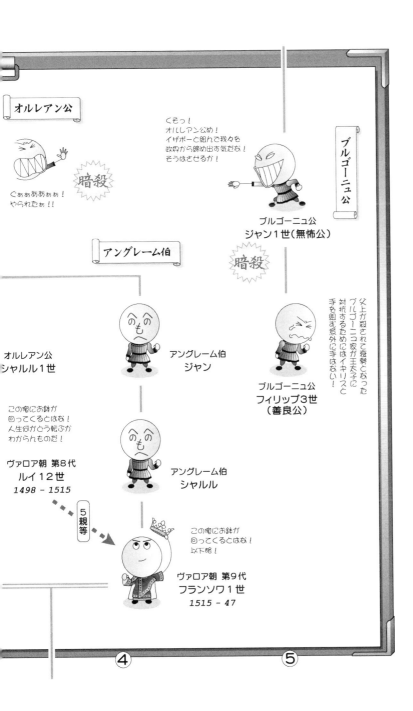

オルレアン公

くそっ！
オルレアンめ！
イザボーと組んで我々を
政界から締め出す気だな！
そうはさせるか！

ブルゴーニュ公

ぐぁぁぁぁぁぁ！
やられたぁ！！

暗殺

ブルゴーニュ公
ジャン1世（無怖公）

アングレーム伯

暗殺

父上が殺されて憂鬱となった
ブルゴーニュ家が王太子に
対抗するためにはイギリスと
手を組む意外に手はない！

オルレアン公
シャルル1世

アングレーム伯
ジャン

ブルゴーニュ公
フィリップ3世
（善良公）

この俺にお鉢が
回ってくるとはな！
人生何がどう転ぶか
わからんものだ！

ヴァロア朝　第8代
ルイ12世
1498 - 1515

アングレーム伯
シャルル

5親等

この俺にお鉢が
回ってくるとはな！
以下略！

ヴァロア朝　第9代
フランソワ1世
1515 - 47

④　　　　　⑤

仏 王シャルル5世は「賢明王（ル・サージュ）」と呼ばれるほど名君で、父王が奪われた国土を奪還することにも成功したほどでしたから、彼の治世の下（もと）、このまま一気に逆転を図りたいところでしたが、才子短命（＊01）、彼は42歳の若さで亡くなってしまいます。

陰謀渦巻く宮廷（ヴァロア朝第4代）

　その跡を継いだのがシャルル6世（A-1）。

　彼は、親政当初こそ「親愛王（ル・ビエナーメ）」と慕われるほどの善政を布（し）いたものの、それもほんの束の間、ほどなく発狂（＊02）して「狂気王（ル・フォル）」と呼ばれるように。

　「百年戦争」の真っ只中という国難にあって国王が発狂していたのでは統制が取れませんから、どうしても彼を輔佐する者（摂政（せっしょう））が必要となりますが、このとき暗躍したのがシャルル6世の王妃イザボー（A-2）。

　本来であればシャルル6世が幼少のころ、その傅役（もりやく）だったブルゴーニュ公フィリップ豪胆公（ル・アルディ）（前幕D-5）が摂政（せっしょう）になるのが順当だったのですが、これを嫌った王妃イザボーはオルレアン公ルイ1世（A-3）を誘惑、不倫関係になった（＊03）うえで無理やり彼を摂政に置いてしまいます。

　水流に障害物を置くと水流が乱れて渦列（＊04）が発生するように、歴史もその"流れ"を無理に止めようとすると乱れ（渦列）を生みますが、それは小さな渦に止（とど）まらず、周りの者を呑（の）み込む大禍となって多くの人の命を奪うことになるのが歴史の恐いところ。

　これは、老子の箴言（しんげん）「大国を治むるは小鮮（しょうせん）を烹（に）るが如し（＊05）」にも通じ、とかく政治も歴史の流れも己（おのれ）の私欲で掻き回（か）せばロクな結果を生みません。

　しかし、王妃イザボーはその"流れ"を掻き乱（か）してしまったのですから、ここからひと波乱もふた波乱も起こることになります。

（＊01）「すぐれた人ほど若死にする」という意味の四字熟語。

（＊02）自分の体が全身ガラスになったと思い込んでしまう「ガラス妄想」という脳障害。

（＊03）如何せん宮廷深部の動きですから、このあたりの動静は明らかになっている歴史的事実から推察される憶測を多分に含みますが、当時からそう認識されていました。

（＊04）水の流れに棒を立てたときに発生する連続的な渦。

まずは「オルレアン公（ルイ1世）vs ブルゴーニュ公（豪胆公）の対立構造」という"渦列"が発生し、それはやがて"暗殺の応酬"という大禍となって多くの人の命を呑み込んでいくことになります。

豪胆公の跡を継いだジャン無怖公（A-5）がオルレアン公ルイ1世を暗殺すると、今度はその報復として王太子シャルル（B-1/2）が無怖公を暗殺 —— といった具合に報復合戦となりました。

となれば、次は父・無怖公を殺されたフィリップ善良公（B/C-5）が王太子に報復——となるかと思いきや、無怖公を失ったブルゴーニュ派は急速に求心力を失ってしまい、そのうえ標的の王太子が王位を継ぐのは時間の問題[*06]で、そうなればいよいよブルゴーニュ派の立場は殆ういものになります。

トロワ条約

ところで、古今東西、国内の政争に勝つために外国に助力を乞えば、助けの手を差しのべてきたその国によって亡ぼされるというのは歴史の定理です。

助けを乞えば追い剥ぎが来る

国内問題は、かならず国内で解決しなければいけません。

しかし、追い詰められた善良公は、この"禁断の果実"に手を出してしまいます。

善良公は、父の仇・シャルル王太子が王位に就くことを阻止するため、1420年、イギリスに対して「現仏王が身罷りしのちは英国王がフランス王になることを認める[*07]」と約束してしまいます。

ところで、ここまでのフランスの政治混乱を後ろから煽っていたのが王妃イ

（*05）「小魚（小鮮）を煮るとき、あまり引っかき回すと形が崩れてしまうが、国を治めるときも同様、あまり引っかき回すとかえって混乱する」という意味。アダム＝スミスの「レッセ＝フェール」にも通ずる思想。

（*06）このころのシャルル6世は誰の目にももう老い先は短いと思われていました。

（*07）1420年「トロワ条約」。

ザボーでした。

　ルイ１世が暗殺され、"傀儡（マリオネット）"を失ったイザボーは、恥も外聞もなく自分の愛人を殺した無怖公（サン・プール）に接近して保身を図りましたが、その無怖公（サン・プール）も暗殺されると、今度は交戦中のイギリスにすり寄るという無定見ぶり・無節操ぶりを発揮しています。

　このトロワ条約のときにも、なんと「王太子（シャルル）は夫（シャルル６世）の子ではない(＊08)から、彼には王位継承権はない」と発言して条約成立を後押し。

　イギリスにすり寄るためなら、お腹を痛めて産んだ(？)我が子すら貶（おとし）めるという鬼畜っぷり。

　このため、イザボーは「淫乱王妃」「売国王妃」と蔑（さげす）まれることになりますが、それも宜（むべ）なる哉（かな）。

ランカスター朝フランス王国

　今は交戦中、国が上から下まで右から左まで一致団結して敵国（イギリス）に当たらねばならないのに、王家同士で暗殺合戦を繰り広げたばかりか、敵国への内通まで起こすようでは戦（いくさ）に勝てるはずもありません。

　こうしてフランスはあれよあれよという間に北フランスをイギリスに占領され、その直後の１４２２年、シャルル６世が亡くなったことで「トロワ条約」が履行され、英王ヘンリー６世が「フランス国王」として即位(＊09)することになりました。

　王位を奪われた王太子シャルルはオルレアンに逃れたため、一時的に「ランカスター朝フランス王国」が成立したことになります。

　とはいえ、このときにはまだ「ランカスター朝」は北フランスしか支配しておらず、南フランスは依然としてヴァロア朝の支配下にありましたから、イギリスは天下統一を目指してオルレアンの包囲にかかることになります。

(＊08)この発言は、自ら「夫君（シャルル６世）の存命中から浮気していました」と白状しているのに等しい。

(＊09)ヘンリー５世は、シャルル６世が亡くなる直前に亡くなっています。

ジャンヌ＝ダルク登場

もはやヴァロア朝は "風前の灯" でした。

1422年、生まれたばかりの英王ヘンリー6世が「フランス国王」として即位すると、王太子シャルル^{（＊10）}は英軍に追われる形で各地を転々とし、その "最後の砦" となったのがオルレアンでした。

当然、英軍はこの長くつづいた戦にケリを付けるべく、1428年、ついにオルレアンを包囲して "最終決戦" に臨みます。

ここが陥ちれば、もはやヴァロア朝を護る者とてありませんでしたから、名実ともにヴァロア朝は「滅亡」ということになります。

捨てる神あらば拾う神あり

しかし、世の中というものはわからぬもの。

刀折れ矢尽き、万策尽きたときに幸運が降ってくることがあります。

このときも "カペーの奇蹟" もここまでかと思われたそのとき、片田舎^{（＊11）}からやってきた名もなき農夫の娘がシャルル王太子の下^{（＊12）}を訪れたとき、彼女が "ヴァロア朝の救世主" になるなど、誰が予想したでしょうか。

彼女こそ、知らぬ人とてない「ジャンヌ＝ダルク」で、彼女がいったい "何者" なのかは現在に至るまで判然としませんが、彼女が現れたことにより状況が一変したことは確かです。

17歳くらいの "どこの馬の骨とも知れぬ小娘" が突然現れたかと思うと、「私は大天使ミカエルの声を聞いた」「神から "フランスを救え" との啓示を受けた」と言いはじめるのですから、初めは "頭のおかしい娘" として相手にさ

（＊10）フランス国王は北フランスにある「ランス」で戴冠式を挙げるという伝統があったのですが、当時、北フランスはイギリスに押さえられていたため、シャルルは父王の死後も戴冠式を挙げることができず、したがってこのころもまだ "王太子扱い" でした。

（＊11）パリから250kmほど東方のドンレミ村。当時はドイツとの国境に近い辺彊。

（＊12）パリから250kmほど南西の都市シノン。当時はここに仮王宮が置かれていました。

序章　系図の基礎知識

第1章　イギリスの系譜

第2章　フランスの系譜

第3章　神聖ローマ帝国の系図

第4章　普墺の系譜

第5章　ロシアの系譜

第6章　丁諾希英の系譜

れませんでしたが、もはや藁をも摑みたい気持ちだったシャルル王太子は彼女に軍を預けてみることにしました。

　すると、それまでの劣勢がウソのように連戦連勝。

　しかしながら、軍の指揮というのは素人が見よう見まねでやってできるものではありません。

　兵法というものは、「幼いころから軍人学校に通わせ、徹底的に専門知識を叩き込んでやっても、その中から"使い物になる将校"になるのはほんの一部」というほど修得困難な特殊技能であるためです。

　何の教育も受けていない片田舎の農夫の娘が誰よりもすぐれた指揮をこなすなど到底考えられませんから、そこに学者らが「ジャンヌ＝ダルクはじつは高い教育を受けていたのではないか？」と勘繰りたくなる所以があります。

百年戦争、逆転勝利（ヴァロア朝第5代）

　こうしてジャンヌは見事オルレアンを解放し、ランスを押さえてシャルル王太子に戴冠式を挙げさせることに成功します。

　これにより王太子は正式に「シャルル7世」として即位（＊13）することになりました。

　しかし、翌1430年のコンピエーニュの戦でジャンヌは英軍の捕虜となったのにシャルル7世はなぜか彼女を見殺し（＊14）にしたため、翌31年、ジャンヌは焚刑となってしまいます。

　しかし、ジャンヌがいなくったあとも一度息を吹き返した仏軍の勢いは止まらず、カレー以外のすべての大陸領から英軍を駆逐することに成功、その功によりシャルル7世は「勝利王」と呼ばれるようになりました。

　こうして「百年戦争」はようやく終わりを迎えたとはいえ、120年にわたる

（＊13）父王シャルル6世が亡くなった1422年の時点で一応「フランス王」を自称していましたが、正式な即位はこのとき1429年です。

（＊14）シャルル7世は身代金を支払うことでジャンヌを助けることができる立場にありながら、敢えてこれをせずジャンヌを見殺しにしました。シャルル7世は恩義あるジャンヌをなぜ見殺しにしたのか、その理由については現在に至るまでよくわかっていません。

戦乱で国土は荒れ果て、社会・経済は破壊されていたため、シャルル７世は戦勝の余韻に浸る遑（いとま）も与えられることなく、戦後復興に尽力しなければなりませんでした。

創造者たらんとする者は
まずその前に破壊者たるべし（＊15）

　しかし、破壊され尽くしていたことはかえって社会・経済を新時代（近世）に合わせた再建をしやすいことを意味します。

　こうしてシャルル７世は特に財政と軍政の再建に力を注ぎ、このときの「官僚機構の整備」「常備軍の創設」がのちのフランス絶対主義の基盤となっていくことになります。

ヴァロア家直系断絶（ヴァロア朝第６〜７代）

　さて、シャルル 勝 利 王（ル・ヴィクトリウ）が亡くなると、その後はルイ 11 世（C-1/2）・シャルル８世（D-1）と２代にわたって父子継承が行われましたが、シャルル８世は３男１女を儲けたもののすべて夭折（ようせつ）してしまったため、ここにヴァロア家直系は断絶します。

　何度も説明しておりますように、直系が絶えた場合は男系親族を辿（たど）っていくことになりますが、そこで白羽の矢が立ったのが、百年戦争中にヴァロア王家を支えつづけてきたオルレアン家のルイ（C-3/4）でした。

　彼はシャルル８世から見て再従叔父（はとこおじ）（＊16）に当たり、親等で言えば７親等も離れていますが、何親等離れていようが男系で繋（つな）がっていれば「王朝交代」とはいいません。

　この例を見ても、さきにも触れたシャルル４世からフィリップ６世の継承が「王朝交代」とされる理由が「直系が絶えたから」などという理由ではないこと

（＊15）ドイツの哲学者、フリードリヒ＝ニーチェの言葉。

（＊16）父の父の父の弟の子の子。

序章　系図の基礎知識

第１章　イギリスの系譜

第２章　フランスの系譜

第３章　神聖ローマ帝国の系図

第４章　葡萄の系譜

第５章　ロシアの系譜

第６章　丁抹希典の系譜

がわかります。

　一応、以下に前回と今回の直系断絶を比較してみます。

国王：シャルル4世 → フィリップ6世	シャルル8世 → ルイ12世
直系：　　　　　断絶	断絶
男系：　　　　　存続	存続
親等：　　4親等（血が濃い）	7親等（血が薄い）
継承：　武力（百年戦争）	平和的継承
王朝：　　　　断絶扱い	存続

　どちらも「直系が断絶している」点も、「きちんと男系で継承されている」点も同じです。

　むしろ前回の方が血が濃いのに「王朝交代」として扱われ、今回の方が血が薄いのに「王朝存続」と見做されていますが、それは王位継承が「武力」に拠るか、「平和的」かの違いのためです。

　歴史教師まで含めて、ここのところが理解できていない人はたいへん多い。

中世から近世へ（ヴァロア朝第8代）

　こうして即位したルイ12世ですが、彼もまた女の子しか儲けることができなかっため、ふたたび男系を辿っていくことに。

　じつは、ルイ12世の父の弟ジャン（B/C-4/5）がアングレーム伯をしていたのですが、その孫にあたるフランソワはルイ12世の娘（D-3）婿でもあったため、彼に白羽の矢が立つことになりました。

　彼こそが「フランソワ1世（D-4/5）」ですが、彼の御世から時代は中世から近世に入ることになります。

第2章 フランスの系譜

第4幕

三アンリの戦

ヴァロア朝からブルボン朝へ

百年戦争を切り抜けたフランスは、次に宗教騒乱に巻き込まれていった。

旧教派のギーズ公アンリと新教派のブルボン公アンリ、そしてその調停を取らなければならないヴァロア朝アンリ3世、この3人のアンリによる〝次代の天下人〟を賭けた三ッ巴の戦いが始まる。

暗殺

やられたぁ！

ヴァロア朝 第13代
アンリ3世
1574 - 89

〈 ヴァロア朝〜ブルボン朝 〉

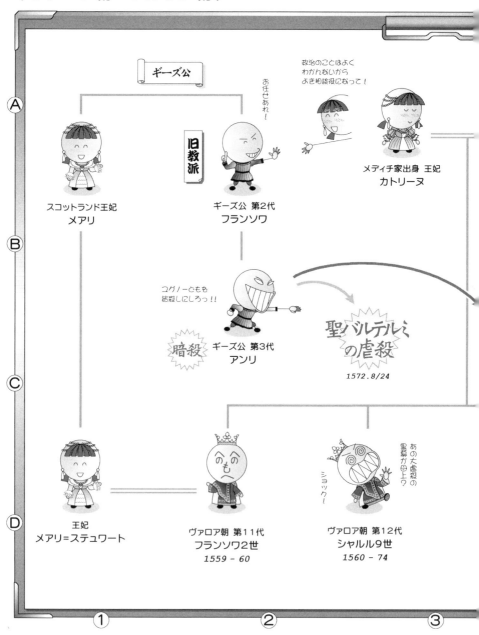

ギーズ公

政治のことはよく
わかんないから
よき相談役になって！

メディチ家出身 王妃
カトリーヌ

お任せあれ！

スコットランド王妃
メアリ

旧教派

ギーズ公 第2代
フランソワ

ユグノーともも
皆殺しにしろっ!!

暗殺

ギーズ公 第3代
アンリ

聖バルテルミ
の虐殺
1572.8/24

王妃
メアリ=ステュワート

のも

ヴァロア朝 第11代
フランソワ2世
1559 - 60

ショック！

あの大虐殺の
黒幕が母上？

ヴァロア朝 第12代
シャルル9世
1560 - 74

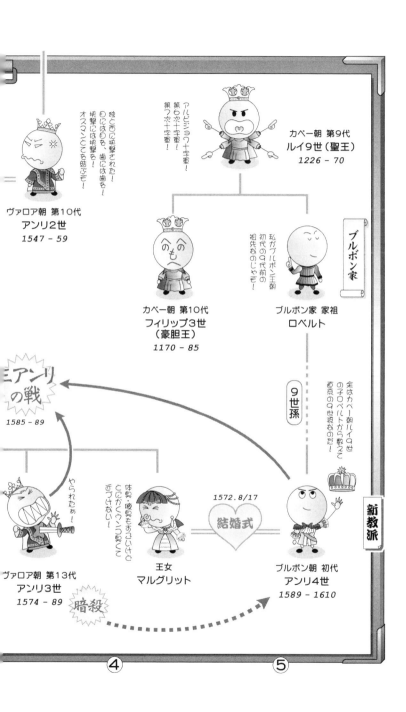

序章　系図の基礎知識

第１章　イギリスの系譜

第２章　フランスの系譜

第３章　神聖ローマ帝国の系図

第４章　皸擽の系譜

第５章　ロシアの系譜

第６章　丁抹希臘の系譜

カペー朝　第９代
ルイ９世（聖王）
1226 – 70

アルビジョワ十字軍！
第６次十字軍！
第７次十字軍！

独と西に挟撃された！
目には目を、歯には歯！
挟撃には挟撃を！
オスマンにこそ結ぶぞ！

ヴァロア朝　第10代
アンリ２世
1547 – 59

のも

カペー朝　第10代
フィリップ３世
（豪胆王）
1170 – 85

私がブルボン王朝
初代の９代前の
祖先なのじゃ！

ブルボン家

ブルボン家　家祖
ロベルト

余はカペー朝ルイ９世
の子ロベルトから数えて
直系の９世現なのだ！

９世孫

三アンリ
の戦
1585 – 89

やられたぁ！

体臭・疲労もすごいけど
とにかくウンコ臭くて
近づけない！

1572.8/17

結婚式

新教派

ヴァロア朝　第13代
アンリ３世
1574 – 89

暗殺

王女
マルグリット

ブルボン朝　初代
アンリ４世
1589 – 1610

④　　　⑤

われわれはすでに様々な歴史的場面で「"王位継承の乱れ"と"社会の乱れ"は連動する」ことを学んでまいりましたが、こたびもちょうど時代が「中世から近世へ」と移り変わる激動の時代に、"カペーの奇蹟"と謳（うた）われるほどの安定した父子継承が途絶え、本家から傍系のオルレアン家へ、さらに傍系のアングレーム家へと飛ぶことになりました。

近世最初の仏王（ヴァロア朝第9代）

ところが、中世から近世への"激動期"から徐々に近世社会へと落ち着き始めると、これに歩調を合わせるようにして王位継承も安定に向かい、"父子継承"が復活します。

その起点となったのが「フランソワ1世（前幕 D-4/5）」です。

フランソワ1世の治世は30年以上に及び、"16世紀前半を代表する 仏 国王（フランス）（治世1515〜47年）"となりましたが、じつはこの16世紀前半には"時代を代表する長期政権の君主"がまるで示し合わせたかのように一斉に現れています。

- イギリス　　では「ヘンリー　　　　　8世（1509〜47年）」
- スペイン　　では「カルロス　　　　　1世（1516〜56年）」(＊01)
- ドイツ　　　では「カール　　　　　　5世（1519〜56年）」(＊01)
- オーストリア では「フェルディナント1世（1521〜64年）」
- ポーランド　では「ジグムント　　　　1世（1506〜48年）」
- オスマン　　では「スレイマン　　　　大帝（1520〜66年）」

こうして改めて見渡してみても錚々（そうそう）たる顔ぶれ（メンバー）ですが、こうなると彼らとの間で確執が生まれるのも自然な成りゆきで、特にスペインとドイツが同一人物によって支配されるという事態はフランスを刺激します。

フランスは地勢的に独（ドイツ）・西（スペイン）に挟まれる形となっているためです。

もし近い将来、独（ドイツ）・西（スペイン）と交戦状態にでもなれば、フランスは独（ドイツ）・西（スペイン）から挟

（＊01）西王カルロス1世と独帝カール5世は同一人物です。

（＊02）1538年のベオグラード条約。これを契機として以降、仏・土の親密関係と、仏・独の対立関係が永らくつづくことになります。

撃されることになります。

── 目には目を、歯には歯を。

　　挟撃には挟撃を！

　もっとも簡単でもっとも効果絶大な戦略が「挟撃」です。

　そこでフランソワ１世はドイツの向こうで気勢を上げていたオスマン帝国の
スレイマン大帝に接近してこれと同盟(＊02)を結び、ドイツを東西から挟撃し
ます。

　当時のドイツは宗教騒乱で混迷を極めていたため、フランソワ１世はここを
突いて1526年、1529年にオスマン帝国とタイミングを合わせてドイツに侵
攻(＊03)し、ドイツを窮地に追い込むことに成功しています。

　しかし、戦争には目ン玉が飛び出るほどお金が要る。

　そこで、当時イタリアの大富豪であったメディチ家と姻戚関係を結ぶことを
考え、嫡男アンリをメディチ家の娘カトリーヌ（A-2/3）と結婚させることにし
ました。

“睡簾聴政”の時代（ヴァロア朝第10〜11代）

　フランソワ１世の跡を継いだアンリ２世（A-3/4）でしたが、彼が若くして
亡くなる(＊04)と、順当に嫡男が「フランソワ２世（D-2）」として即位するこ
とになりましたが、当時の彼はまだ15歳の若輩だったうえ先天性の持病持ちで
あったため、母后カトリーヌによる“睡簾聴政”が行われるようになりまし
た。

　そのフランソワ２世も治世わずか２年足らずで子なく亡くなると、その弟
シャルル９世（D-2/3）が10歳で即位することになったため、カトリーヌに
よる“睡簾聴政”が２代も続くこととなり、この体制が定着していきます。

　しかし。

（＊03）オスマン帝国の攻勢として、1526年の「モハーチの戦」、1529年の「第１次ウィーン
　　　　包囲」が有名。

（＊04）馬上槍試合での事故死。享年40。ちなみに、彼の死を生前に言い当てていたということ
　　　　で有名になったのが『諸世紀』で有名なノストラダムスです。

二人羽織で蕎麦を食わせる

　国家でも企業でも、制度上の最高権力者でない者が組織の実権を握ってこれを操ろうとするのは、"二人羽織で蕎麦を食べさせよう"としているようなもので、これをうまく操ることは至難です。

　政治の実権を握ることになったカトリーヌでしたが、国家運営の困難に逢着し、その相談役としてギーズ公フランソワ（A/B-2）を頼るようになります。

　ギーズ公を恃んだ理由は、ひとつには我が子フランソワ2世の外戚[*05]であったこと、もうひとつは彼が熱烈な旧教徒であったことです。

　当時、彼女は手に負えない政治問題に直面していました。

　フランス王家が信仰する宗教は旧教でしたが、このころドイツから始まった宗教改革の荒波がフランスにも押し寄せてきており、日に日に新教徒が勢力を伸ばしてきていたのです。

　これに対抗するために、旧教派の領袖であったギーズ公と共同戦線を張りたいという思惑がありました。

　しかしその結果、国内の旧教と新教の対立はやがて「ユグノー戦争[*06]」という泥沼の内乱に発展し、収拾がつかなくなっていきます。

　この先の見えない内乱を憂えたカトリーヌは、新教派の領袖だったブルボン公アンリ[*07]（D-5）と娘のマルグリット[*08]（D-4）を結婚させることで両派の和解を試みます。

　しかし、この宥和政策に反対だったギーズ公アンリ（B/C-2）は、この結婚式を襲撃して、ここに集まった新教徒の大虐殺を敢行。

　これこそ、かの有名な「聖バルテルミの虐殺[*09]（C-2/3）」です。

（＊05）妃の親戚。この場合、フランソワ2世の王妃（メアリ＝スチュワート）の叔父がギーズ公フランソワでした。

（＊06）シャルル9世・アンリ3世・4世と3代にわたり36年（1562〜98年）もつづいた内乱。

（＊07）カペー朝第9代ルイ9世（A-4/5）の子ロベルト（B-5）から数えて9世孫。

　ブルボン公アンリは命からがら逃げ出すことに成功しましたが、このとき
シャルル９世が父のように慕っていたガスパール＝ド＝コリニー提督が惨殺さ
れたことを知り、シャルル９世はショックのあまり床に伏し、もとより気弱・
病弱であったことも手伝ってほどなく亡くなってしまいます。

　享年23でした。

三アンリの戦（ ヴァロア朝第12代 ）

　シャルル９世も子なく亡くなったため、弟が「 アンリ３世（ D-3/4 ）」とし
て即位しました。

　当時彼はまだ弱冠22歳でしたから、国王３代にわたって母后による "睡簾
聴政" がつづくことになります。

　当時「 旧教派の領袖・ギーズ公アンリ 」と「 新教派の領袖・ブルボン公アン
リ 」の対立と、両派に板挟みにされる「 ヴァロア朝アンリ３世 」という三ッ巴
状態となり、内乱が発生します。

　このとき三派の棟梁がたまたま全員「 アンリ 」であったことから、これを
「 三アンリの戦（ C-3/4 ）」といい、この中でアンリ３世がギーズ公を暗殺し、
そのアンリ３世もギーズ支持者に暗殺されたことで、必然的に生き残ったブル
ボン公が即位することになりました。

２度目の "みなし王朝交代"（ ブルボン朝初代 ）

　彼がブルボン朝の初代国王となる「 アンリ４世（ D-5 ）」です。

　一般的にはこれを「 王朝交代 」として説明されていますが、厳密にはここで
も王朝交代は起きていません。

　アンリ３世に子弟がないとなれば、確かに "直系断絶" とはなりますが、
「 直系断絶と王朝交代は関係ない 」ことをすでに我々は何度も学んでまいりまし
た。

（＊08）ブルボン公アンリは体臭・ニンニク臭・腋臭・糞臭がひどく、マルグリットはこたびの結
　　　　婚話が出ると母后（ カトリーヌ ）に泣いて破談を頼んだといいます。

（＊09）1572年８月24日。奇しくも筆者の誕生日です。

王朝交代となるためには、ここで新たに即位したアンリ4世が「女系国王」でなければなりません。

　系図を見ると、アンリ4世は「アンリ3世の妹（マルグリット）の夫」ですから、ここだけを見ると「女系国王」に見えます。

　しかしながら、アンリ3世を父・父・父・父・父と10世代ほど遡るとルイ9世に辿り着きますが、その末弟（ロベルト）の系統を嫡男・嫡男・嫡男・嫡男と10世代ほど下っていくとアンリ4世に行き着きます。

　つまり、アンリ4世は20親等も離れているとはいえ、歴とした「男系で繋がる親族」ですから女系国王ではありません。

　ではなぜ「王朝交代扱い」されているのかと言えば、ここでもやはり「戦により（＊10）力づくで捥ぎ取った玉座」であるためです。

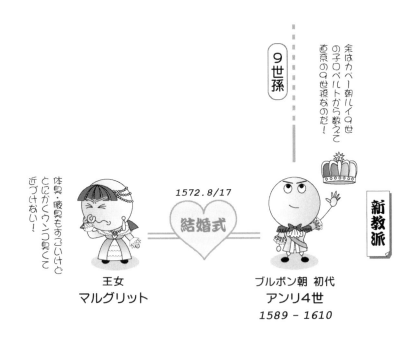

9世孫

余はカペー朝ルイ9世の子ロベルトから数えて直系の9世孫なのだ！

体臭・腋臭もあつついけどとにかくウンコ臭くて近づけない！

1572.8/17

結婚式

王女
マルグリット

ブルボン朝 初代
アンリ4世
1589 ― 1610

新教派

（＊10）「三アンリの戦」のこと。ユグノー戦争は“第1次”から“第8次”まで分けることができますが、「聖バルテルミの虐殺」が起きたのが“第3次”、「三アンリの戦」が起きたのが“第8次”となります。

第2章 フランスの系譜

第5幕

国家、それ即ち朕なり

ブルボン朝（隆盛期）

アンリ4世のあと、ルイ13世・ルイ14世と安定した父子相続がつづいたものの、即位当初はふたりとも幼君として立ったため、母后による睡簾聴政（すいれんちょうせい）が行われた。こうしたとき、国王が国政を奪還できるかどうかが盛衰の分かれ道。幸いふたりとも母后からの政権奪還に成功したため、フランスはここから絶頂期へ突入する。

国王は朕である！
母上の支配から脱し
親政を行うぞ！

ブルボン朝 第2代
ルイ13世
1610－43

〈 ブルボン朝 (隆盛期)〉

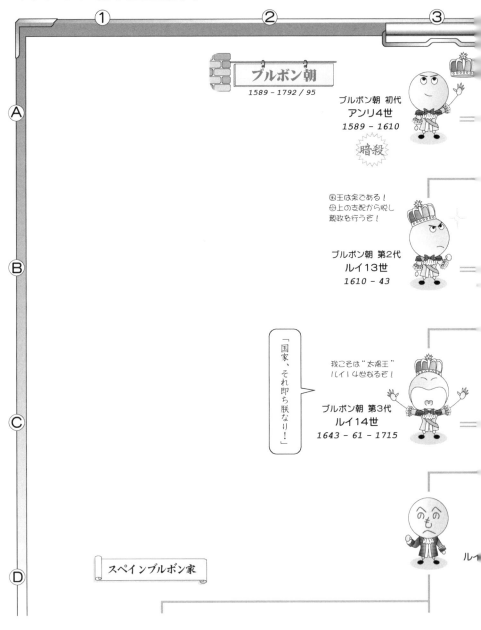

ブルボン朝
1589 - 1792 / 95

ブルボン朝 初代
アンリ4世
1589 - 1610

暗殺

国王は朕である！
母上の支配から脱し
親政を行うぞ！

ブルボン朝 第2代
ルイ13世
1610 - 43

「国家、それ即ち朕なり！」

我こそは "太陽王"
ルイ14世なるぞ！

ブルボン朝 第3代
ルイ14世
1643 - 61 - 1715

スペインブルボン家

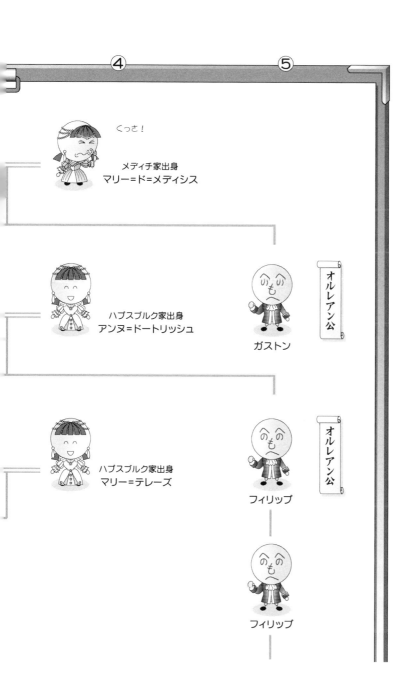

④

⑤

くっさ！

メディチ家出身
マリー＝ド＝メディシス

ハプスブルク家出身
アンヌ＝ドートリッシュ

ガストン

オルレアン公

ハプスブルク家出身
マリー＝テレーズ

フィリップ

オルレアン公

フィリップ

こうして、ついにフランス千年の歴史の中でも絶頂期を現出する「ブルボン朝（A-2）」の幕開けとなります。

　フランスは、ブルボン朝の幕開けとともに絶対主義を確立し、絶対主義の発展とともにブルボン朝も栄え、フランス絶対主義の崩壊とともにブルボン朝も凋落していく──といった具合に、これよりブルボン朝と絶対主義は一心同体・一蓮托生となって動いていきます。

絶対主義体制の確立（ブルボン朝初代）

　アンリ４世（A-3）は即位するや、ほどなく新教から旧教に改宗したうえで「ナントの勅令」を発し、36年にわたって続いてきた「ユグノー戦争」を終結させ、祖国に久方ぶりの平和をもたらしました。

何れが是にして何れが非なるや
　　何人も解し得べきものに非ず

　この世の出来事というものは、何が幸いして何が災いとなるか、誰にもわかりません。

　アンリ４世によってようやく終結した「ユグノー戦争」も確かに多くの血を流した凄惨な内乱だったかもしれません。

　しかし、"多くの血"と同時に社会の隅々にまで根を張っていた"膿（中世遺制）"も出すことができたため、いざ内乱が明けてみれば、フランスには新時代（近世）へと勇躍する社会的条件が整っていました。

　これによりブルボン朝は「絶対主義」を確立し、"近世欧州の覇権国家"として勇躍することになります。

　たとえば日本でも、確かに「太平洋戦争」では国民に多くの犠牲者を出し、国土は焦土と化したかもしれませんが、でもそのおかげで軍部を解体することができました。

（＊01）所謂「帝国主義時代」のこと。

　戦後から21世紀前葉にかけて世界は“ゲームチェンジ”を起こし、「軍事力が無制限にモノを言う時代（＊01）」は過ぎ去り、「国際輿論（よろん）がモノを言う時代」になりました。

　そうした新しい時代が到来するタイミングで日本は軍事力を最小限に止（とど）め、国力を経済に集中させることができました。

　戦後、“奇蹟の経済復興”を成し遂げ、一時はアメリカ経済に迫るほどの経済大国に勇躍することができたのもそのおかげです。

　もしあのとき、日本があれほどの決定的敗北でもしていなければ、自助努力で軍部を解体することなどまったく不可能でしたから、21世紀を迎えた現在でも依然としてロシアや北朝鮮のような“貧乏軍事大国”として悶絶していたに違いありません。

　まさに「人の世の万事、何（いづ）れが是にして何（いづ）れが非なるや、何人（なんびと）も解（げ）し得（う）べきものに非（あら）ず」とはよく言ったものです。

“カペーの奇蹟”ふたたび

　フランスが17世紀を中心として“近世欧州（ヨーロッパ）の覇権国家”として君臨することになった理由は多元的かつ複合的で、たいていの本ではこれを政治的・社会的・経済的視点から説明していますが、そうしたありきたりな解説は他書に任せるとして、本書は『家系図で読み解く世界史』ですから、その視点から歴史を見てみると他書ではほとんど語られない“隠れた理由”が現れてきます。

　それが、すでにたびたび登場してきた「カペーの奇蹟」です。

　ここまで我々は「王位継承が乱れると社会は乱れ、国家は傾く」ことを学んでまいりました。

　その逆もまた然（しか）り、「王位継承が安定すれば、国も安定」します。

　ところでブルボン朝は、さすがカペーの血筋だけあって開朝からフランス革命まで安定的に“父子継承（＊02）”が行われます。

　そのおかげで国内で継承争いが起こらず、したがって国力をすべて“外”に

（＊02）ここでは「祖父から孫」「曾祖父から曾孫」への継承も含めた広い概念とお考えください。

向けることが可能となりました。

　それがブルボン朝発展の地盤となっていったのでした。

母后との敵対（ブルボン朝第2代）

　新教と旧教の融和を図ることで国内の安定を手に入れたとはいえ、それを快く思わない者も多く、アンリ4世はつねに暗殺の危機に晒されていましたが、ついに1610年、狂信的旧教徒によって暗殺されてしまいました。

　このとき嫡男ルイはまだ8歳、弟のガストン（B-5）に至ってはまだ2歳でした。

　こうして即位した国王が「ルイ13世（B-3）」ですが、8歳では政治は無理ですので、したがって母后のマリー（＊03）（A-4）が摂政となります。

　じつは彼女は、アンリ3世の母后カトリーヌとの共通点が多い。

　たとえば、両名ともイタリアの大富豪メディチ家出身（＊03）で、仏王が彼女らの持参金目当てで結婚しただけの政略結婚でしたし、夫君に先立たれたとき我が子がまだ幼かったところまでよく似ています。

幼君立ちて国傾く

　そうなれば、彼女もまたカトリーヌ同様〝睡簾聴政〟に入りますが、さきにも触れましたように、政治においては「肩書と権力が乖離」することは混乱の温床です。

　案の定、政治は一時混乱したものの、15歳になったルイ13世がリシュリュー卿を味方に付け、母を幽閉・国外追放して力づくで実権を取り戻したことで王権はふたたび安定することになりました。

（＊03）したがって、カトリーヌとマリーは遠縁ではありますが親戚です。

（＊04）所謂「フロンドの乱」。大きく1648〜49年の「高等法院のフロンド」と、1650〜53年の「貴族のフロンド」に分かれます。ちなみに「フロンド」というのは地名ではなく「投石器」の意。

繰り返される“睡簾聴政”（ブルボン朝第3代摂政期）

　せっかく“睡簾聴政”を廃して王権を取り戻したというのに、1643年、ルイ13世は41歳の若さで亡くなってしまったため、またしても幼君（4歳）が立つことになりました。

　これが知らぬ者とておらぬ「太陽王」ルイ14世（C-3）です。

　しかし、4歳では政治はできませんから、母后アンヌ（B-4）が摂政となって“睡簾聴政”で政治を乱すのは目に見えています。

　じつは、生前のルイ13世は病の床にあって、そうしたことにならないよう摂政の権限を制限するよう遺言したのですが、ルイ13世が死去するや、アンヌはただちにこれを無効にさせ、実権を掌握してしまいます。

　すると案の定、政局は不安定となり、1648年、大規模な暴動^{（＊04）}が発生し、摂政アンヌと国王ルイ14世はパリを追われ、各地を転々とする亡命生活を強いられるという惨状に追い込まれます。

「国家、それ即ち朕なり」（ブルボン朝第3代親政期）

　宰相J.マザラン卿の尽力もあってなんとかこれを鎮圧（1653年）し、そのマザランもほどなくして亡くなる（1661年）と、そこから歴史が急速に動きはじめます。

　ここに至るまでのルイ14世は「国王」とは名ばかりで、自分の頭の上で母とその愛人^{（＊05）}が政治を動かす日々でした。

　そこで、マザランが亡くなったのを機に、ルイ14世は「次の宰相を置かない」ことを宣言し、さらにいつまでも政治に口を挟もうとしてくる母后アンヌを政界から排除して親政を開始したばかりか、王権を制限する機関であった高等法院パルルマンをも抑え込みました。

（＊05）マザラン卿のこと。母后アンヌとマザランは愛人関係にあって極秘結婚までしていたといわれています。

（＊06）一般には「朕は国家なり」と言い慣わされていますが、原文「L'État（国家），c'est（それは）moi（私）」は倒置が入っている表現なので「国家、それ即ち朕なり」の方が近い。

ちなみに、このときに高等法院（パルルマン）を黙らせるために発した有名な台詞（せりふ）が「国家、それ即ち朕（ちん）なり（＊06）（C-2）」です。

ここからルイ14世は半世紀以上にわたりフランスに君臨し、その絶頂を極めます。

絶頂期の国王は名君？

ところで、「絶頂期の君主＝名君」だと勘違いしている人は多いですが、実際には絶頂期の君主は凡君の方が多い（＊07）くらいです。

そもそも政治というものは、政策効果が現れるまでに数十年単位のタイムラグがあります。

（＊07）ただし、それが「初代君主」である場合はその限りではありません。だいたい3代目以降の絶頂期の君主の場合。

（＊08）たとえば、中国の清朝では初代ヌルハチから第5代雍正帝まで全員が「名君」でしたが、名君がつづくあいだ帝国は発展をつづけるため、その誰も「絶頂期の皇帝」の称号に与れず、それを享けたのは凡帝（第6代 乾隆帝）のときでした。

織田が搗き 羽柴が捏ねし天下餅
坐りしままに食うは徳川

　信長と秀吉が創り上げた天下を徳川が享受した喩えもあるように、たとえ「名君による善政」が布かれたとしても、それが成果となって現れ、これを享受できるのは"次代の君主"になってからであり、その君主が「絶頂期の君主」として有名になってしまうためです。

　もし、その"次代の君主"が「名君」であれば、その国はさらに発展するため、「絶頂期の君主」の称号はさらに"次代の君主"に明け渡すことになります（＊08）。

　その代に「絶頂を極めた」ということは、その君主以降"下り坂"に入ったということを意味し、むしろ「絶頂期の君主」こそがその国の衰退原因を造った張本人であることの方が多いくらいです。

フォンテンブロー勅令（ブルボン朝第3代 親政期）

　ルイ14世はその典型例といえます。

　彼は、アンリ4世が基盤を築き、ルイ13世が発展させたこの国の遺産を思う存分使い込んでいきます。

　外には膨張戦争（＊09）を繰り返し、成果らしい成果といえば、スペイン国王に自分の孫（フェリペ5世）（次幕 D/E-1）を据えることに成功した（スペイン継承戦争）くらいで、あとはただ膨大な軍事費を垂れ流しただけの無惨な失敗に終わり、さらに内では贅を尽くしたヴェルサイユ宮殿を建造するなど国家財政を傾けていきました。

　しかし、それよりも何よりも彼がやらかした大ポカは、ブルボン朝発展の礎となっていた「ナントの勅令」を廃止（＊10）してしまったこと。

（＊09）主なものだけで、南ネーデルラント継承戦争、オランダ侵略戦争、ファルツ継承戦争、スペイン継承戦争、ウィリアム王戦争、アン女王戦争など。

（＊10）1685年の「フォンテンブロー勅令」。

そもそも絶対主義の経済基盤は「重商主義」に支えられており、重商主義さえ円滑に回っていれば絶対主義は安泰ですが、これが機能しなくなったとき、支えを失った絶対主義は音を立てて崩れ落ちます。

　そして、フランスの重商主義を支えていた階層こそ、新教徒（ユグノー）たちでした。

　フランス国王たる者、この新教徒たちが如何（いか）に安心して暮らせるかに腐心しなければならないのに、繁栄に胡座（あぐら）をかいたルイ14世はそんなこともわからず彼らを弾圧し始めたのでした。

治にいて乱を忘れず

　「平穏なときにおいても、つねに万が一のことを考え、日々気を引き締めて暮らすことが大切だ」との戒（いまし）めですが、なかなか凡愚にできることではありません。

　それゆえに、これができる者を「名君」といいます。

　“安住の地”を失った彼ら（ユグノー）は一斉（いっせい）に祖国を棄てて国外逃亡を図ったため、フランスの産業はたちまち空洞化し、国家経済がガタガタになってしまいます。

　大戦（おおいくさ）を繰り返し、王宮建築に散財し、あまつさえ経済を支えてくれていた新教徒（ユグノー）らを叩き出し、国民からの怨嗟（えんさ）の声は天に轟（とどろ）き、彼が死んだときには国民は「やっと暴君が死んでくれた！」と歓喜したといいます。

　人ひとり死んでこれほど喜ばれるのも珍しい。

くっさ！

第2章 フランスの系譜

第6幕

我が亡きあとに大洪水よ、来たれ

ブルボン朝（衰退期）

ルイ14世を境として、フランスは傾きはじめる。
ルイ15世まではなんとか保ったが、すでに彼の寵姫ポンパドゥール夫人は〝革命の予感〟を感じていた。
それが爆発したのはルイ16世の御世になってから。
彼はルイ14世・15世が残したツケを一身に受けて支払わされることになったのだった。

「余は、無実のうちに死ぬ。
だが、余は余を死に至らしめた者すべてを許す！」

ブルボン朝　第5代
ルイ16世
1774 - 92

〈 ブルボン朝 (衰退期) 〉

ブルボン朝は余の代で
スペイン王家に分家したのだ！

ブルボン朝 初代
フェリペ5世
1700 - 24

E

9世孫

しかも、カペー朝の嫡祖
ユーグ＝カペーから脈々と
一度も切れることなく
現系で繋がっているのだ！

ブルボン朝は21世紀を
迎えた今も健在なのだ！

F

ブルボン朝 第11代
フェリペ6世
2014 - Today

絶対主義君主になったんだから、
対外膨張戦争をバンバンやるし、
いいなぞも抱きまくって
贅沢の限りを尽くしてもいいよね？

そのツケを払わ
されることになる
ルイ16世

「余は、無実のうちに死ぬ。
だが、余は余を死に至らし
めた者すべてを許す！」

G

ハプスブルク家出身
マリー＝アントワネット

ブルボン朝 第5代
ルイ16世
1774 - 92

ブルボン朝 第7代
ルイ18世
1814 - 24

即位時
8歳

仏蘭
革命

奈破崙
戦争

1789 - 99

1799 - 1815

H

ブルボン朝 第6代
ルイ17世
1793 - 95

① ② ③

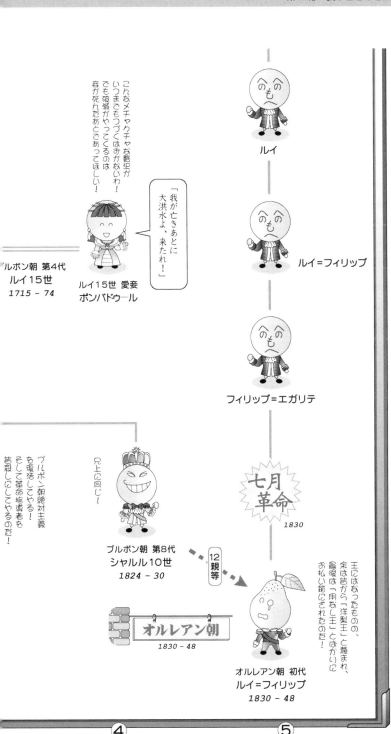

ルイ

ルイ＝フィリップ

フィリップ＝エガリテ

これもメチャクチャな贅沢が
いつまでもつづくはずがないわ！
でも破滅がやってくるのは
吾が死んだあとであってほしい！

「我が亡きあとに
大洪水よ、来たれ！」

ブルボン朝　第4代
ルイ15世
1715 – 74

ルイ15世 愛妾
ポンパドゥール

七月革命
1830

兄上に同じ！

ブルボン朝絶対主義
を復活してやる！
そして革命指導者を
皆殺しにしてやるのだ！

ブルボン朝　第8代
シャルル10世
1824 – 30

12親等

王にはなったものの、
余は皆から「洋梨王」と蔑まれ、
最後は「用なし王」とばかりに
お払い箱にされたのだ！

オルレアン朝
1830 – 48

オルレアン朝　初代
ルイ＝フィリップ
1830 – 48

④　　　⑤

序章　系図の基礎知識

第1章　イギリスの系譜

第2章　フランスの系譜

第3章　神聖ローマ帝国の系図

第4章　首墺の系譜

第5章　ロシアの系譜

第6章　丁諾布英の系譜

ル イ14世の在位期間は史上最長で、あまりにも長生きしたため、彼が身罷（まか）られたときすでに王太子（ドーファン）（D-3）も王太孫（D/E-3）も亡くなっており、彼の跡を継いだのは曾孫にあたる「ルイ15世（E/F-3/4）」でした。

破滅の予感（ブルボン朝第4代）

　そして、ルイ14世の栄華に当てられた彼もまたルイ14世の影を追って対外膨張に明け暮れ、私生活では放蕩の限りを尽くして傾いた財政をさらに傾けていきます(＊01)。

　その異様さに、彼の愛妾ポンパドゥール夫人（E/F-4）が「我が亡きあとに大洪水よ、来たれ！」と発言したと言われ、政治のことなどわからぬ妾（めかけ）ですら「この異常な放蕩が長くつづくわけがない」と感じ、「遠からず〝大洪水（革命）〟が起こるだろうが、願わくは私が死んだあとに起こりますように」という願いを込めた言葉と言われています。

　それほど破天荒な政治をやらかしたルイ15世ですが、そのツケを払わされる

こんなメチャクチャな贅沢がいつまでもつづくはずがないわ！でも破滅がやってくるのは妾が死んだあとであってほしい！

「我が亡きあとに大洪水よ、来たれ！」

絶対主義君主になったんだから、対外膨張戦争をバンバンやるし、いいなも抱きまくって贅沢の限りを尽くしてもいいよね？

ブルボン朝 第4代
ルイ15世
1715 - 74

ルイ15世 愛妾
ポンパドゥール

（＊01）彼の治世に5回ものデフォルト（債務不履行）を起こしています。

ことになるのは次の「ルイ16世（G-2）」でした。

生まれる時代を間違えた君主（ブルボン朝第5代）

ルイ15世が天然痘で亡くなったとき、すでに王太子（F-3）亡く、孫のルイ
＝オーギュストが王太子となっていました。

彼はハプスブルク家との政略結婚の道具として利用され、まだ物心つく前か
らハプスブルクの娘と婚約させられていましたが、その相手こそ、あのマリー
＝アントワネット（G-1）です。

1770年、ふたりがまだ15歳と14歳のとき、ヴェルサイユ宮殿で盛大な結婚
式が挙げられましたが、興味深いことに、式当日は前日までの青天がウソのよう
に嵐が吹き荒れ、それはまるでふたりの行く末を暗示しているかのようでした。

ルイ15世が亡くなったのはそれからたった4年後で、ルイ＝オーギュスト
が「ルイ16世」として即位したとき、彼はまだ19歳。

ルイ16世は温厚で善良な人物ではあったのですが、しかし、これからやっ
てくる"嵐"を乗り切るのに必要な政治手腕や精神力はまったく持ち合わせてい
ませんでした。

清平の奸賊、乱世の英雄

ところで、話は変わりますが、後漢末期、許劭［子将］（＊02）という人物が
いました。

彼は、のちに魏王となる若き日の曹操［孟徳］を評して、「そなたは泰平の世
であればとんでもない奸物となろう。じゃが、動乱の世であれば英雄となるで
あろう（＊03）」と言ったと伝えられています。

これは、「人というものは与えられた環境によって発揮できる能力がまったく

（＊02）当時「彼の占い結果はかならず当たる」と有名だった人物批評家。
　　　　ちなみに、本書では［　］は字（あざな）を表しています。

（＊03）『後漢書』の許劭伝より。『三國志』の武帝紀の裴注に引く『異同雑語』では「治世の能
　　　　臣、乱世の奸雄」とあり、どちらが正しいのかは不明。

変わるため、評価も変わる」ということを示しています。

　君主もこれと同じで、君主には"泰平型君主"と"乱世型君主"がいて、同じ人物でも、

・"泰平型君主"が泰平の世に生まれれば「仁君」、乱世に生まれれば「愚君」

・"乱世型君主"が泰平の世に生まれれば「暴君」、乱世に生まれれば「名君」

……と評価は一変します。

　ルイ16世は典型的な"泰平型君主"で、もし彼がルイ14世・15世の時代に生まれていたら、"おやさしい王様"として国民から慕われ、後世は"名君"などと褒めそやされていたかもしれませんが、彼にとって不運なことに、彼が即位したのは"乱世の嵐が吹き荒れる前夜"。

　ルイ16世はたちまち時代の波に呑み込まれて断首台（ギロチン）の露と消えていくことになります。

革命政府と英雄（ロベスピエールとナポレオン）

　こうして"主君殺し"を犯した革命政府がこの国の舵取り（かじ）を担うことになりましたが、「革命政府」などと粋がってみても所詮は政治の素人（シロート）集団。

枝を矯（た）めて花を散らし、
　　角（つの）を矯めて牛を殺す（＊04）

　専門的な知識が必要なことに素人（シロート）が首を突っ込むと、事態は余計に悪化するだけでロクな結果を生みません。

　政治などはその典型で、とても素人（シロート）などに扱えるような代物でないにもかかわらず、こたび素人（シロート）集団が革命を引っ掻き回したことで、アッという間に欧州外交を破壊して全欧を巻き込む戦争を引き起こし、内には経済を破綻（はたん）させ、社会を大混乱に陥らせて、果ては仲間割れ・内ゲバ・殺し合いまで始めて自壊し

（＊04）少しの欠点を無理に直そうとして、かえって全体をダメにしてしまうことの喩え。ここでは「素人が余計なことをすれば、かえって取り返しのつかない大失態を演じてしまう」くらいの意。ちなみに「矯める」は曲がっているものを伸ばすこと。改めること。

ていきます。

　その混迷の中から生まれ落ちた鬼っ子がナポレオン＝ボナパルトでしたが、彼がひとしきり暴れたあと、国民の間に懐古の情が溢れ返ります。

――こんな時代になるくらいなら、ブルボン朝の時代の方がずっとよかった！

　こうして、革命時代・ナポレオン時代という四半世紀の激動の時代を超え、結局フランス人が選んだ道は「ブルボン朝の復古」でした。

　双六で言えば、まさに巡り巡ってゴール直前の「ふりだしに戻る」です。

反動政治ののち滅亡（ブルボン朝第7〜8代）

　新王として選ばれたのはルイ16世の弟で、彼が「ルイ18世（G-3）」として即位します。

　彼はフランス革命が勃発したあと、革命政府の過激化の中で命の危険を感じて亡命、その後は諸国を転々とする亡命生活を送っていましたが、四半世紀の時を経て玉座を温めるようになると、ルイ14世時代の“古き佳き絶対主義”の再建を夢見て反動政治を始めます。

　しかしながら、長い亡命生活を送っていた彼は、即位時すでに齢58を超えており、その在位期間は10年とあまり長くなく、彼が亡くなったのちは弟が即位。

　これが「シャルル10世（G-4）」となります。

　しかし、彼もまた兄の政策を継承して反動政治を断行したため、ついに1830年、我慢の限界を越えたフランス市民の怒りが爆発、これが「七月革命（G-5）」となって、ついにシャルル10世は玉座から追われることになったのでした。

ブルボン朝？オルレアン朝？（ルイ＝フィリップ）

　シャルル10世を追った革命派は、開明的な人物と評判のルイ＝フィリップ（H-5）を新王に推します。

　彼こそ、所謂「七月王国（＊05）」の王ルイ＝フィリップです。

（＊05）七月革命によって成立した国を、通称「七月王国」と呼びます。

しかし、彼の"歴史的位置づけ"はちょっと複雑で、彼はルイ14世から枝分かれした分家「オルレアン家（C-5）」の人物でしたから、そこから「オルレアン朝 初代」という位置づけで説明されていることが多いですが、系図を辿ってみると、確かに彼はシャルル10世から数えて12親等（G/H-4/5）も離れているとはいえ、歴とした"男系で繋がる親族"でしたから、実際には王朝交代は起こしていません。

その意味では、「ブルボン朝 第9代」と表記した方が正しいとも言えますが、同時に我々は「"武力（＊06）による王位の交代"は便宜上"王朝交代扱い"される慣習がある」とも学んでまいりました。

今回は「七月革命」という武力革命によって前王を追っての即位ですから、その意味で「オルレアン朝」と区別されることが多いのです。

ところが、これを「オルレアン朝」と見做してしまうと、今度はこの王朝がルイ＝フィリップ一代で亡んだ"一代王朝"であったことがネックとなってきます。

すでに学んでまいりましたように、「欧州では"一代王朝"は前後の関係の深

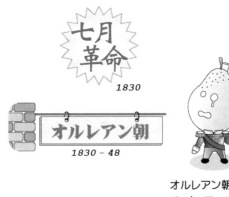

オルレアン朝 初代
ルイ＝フィリップ
1830 - 48

王にはなったものの、朱は皆から「洋梨王」と蔑まれ、最後は「用なし王」とばかりにお払い箱にされたのだ！

（＊06）ここでは「七月革命」のこと。

い王朝に繰り込む」という慣習がありますから、そうした意味ではやっぱり彼は「ブルボン朝 第9代」と見做すこともできます。

王位継承の乱れは王権弱体化の象徴

左様なわけで、彼を「ブルボン朝」と見做すか「オルレアン朝」と見做すかは "解釈次第" となりますが、いずれにせよ、ブルボン朝の王位継承が乱れていることがわかります。

アンリ4世による開朝以来、「親から子」「親から子」と一直線に継がれていた王位が、フランス革命を境に「兄から弟」「兄から弟」と横にズレ始め、最後は "12親等も離れた遠い親戚" に継がれました。

王位継承が「親から子」と一直線に継がれているとき、その王朝は安泰ですが、これが乱れたときは王朝が弱体化していることを意味します。

このときもフランス国民はブルボン朝に期待して何度もチャンスを与えているのに、ルイ18世・シャルル10世・ルイ＝フィリップと3代にわたって反動政治を繰り返すばかり。

乱君ありて乱国なし（＊07）

「国が乱れるときにはかならず国を乱す君主がいるものだ」という意味ですが、事ここに至ってついにフランス国民も王家に愛想を尽かし、ついに「共和制」へと舵を切ることになりました。

これにより、ルイ＝フィリップが "フランス最後の王" となります。

"カペーの奇蹟" は健在

さて、ここまでフランス史を系図的観点から見てまいりましたが、イギリスが十数回も王朝交代を繰り返したのとは対照的に、フランス王家は一度たりとも男系が断絶していません。

（＊07）『荀子』君道第十二（一章）より。

つまり、学問的には開祖ユーグ＝カペーから始まって最後のルイ＝フィリップまで、ずっと男系で繋がる"ひとつの王朝"です[＊08]。

　しかし。

　ルイ＝フィリップを最後として、以降現在に至るまでフランスにカペーの血筋の者が王になることはなく、ここに"千年の歴史"を誇ったさしものカペーの血もついにここで燃え尽きたか──と思いきや、じつは"カペー家"はまだ生きています。

　思い出してください。

　ルイ14世が「スペイン継承戦争」で自分の孫をスペイン王（D/E-1）に据えることに成功していたことを。

　じつは、あのとき分岐したフェリペ5世から数えて現在に至るまで、途中断絶はあったものの、現在のスペイン国王は「ブルボン朝 第11代」のフェリペ6世（F-1）です。

　21世紀を迎えた今もなお"カペーの奇蹟"は健在なのでした。

ブルボン朝は21世紀を迎えた今も健在なのだ！

しかも、カペー朝の開祖ユーグ＝カペーから脈々と一度も切れることなく男系で繋がっているのだ！

ブルボン朝 第11代
フェリペ6世
2014 – Today

（＊08）たとえば、"革命の露"と消えたルイ16世は、「八月十日事件」で革命軍によりタンプル塔に幽閉されて以降、「ルイ＝カペー」と呼ばれています。これは彼が「ユーグ＝カペー」から男系で脈々と繋がっていることを示しています。

第3章　神聖羅帝国の系図
（ローマ）

第1幕

血縁より実力重視のドイツ

フランケン朝〜ザクセン朝

王朝交代のやり方にも民族ごとに特性が顕れる。フランスは「男系親族一択」だったがために1000年にわたって一度も王朝交代を起こさず、イギリスは「女系も認める」が故に十数回もの王朝交代を起こした。そしてドイツは「実力重視」。これにより、イギリス以上のめまぐるしい王朝交代が起こることになる。

オットー戴冠

以降884年にわたってつづく神聖ローマ帝国の初代皇帝だ！

神聖羅帝国

800/962−1648/1806

ザクセン朝　第2代
オットー1世
936−73

〈 フランケン朝〜ザクセン朝 〉

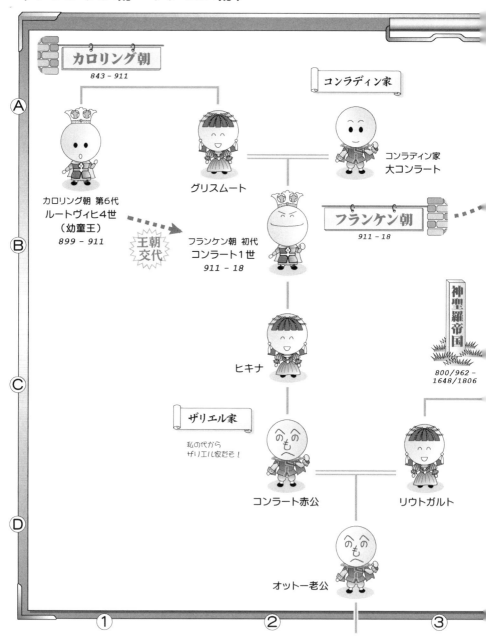

カロリング朝
843 - 911

コンラディン家

カロリング朝 第6代
ルートヴィヒ4世
（幼童王）
899 - 911

王朝
交代

グリスムート

コンラディン家
大コンラート

フランケン朝 初代
コンラート1世
911 - 18

フランケン朝
911 - 18

神聖羅帝国
800/962 -
1648/1806

ヒキナ

ザリエル家

私の代から
ザリエル家だぞ！

コンラート赤公

リウトガルト

オットー老公

A

B

C

D

1   2   3

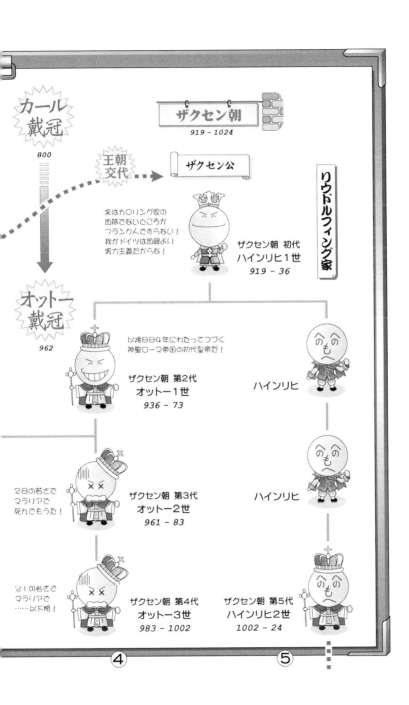

カール戴冠

800

ザクセン朝
919 - 1024

王朝交代 ⋯▶ ザクセン公

実はカロリング家の血筋でもないところかフランク人ですらない! 我がドイツは血筋より実力主義だからね!

ザクセン朝 初代
ハインリヒ1世
919 - 36

りウドルフィング家

オットー戴冠

962

以後884年にわたってつづく神聖ローマ帝国の初代皇帝だ!

ザクセン朝 第2代
オットー1世
936 - 73

ハインリヒ

28の若さでマラリアで死れてもうた!

ザクセン朝 第3代
オットー2世
961 - 83

ハインリヒ

'21の若さでマラリアで……以下略!

ザクセン朝 第4代
オットー3世
983 - 1002

ザクセン朝 第5代
ハインリヒ2世
1002 - 24

④ ⑤

序章 系図の基礎知識

第1章 イギリスの系譜

第2章 フランスの系譜

第3章 神聖ローマ帝国の系図

第4章 首座の系譜

第5章 ロシアの系譜

第6章 丁諸希英の系譜

中世初頭に現れたフランク王国が、カール大帝の御世に時の教皇レオ３世から「西ローマ帝国皇帝」の帝冠を加冠された（A-3/4）ことは、すでに触れました。

　前章では、この「カールの帝国」から分かれてその西に現れた「フランス王国」の歴史を追ってきましたが、本章では、その東に現れた「ドイツ王国」について見ていくことにします。

カロリング家の断絶（カロリング朝第6代）

　「カールの帝国」が分裂して生まれたドイツも、フランス同様、分裂当初は「カロリング朝（A-1）」でしたが、それも10世紀に入ったころには王朝の弱体化が進んで五大公（フランケン公・ザクセン公（A-4/5）・バイエルン公・シュヴァーベン公・ロタリンギア公）が幅を利かせてきていたのに、時の国王ルートヴィヒ４世（A/B-1）は幼君という有様でした。

　日本で喩えるなら、さしずめ「豊臣秀吉亡きあとの幼君（＊01）秀頼を支える五大老」という構図で、こうして比較することで「豊臣政権同様、この王朝も先はないな」ということが推測できます。

　では、その豊臣政権がその後どのような展開を見せたかというと、野心を抱いた五大老の筆頭・徳川家康が自分の娘（千姫）を秀頼に嫁がせて主家と誼を結んでいます。

　歴史は繰り返す（＊02）。

　このときのドイツも五大公筆頭のフランケン公大コンラート（A/B-2/3）がルートヴィヒ４世の姉グリスムート（A/B-2）と結婚して誼を結んでいます。

　そうした折の911年、ルートヴィヒ４世が嫡子なく早世（享年17）したため、ついにカロリング朝が断絶（＊03）。

　ここにドイツ史上初めての「王朝交代」を経験することになりました。

　では、ドイツの場合はどのような方針で新王朝が決められるのでしょうか。

（＊01）秀頼が跡を継いだ当時、数えで６歳、満で５歳。

（＊02）といっても、家康の方が時代がずっとあとのことですが。

ドイツ式王位継承法

これまで見てまいりましたとおり、王朝が断絶したとき「最後の王を起点として親族を辿っていく」という基本は同じですが、その方針でそれぞれ "お国柄" が出ます。

所変われば品変わる

その条件がもっとも厳しいのがフランスで「男系親族に限る（サリカ法）」という厳しい条件が課されていましたが、そうであるが故に1000年以上にわたって一度も王朝交代を起こしませんでした。

これに対して、イギリスは「一応男系が優先されるが、条件次第では女系も厭わない」というフランスよりも緩い条件となっていますが、そうであるが故に頻繁に王朝交代を起こす結果になりました。

とはいえ、アングロサクソン朝から現ウィンザー朝に至るまで一応 "血縁" で繋がってはいます。

ところが、これがドイツとなると状況は一変。

英仏に比べてドイツは "実力主義" の風潮が強く、「一応血縁は尊重するが、それよりも選挙と実力を優先」でしたから、前王朝とまったく血縁関係にない者が次期国王に選出されることも珍しくありません。

したがって、ドイツの場合は王朝交代がイギリス以上に激しくなるどころか、ところどころ血縁レベルで切れることになります。

―― 前車の覆るは後車の戒め。

こうして歴史を "他山の石" とすることで、日本も英・独の二の舞にならないために、『皇室典範』の「皇統に属する男系の男子」という規定をけっして変えてはならないことがわかります。

（＊03）豊臣秀頼の場合も23歳という若さで自害、これにより豊臣家は断絶しています。
　　　一応、秀頼には「国松」という庶子はいましたが、彼も秀頼の死の2週間後に斬首刑にされました。

ドイツ初の王朝交代（フランケン朝）

　こたびも、「独カロリング家の血が絶えたならば 仏カロリング家か 伊カロリング家から王を招く」というのが本筋でしたが、実力主義のドイツでは「カロリング家の血筋」より「実力者」が優先され、その結果、ドイツ五大公の中でも筆頭実力者であったコンラートが推されて即位することになりました。

　それが「コンラート１世（B-2）」です。

　彼は一応カロリング家と血の繋がりがあったとはいえ、女を挟んだ「女系国王」でしたからここで王朝交代となり、以降「フランケン朝（＊04）（B-2/3）」と呼ばれるようになります。

　しかし、コンラート１世の治世はわずかに７年、しかも嫡子なく亡くなってしまったため、この王朝は「一代王朝」に終わります。

東フランク王国からドイツ王国へ（ザクセン朝初代）

　そこで、コンラート１世亡きあと諸侯会議が開かれ、ふたたび五大公の中から新王が選ばれることになりましたが、今回はこのころ五大公筆頭となっていたザクセン公ハインリヒが継ぐことになりました。

　彼が「ザクセン朝 初代ハインリヒ１世（B-4/5）」ですが、彼は「カロリング家」と何の血の繋がりもないどころか、そもそもフランク人ですらなく、本を糺せばカール大帝の時代にフランク王国に併呑された〝異民族（ザクセン人）〟です。

　フランク人ですらない者が王位に就いたこの国を「東フランク王国」と呼ぶのは如何なものかということで、このころを境としてこの国を「ドイツ王国」と呼ぶようになります（＊05）。

（＊04）家柄の名（コンラディン家）から「コンラディン朝」とも呼ばれます。

（＊05）実際に「ドイツ王国」と呼ばれるようになったのはこれより300年後のことですが、「ドイツ王国」の始原を辿っていくとこのころまで遡ることができるので、後世の人はこのあたりから「ドイツ王国」と呼びます。ただし、「東フランク」と「ドイツ王国」の境は曖昧で諸説（911年説／919年説／936年説／962年説）あります。

ドイツ王国から神聖ローマ帝国へ (ザクセン朝第 2 代)

　ザクセン朝では、ハインリヒ 1 世以降はしばらく父子継承がつづきます。

　これまで学んでまいりましたとおり、王位継承が安定しているときというのは国内も安定していることが多く、自ずと国力が " 外 " に向かうものです。

　折から王国の東方からマジャール人の侵寇（しんこう）が年々激しさを増してきていたため、父王ハインリヒ 1 世から王位を継いだ「 オットー 1 世 (B/C-4) 」は、これをレッヒフェルトで撃退（＊06）すると、これにより彼は「 キリスト教世界を異教徒（ペイガン）どもから護った聖戦士 」として西欧世界で脚光を浴びるようになります。

　この名声を耳にした、時のローマ教皇ヨハンネス 12 世は、自らの保護者としてオットー 1 世に " 白羽の矢 " を立てました。

　じつは、当時のイタリアは混迷を極め、ヨハンネス 12 世はこれに頭を抱えていたためです。

船は帆で持つ　帆は船で持つ

　人でも組織でも国家でも、己（おのれ）の足らない部分は他者と提携することで補い合って前進していくものです。

　教皇（ヨハンネス12）には " 権威 " はありましたが武力がなく、オットー 1 世には武力はありましたが " 権威 " がない。

　そこで両者は急接近し、教皇（ヨハンネス12）の救援要請を受けたオットー 1 世はたちまちのうちにイタリアを平定すると、教皇はこの頼もしい " 聖戦士 " を取り込むべく、当時空位となっていた「 ローマ帝冠 」をオットー 1 世に与えました。

　通常、これを以（もっ）て「 神聖ローマ帝国 (B/C-3) の成立 」と見做（みな）します（＊07）。

（＊06）955 年、レッヒフェルトの戦。

（＊07）一般的には、このとき 962 年の「 オットー戴冠 (B-3/4) 」を以て「 神聖ローマ帝国の成立 」と見做しますが、そもそもオットー大帝が加冠された帝冠は、本を糺せばカール大帝が加冠された帝冠まで遡ることができるため、800 年の「 カール戴冠 (A-3/4) 」を以て「 神聖ローマ帝国の成立 」とする考え方もあります。

これにより、オットー１世は教皇の後盾を得て国家運営が容易となりましたし、教皇はオットー１世という保護者を得て安泰となり、両者はしばらく蜜月がつづきます。

ザクセン朝断絶（ザクセン朝第3〜5代）

さて、オットー大帝（デァグ ローセ）ののちオットー２世（C/D-4）・３世（D-4）と一応"父子継承"がつづいたものの、オットー２世が２８歳、３世が２１歳で早世してしまった（＊08）ためついに直系が断絶、又従弟（またいとこ）のハインリヒ２世（D-5）が継ぐことになりました。

彼（ハインリヒ2）は一応男系で繋（つな）がっていましたから、この時点では「王朝交代」ではありませんが、こうしてひとたび父子継承が乱れ始めると不思議なほどその王朝の断絶は近い。

案の定、彼を最後としてザクセン朝も断絶となり、ふたたび国王選挙が行われることになりました。

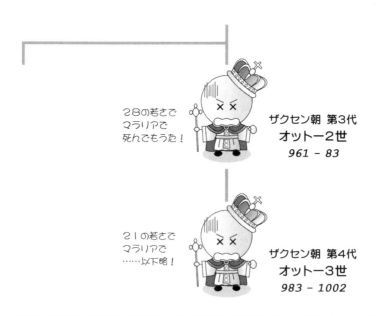

２８の若さで
マラリアで
死んでもうた！

ザクセン朝　第3代
オットー２世
961 - 83

２１の若さで
マラリアで
……以下略！

ザクセン朝　第4代
オットー３世
983 - 1002

（＊08）ふたりともマラリアによる病死といわれていますが、一説には暗殺とも。

第2幕

神聖ローマ帝国の完成

ザリエル朝

「織田が搗き、羽柴が捏ねし天下餅、坐りしままに食うは徳川」という歌もあるように、大業というものは一朝一夕に生まれ落ちるものではない。

「神聖ローマ帝国」もまた同じ。

カール大帝が搗き、オットー大帝が捏ねた神聖ローマ帝国はザリエル朝においてようやく〝餅〟となる。

ザリエル朝
1024 - 1125

この余が神聖ローマ帝国を永続化らしめたのだぞ！余を褒め称えよ！

ザリエル朝 初代
コンラート2世
1024 - 39

〈 ザリエル朝 〉

ハインリヒ

ザリエル朝
1024 - 1125

この朕が神聖ローマ帝国を
永続化たらしめたのだぞ！
朕を褒め称えよ！

ザリエル朝 初代
コンラート2世
1024 - 39

ザリエル朝 第2代
ハインリヒ3世
1039 - 56

ごめんなちゃい
ゆるちて…

無冠

白装束

ザリエル朝 第3代
ハインリヒ4世
1056 - 1105

がはははは！

ま！
今回はこれくれぇで
勘弁してやっか！
もう二度とこの陛様に
逆らうんじゃねぇぞ！

裸足

ローマ教皇 第157代
グレゴリウス7世
1073 - 85

カノッサの屈辱

1077.1

私の子孫が
次の王朝を開くのよ！

くそ！
坊主の分際で…

アグネス

A

B

C

D

1

2

3

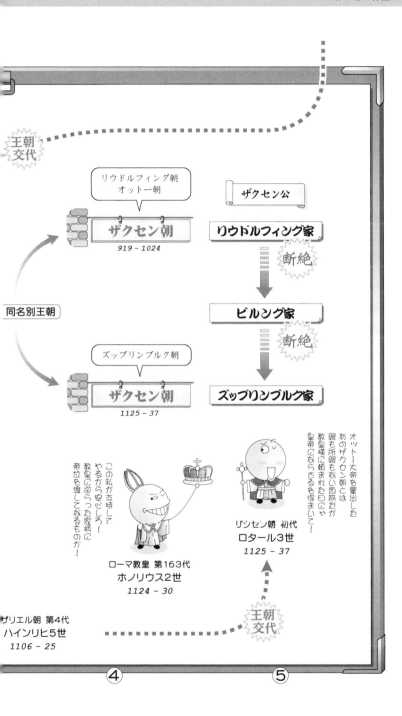

王朝
交代

リウドルフィング朝
オットー朝

ザクセン朝
919 - 1024

ザクセン公

りウドルフィング家
断絶

ビルング家
断絶

同名別王朝

ズップリンブルク朝

ザクセン朝
1125 - 37

ズップリンブルク家

この私が支持して
やるから安心しろ！
教皇様に逆らった挙句に
帝位を渡してなるものか！

ローマ教皇 第163代
ホノリウス2世
1124 - 30

オットー大帝を輩出した
あのザクセン朝とは
縁も所縁もない血筋だが
教皇様に頼まれたのにゃ
皇帝にならざるを得まいて！

ザクセン朝 初代
ロタール3世
1125 - 37

ザリエル朝 第4代
ハインリヒ5世
1106 - 25

王朝
交代

④   ⑤

さて、前王朝が「神聖ローマ帝国」を産み落としましたが、これがほんとうに"永続的に継続"するかどうかはまだ未知数でした。

　結果的には、1806年まで844年間もつづくことになりましたが、当時はそんなことになるとは夢にも思っていませんでしたし、実際、この"前身"たる800年にカール大帝^{デァグローセ}が戴冠して成立した「帝国」は、これに名前が付く前に解体してしまったものです。

　今回とて、その二の舞とならないとは言えません。

　「神聖ローマ帝国」が永続的に存続できるか否か、こたびの王朝交代はその"試金石"となるものでした。

神聖ローマ帝国の定着（ザリエル朝初代）

　さて、ザクセン朝の断絶で「諸侯会議」が開催され、新国王に選出されたのはザリエル家のコンラートでした。

　王朝名はその家名から「ザリエル朝」、血縁的にはフランケン朝（コンラディン家）の血筋を引く女系親族^{（＊01）}でしたから、その家名と合わせて「フランケン＝ザリア朝」と呼ばれるようになります。

　さて、「ドイツ王^{（＊02）}」として即位したコンラート2世は、「神聖ローマ帝国」を永続的なものとするべく、そのままイタリア遠征を敢行して「イタリア王」を兼位し、時のローマ教皇ヨハンネス19世から戴冠を受けました（1027年）。

　こうして「王朝交代が起こっても『帝国』が継承されるという"前例"」が生まれたため、ここにおいてようやく神聖ローマ帝国が"継続的な帝国"として確立したといえます。

・800年にカール大帝^{デァグローセ}が産み落とした神聖ローマ帝国の"卵"は、

・962年にオットー大帝^{デァグローセ}が"雛"に孵し、

・1027年にコンラート2世が"鶏"に換羽^{かんう}させた

（＊01）コンラート2世の曾祖父がフランケン朝コンラート1世の外孫、曾祖母がザクセン朝オットー大帝の娘で、前王朝と前々王朝の両家の血筋を引いていました。

（＊02）現代の通称。当時は「ローマ王」と呼称していました。

……と表現することができ、この３人の誰が欠けても1000年の歴史を誇る「神聖ローマ帝国」は生まれなかったことでしょう。

聖職叙任権闘争（ザリエル朝第３代）

彼が亡くなったあと、一応は父子継承がつづいたものの、孫のハインリヒ４世が即位したとき、彼はまだ６歳でした。

幼君が立つとき、暗雲急を告げるときです。

案の定、即位早々、幼君を見くびった諸侯が暗躍しはじめたため、彼は困難な少年時代を過ごし、また、成人して親政を開始したのちも不安定な統治がつづきます。

そんな彼に追い打ちをかけるようにして"帝国を揺るがす大問題"が襲いかかりました。

その契機となったのは、1073年、グレゴリウス７世がローマ教皇になったことです。

彼は当時腐敗しきっていた教会組織の刷新に尽力しており、その一環として「俗人（皇帝）による聖職叙任権（＊03）の禁止」に乗り出したのです。

じつは、カール大帝のころから教皇は"皇帝"が「聖職叙任権」を行使することを黙認していました。

「聖職叙任権」を有するのはあくまで教皇ですが、まだまだ教皇の力が弱かった当時、教皇は皇帝の政治力に頼る必要があったためです。

有為転変は世の倣い

オットー大帝のころにはそれが制度化（＊04）され、歴代皇帝が"当然の権利"のように叙任権を継承するようになりましたが、時は移ろい、次第に教皇の力が強くなって皇帝の助けを必要としなくなってくると状況は一変します。

（＊03）教会・修道院の運営責任者（司教や修道院長など）に任ずる権利。
　　　　文脈の前後関係で「聖職叙任権」のことだと明らかなときには単に「叙任権」ともいう。

（＊04）これを「帝国教会制（ライヒスキルへ）」といいます。

グレゴリウス7世が教皇になるや、「そもそも聖職叙任権というものは教皇に属するものであって、"俗人（皇帝）"ごときがこれを行使するなど言語道断！」とその禁止を命じます。

　しかし、時の皇帝側はまだまだ「聖職叙任権」を必要としており、「歴代皇帝が行使してきた"当然の権利"を奪われてなるものか！」と両者は決定的に対立するようになりました。

　これが、かの有名な「（聖職）叙任権闘争」です。

　ハインリヒ4世は「教皇廃位（グレゴリウス7）」を、グレゴリウス7世は「皇帝破門（ハインリヒ4）」をそれぞれ宣言して対立を深めましたが、情勢はハインリヒ4世に甚（はなは）だしく不利なものでした。

カノッサの屈辱（ザリエル朝第3代）

　先にも触れましたように、そもそも当時のドイツは政治的に不安定でしたから、ドイツ諸侯はここぞとばかり教皇側に立ってハインリヒ4世に反旗を翻（ひるがえ）し、ハインリヒ4世はアッという間に四面楚歌となってしまったためです。

生きていればこそ浮かぶ瀬もあれ

　これは「身を捨ててこそ浮かぶ瀬もあれ」という諺（ことわざ）のモジリですが、それは死ぬ気で踏ん張ればわずかでも光明が見出せる場合であって、まったく活路が拓けない状況で"身を捨てて"かかれば無駄死にするだけです。

　命あっての物種、なんでも「猪突猛進」すればよいというものでもなく、時には"身"ではなく"誇り（プライド）"を棄（す）てて「退（ひ）く」ことも大切です。

　今は敗（ま）けても次で勝てばよいのですから。

　このときのハインリヒ4世がそうでした。

（＊05）類書を紐解くと、当たり前のように「雪の降りすさぶ中、城門の前に三日三晩にわたって無冠・白装束・裸足で立ちすくみ、赦しを請うた」と書いてありますが、あれは後世の捏造です。少し考えてみればわかることですが、降雪の極寒の中、白装束・裸足で三日三晩立ちん坊を喰らって凍死しない人などいません。

　諸侯に離反され、アッという間に窮地に陥ったハインリヒ4世はもはや打つ手なし。

　これ以上意地を張っても、その先に待ち受けるのは "死" のみ。

　ここは憎っくき 教 皇 に頭を下げてでも生き延び、再起を図る。

　そこで 彼 は、カノッサ城に滞在していた 教 皇 に御自ら出向いて赦しを請いました[＊05]。

　常日頃、帝衣を纏って玉座に鎮座し、文武百官を従えて命令を下す皇帝ともあろう者が、「教皇」とはいえ、たかが "坊主" ごときにひれ伏して謝罪させられたのですから、これ以上ない「屈辱」であったことでしょう。

　そのため、この出来事は後世「カノッサの屈辱」と呼ばれるようになりました。

再起戦（ザリエル朝第3代）

　こうして教皇から赦しを得て「破門」を解いてもらったハインリヒ4世は、帰国するや、自分を裏切った者たちに粛清の嵐を吹かせて綱紀の引締を行います。

勝兵は先ず勝ちて而る後に戦い、敗兵は先ず戦いて而る後に勝つ。

　兵法の大家・孫子は「戦に勝つ者は万全の態勢を調え勝算が立ってから開戦するのに対し、戦に敗れる者は開戦してしまってから慌てて勝つ方法を考えるものだ」といいました[＊06]。

　前述のハインリヒ4世の敗因はまさにこれで、こたびはその反省に立って、万全の態勢を調えてからもう一度 教 皇 に戦いを挑みます。

　これにより、今回は自陣の結束が揺るがず 教 皇 を追い詰めることに成功。

　グレゴリウス7世は亡命先のサレルノで客死することになったのでした。

（＊06）『孫子』の第4章「形篇」。

ヴォルムス協約（ザリエル朝第4代）

　こうして雪辱を果たしたハインリヒ4世でしたが、思わぬところで足を掬（すく）われます。

　それは血を分けた我が子でした。

　皇太子コンラートが父に叛逆したため、ハインリヒ4世はこれを廃嫡して弟（ハインリヒ）を立太子しましたが、その弟にも叛逆されて結局　彼（ハインリヒ4）は玉座を追われてしまうことになったのです。

　帝位に就いたハインリヒ5世は、いまだ燻（くすぶ）りつづけていた「叙任権闘争」の解決を図り、1122年「ヴォルムス協約」が締結されて、半世紀近くに及んだ叙任権闘争もようやく決着したのでした。

王朝断絶（ザクセン朝初代）

　さて、ハインリヒ5世が嫡子なく亡くなると、ふたたび継承問題が発生します。

　ハインリヒ5世は生前、姉（アグネス）の子フリードリヒ独眼公（アインオウギゲ）（次幕B/C-3）を後継者に望んでいましたが、これに「待った！」をかけたのが教皇です。

　そもそも「神聖ローマ帝国」という国は〝教皇の擁護者〟となってもらうために教皇が加冠して生まれたものです。

　したがって、教皇としては「さんざん教皇に逆らった血筋の者」ではなく「教皇に従順な家柄」に皇帝になってほしい。

　そこで教皇は、当時ザクセン公（＊07）をしていたロタールを推したため、彼が「神聖ローマ皇帝」となることになりました。

　しかし、こうした教皇の恣意（しい）がわだかまりを残すこととなり、「帝国」を長い長い混迷の時代に導く結果になったのでした。

（＊07）同じ「ザクセン公」ですが、オットー大帝を輩出した「ザクセン公」とはまったく血縁関係にありません。オットー大帝を輩出したリウドルフィング家が断絶したのち、ザクセン公位はビルング家、ズップリンブルク家と血縁関係にない家柄に与えられていたためです。

第３章　神聖羅帝国の系図

ローマ

第３幕

神聖ローマ帝国の分裂

シュタウフェン朝

12世紀半ばから13世紀半ばまでは、原則として「シュタウフェン朝」の時代となるが、つねに対立候補が存在する不安定な時代であり、これを受けて帝国は「シュタウフェン党」と「ウェルフェン党」に真っ二つに分かれて相争う時代となった。

こうして次の「一代王朝時代」へと繋がっていく。

この私が中世欧州の中でも指折りで有名な皇帝、バルバロッサだ！

◀──　対立候補　──▶

シュタウフェン朝　第2代
リードリヒ1世
（赤髭王）
1152 − 90

〈シュタウフェン朝〉

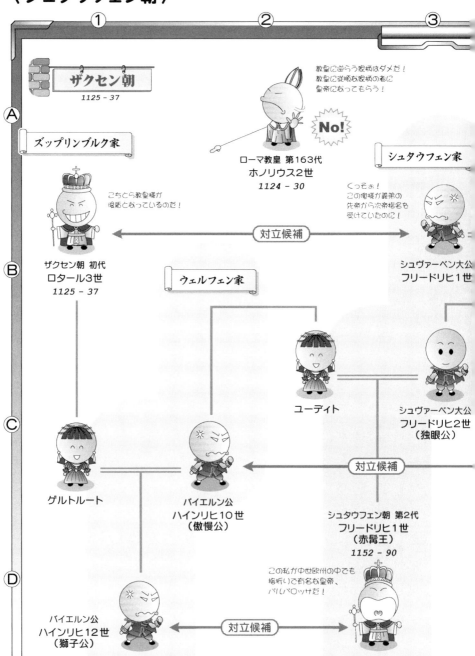

④　　　　　　　　⑤

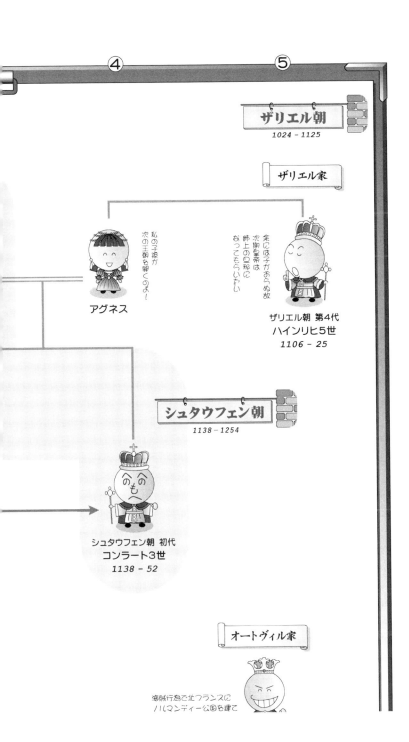

ザリエル朝
1024 - 1125

ザリエル家

私の子孫が
次の王座を継ぐのよ！

アグネス

朕には子がおらぬ故
次期皇帝は
姉上の息子に
なってもらいたい

ザリエル朝 第4代
ハインリヒ5世
1106 - 25

シュタウフェン朝
1138 - 1254

シュタウフェン朝 初代
コンラート3世
1138 - 52

オートヴィル家

海賊行為で北フランスに
ノルマンディー公国を建て

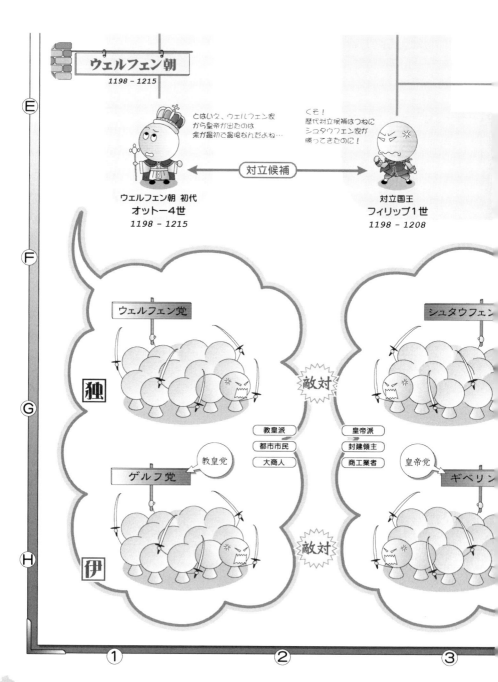

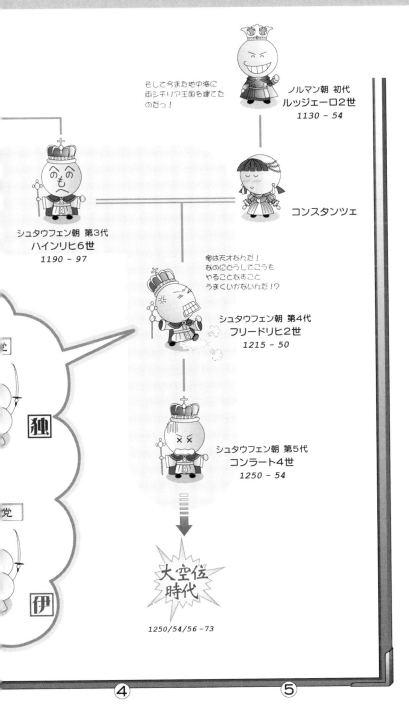

そして今また地中海に
両シチリア王国を建てた
のだっ！

ノルマン朝 初代
ルッジェーロ２世
1130 - 54

コンスタンツェ

シュタウフェン朝 第3代
ハインリヒ６世
1190 - 97

俺は天才なんだ！
なのにどうしてこうも
やることなすこと
うまくいかないんだ！？

シュタウフェン朝 第4代
フリードリヒ２世
1215 - 50

シュタウフェン朝 第5代
コンラート４世
1250 - 54

大空位
時代

1250/54/56 - 73

独

党

伊

④　　　⑤

序章　系図の基礎知識

第１章　イギリスの系譜

第２章　フランスの系譜

第３章　神聖ローマ帝国の系図

第４章　箒姫の系譜

第５章　ロシアの系譜

第６章　丁諾希英の系譜

171

教 皇ホノリウス２世（A-2）の強引な介入によって、前王朝とは縁も所縁_{ゆかり}
もないロタール３世（B-1）が即位することになりましたが、当然、次
期国王を狙っていたフリードリヒ独眼公（B/C-3）はこの決定に不服でしたか
らロタール３世への忠誠を拒否します。

因果は繞_{めぐ}る（シュタウフェン朝初代）

　結局、どうにかフリードリヒ独眼公を抑え込むことに成功したロタール３世
でしたが、彼もまた嫡子がなかったため、すぐに〝お家騒動〟に発展します。

　ロタール３世は、自分の娘婿ハインリヒ傲慢公（C/D-1/2）を次期皇帝に望
み、シュタウフェン家（A-3）は今度こそザクセン公に奪われた帝位を取り戻さ
んと策動、まさに因果は繞_{めぐ}る、今度は立場が逆転してシュタウフェン家が勝利
してコンラート３世が即位することになりました。

　これ以降、代が替わるたびにシュタウフェン家とウェルフェン家による帝位
争奪戦（＊01）が常態化します。

・シュタウフェン家：前　王朝ザリエル朝（A-5）の女系王家

・　ウェルフェン家：前々王朝ザクセン朝（A-1）の女系王家

　表面的には、前王朝（ザリエル朝）の女系王家と前々王朝（ザクセン朝）の女
系王家との確執ですが、教皇がウェルフェン家を支持したため親教皇派はウェ
ルフェンを支持し、反教皇派はシュタウフェンを支持して派閥化。

　シュタウフェン陣営はドイツでは「シュタウフェン党（F/G-3）」、イタリア
では「皇帝党（G/H-3）」と呼ばれるようになり、ウェルフェン陣営はドイツ
では「ウェルフェン党F/G-1」、イタリアでは「教皇党（G/H-1）」と呼ばれ
て、全国の諸侯はいずれもどちらかの陣営に付いて争ったため、帝国は常態的
な内乱状態となって衰退していく（＊02）ことになります。

（＊01）ロタール３世vsフリードリヒ１世（B-3）から始まり、コンラート３世vsハインリヒ傲
慢公（C/D-1/2）、フリードリヒ赤髭王vsハインリヒ獅子公（D-1）、オットー４世vs
フィリップ１世（E/F-3）など。

帝冠なき神聖ローマ皇帝（シュタウフェン朝初代）

こうして諸侯会議で最多得票を得て「ドイツ王」に即位したコンラート３世でしたが、教皇と対立していた彼は死ぬまで教皇から「神聖ローマ皇帝」の戴冠を受けることができませんでした。

したがって彼は、厳密には「ドイツ王」であって「神聖ローマ皇帝」ではありませんが、そもそも「神聖ローマ帝国」などに実体はなく、教皇から戴冠を受けたドイツ王が「ローマ皇帝」を名乗っているだけなので、一般的には彼も「神聖ローマ皇帝」のひとりに数えられます。

赤髯皇帝（シュタウフェン朝第２代）

こうして、代が替わるたびに帝位継承戦争が起こるようになったドイツでしたが、コンラート３世が亡くなると彼には嫡子なく、甥のフリードリヒが王位を継ぐことになりました。

彼こそ、かの有名な「フリードリヒ赤髯王（D-3）」です。

彼は、父（フリードリヒ独眼公）がシュタウフェン家、母（ユーディット）（B/C-2/3）がウェルフェン家の出身であり、相争う両家の血筋を引いているところから両家の宥和政策に努めたことで、一時的に帝国が安定します。

――いつの世も、"内（国内）"が安定すれば、

　　政治の矛先は"外（国外）"に向かう

……ということを我々は学んでまいりました。

このときも、ドイツを片づけたフリードリヒ赤髯王はイタリアの教皇党を討伐するべく、イタリア遠征を敢行します（＊03）。

しかし、これは４度にわたって繰り返されたものの失敗に終わった（1183

（＊02）これは、将軍候補として足利義尚（シュタウフェン家）を立てるか、足利義視（ウェルフェン家）を推すかで、全国の大名が西軍（シュタウフェン党）と東軍（ウェルフェン党）に分かれて争った「応仁の乱」を彷彿とさせます。このときも長引く内乱の中で室町幕府は衰えていき、幕府は実体を失って（大空位時代）戦国時代へと突入していきました。

（＊03）所謂「イタリア政策」。

年）ため、フリードリヒ赤髯王（バルバロッサ）は攻め方を変えることにしました。

機に臨んで変に応ず

　何か事に臨んでうまくいかないときは攻め方・方針を変えてみると、事がうまく運ぶことがあります。

　このときの赤髯王（バルバロッサ）も、我が子ハインリヒ（E/F-4）と両シチリア王（＊04）ルッジェーロ２世（D/E-5）の娘コンスタンツェ（E/F-5）との縁談を進め、1186年、婚姻を成立させることに成功しています。

　アンジュー伯の成功を見てもわかるように、政略結婚によって継承権を手に入れて領土を増やしていくという手法は欧州（ヨーロッパ）では珍しくありません。

　こたびの縁談も大きな影響を及ぼすことになりますが、それが表面化するのはもう少しのちの話。

　ところでその翌年になると、聖地イェルサレムが陥落（1187年）したとの報に触れ、イタリア方面はいったん諦めて「第３次十字軍」に参戦することにします。

　しかし、彼は聖地（イェルサレム）に向かうその途上、サレフ川という小さな川で溺死（＊05）してしまいます。

　ところで、「長患いの末の病死」の場合、残された者も"心の準備"ができるのでいいのですが、これが「まったく予期しない急死」となると、残された者の心の準備が追いつかず「信じたくない！」という心理が働き、その人物が伝説化・英雄視されることがあります。

　赤髯王（バルバロッサ）もそうして英雄視され、「フリードリヒ１世は死んでいない！」「ただ"お隠れ"になっただけだ！」「帝国が危機に陥ったときに眠りから醒め、我々を栄華と繁栄の地に導くのだ！」と伝説化することになりました。

（＊04）これも「ドイツ王国」同様、後世の歴史学的呼称。当時は"両"の付かない「シチリア王国」で"両"の付く呼び方が生まれたのは13世紀（シチリアの晩鐘）以降です。

（＊05）溺死の原因は現在まで不明。たまたま川で心臓麻痺を起こしたとも、暗殺とも、また川で転んでしまい、甲冑の重みで起き上がれずに溺死したとも言われています。

イタリア政策の完成 (シュタウフェン朝第３代)

フリードリヒ赤髭王の急死により嫡男ハインリヒが即位しました 。

すると、ほどなく両シチリアで王朝断絶が起こったため、ハインリヒ６世は妃がルッジェーロ２世の娘であることを根拠として王位継承権を主張し、シチリア王に即位 (1194 年) します 。

これによりドイツは夢にまで見た「イタリア政策」を完成 (独・伊 の統一) させ、しかもその年は、永年子宝に恵まれなかった皇帝夫婦に待望の嫡男が生まれるという僥倖を得ます 。

その子供がのちのフリードリヒ２世 (F-4/5) です 。

たいそう喜んだハインリヒ６世でしたが、当時は帝位が不安定な時代です 。

皇帝が代わるたびに継承問題が起こる時代でしたから、自分が死んだあとこの子が帝位に就ける保証はどこにもありません 。

「何としても自分の目の黒いうちに我が子の玉座を安泰にせん！」

玉座が不安定なときは、自分の目の黒いうちに継承を済ませておき、反対者を炙り出しておくということは古今東西よくやること [＊06] です 。

そこで、彼 は我が子を「ドイツ王」とするべくロビー活動に奔走し、何度も挫折を繰り返しましたがけっして諦めることなく、まだ２歳のフリードリヒをついに「ドイツ王」に即位させることに成功しました (1196 年) 。

一代限りのウェルフェン朝 (ウェルフェン朝)

しかし、ホッと胸をなでおろす遑も与えられることなく、その直後にハインリヒ６世はマラリアに罹って急死 (1197 年) 。

そこで、当時まだ３歳だったフリードリヒ２世の王位継承を認めぬフィリップ１世 (E/F-3) とウェルフェン家のオットー (E/F-1) が次期国王の座をめぐって争い始める事態へと発展することになりました 。

(＊06) 例えば日本でも、〝一代限り〟と考えられていた家康の「将軍職」を安泰たらしめんため、敢えて自分が生きているうちに「将軍職」を我が子 (秀忠) に譲り、その事実を内外に知らしめて〝既成事実〟にしようとしています 。

序章　系図の基礎知識

第１章　イギリスの系譜

第２章　フランスの系譜

第３章　神聖ローマ帝国の系図

第４章　薔薇の系譜

第５章　ロシアの系譜

第６章　丁諾希英の系譜

両者の戦は終始フィリップが優勢に駒を進め、一時は彼が天下を取る寸前までいきましたが、勝利を目前にしてフィリップは暗殺されてしまったため、オットーに帝冠が転がり込んでくることになりました。

ここに、ウェルフェン党とシュタウフェン党の帝位相続争いが始まって以来初めてウェルフェン家から皇帝を出すことに成功します。

しかし、オットー４世は皇帝の器になく(＊07)、即位後ほどなく諸侯の支持を失い、教皇の怒りを買って失脚、帝位はふたたびシュタウフェン家の下に戻ってくることになりました。

異色皇帝の登場（シュタウフェン朝第4代）

こうして即位したのが「フリードリヒ２世」です。

じつは、彼の母（コンスタンツェ）は我が子の王位を護るべく、時の教皇インノケンティウス３世を頼っていました。

インノケンティウス３世にしてみれば、これまで教皇に敵対してきた家柄の幼い子が我が懐に飛び込んできたのですから、

「この子の"後見人"として自分がこいつを洗脳して育ててやれば、
　将来は教皇の意のままに動く"傀儡皇帝"の出来上がりだ！」
……と算盤をはじいたことでしょう。

まだフリードリヒが幼かった間はオットー４世が"ピンチヒッター"的に帝位を奪っていましたが、フリードリヒが長じるに及び、教皇の後盾の下、彼が帝位を取り戻すことになったのでした。

こうして帝位を得た彼でしたが、彼は「ドイツ王」としては何かと"異色"。

まず、パレルモ(＊08)生まれのパレルモ育ちであり、「ドイツ王」でありながら心は"イタリア人(＊09)"でした。

そして彼が「天才」の誉れを恣にするほど"優秀"であったこと。

（＊07）当時の人の評価は「戦場においては勇敢だが、人としては傲慢にして愚か」でした。

（＊08）シチリア王国の首都。現在でもシチリアの州都であり、島最大の都市。

（＊09）当時はまだ民族意識は存在しませんから、あくまで隠喩的表現。

　４歳にしてすでにラテン語の読み書きを習得し、歴史や哲学の書物を読みかじり、長じては９ヵ国語がペラペラ、学問においては歴史・哲学・神学・天文学・数学・植物学を修得し、芸事では詩作や楽器演奏、武術では乗馬・槍術・狩猟の腕もトップレベルという、まさに文武両道の万能の“天才”でしたから、周りからも将来を嘱望（しょくぼう）されていました。

帝国を解体に導いた“天才”（シュタウフェン朝第4代）

　しかしながら、現実は厳しい。

　「子供のころの学業成績」に期待をかける人は多いですが、あんなものは社会人となればせいぜい“使用人としての能力指標（バロメータ）”くらいにしかなりません。

十（とお）で神童、二十歳（はたち）過ぎれば只の人

　したがって、「子供のころは“神童”と騒がれた子が、いざ大人になったら鳴かず飛ばず」なんて話は意外でもなんでもない、至極当然のこと（＊10）なのですが、フリードリヒ２世はその典型的人物といえました。

　子供のころから「天才」「天才」と褒めそやされて育った彼は、自らを“特別な人間”だと自認し、高い誇り（プライド）を持ち、高い理想を掲げます。

── 歴代皇帝の何人（なんぴと）たりとも成し得なかった偉業、

　　独 伊（ドイツ イタリア）を中央集権的に統一し、絶対主義体制を確立せん！

　ところが、これまでの皇帝があくまで「ドイツを中心としてイタリアを従属させる形での“統一”」を目指したのに対し、フリードリヒ２世は「我が国は『ローマ帝国』なのだから」と、「イタリアを中心としてドイツを従属させる形での“統一”」を目指します（＊11）。

（＊10）“指導者としての才”は子供のころの学業成績には現れません。現れないどころか、そうした人はむしろ子供のころの学業績は悪いことの方が多いくらいです。

（＊11）こんな見当はずれな発想に至ってしまった背景には、彼が“イタリア生まれのイタリア育ち”だったというドイツ王としては異色の生い立ちであったことが大きいでしょう。

序章　系図の基礎知識

第１章　イギリスの系譜

第２章　フランスの系譜

第３章　神聖ローマ帝国の系図

第４章　普墺の系譜

第５章　ロシアの系譜

第６章　エ諾希英の系譜

なまじ学のある馬鹿ほど 恐ろしいものはない

　これは、日露戦争直前に伊藤博文が「東大七博士[*12]」に対して述べた言葉ですが、まなじ学があると“自分の頭の中で造り上げた理想”に囚われて“目の前の現実”を無視して突っ走りがちです。

　しかし、そもそも「政治」というものは“理想”を実現するために尽力するものとはいえ、それもあくまで「“現実”を見据えながら」です。

　それができるかできないかが「名君」と「愚君」の境界線となりますが、フリードリヒ2世は後者でした。

　彼のイタリア統治は比較的うまくいっていたようですが、ドイツ諸侯からの猛反発を受けてドイツ経営は立ちゆかなくなり、フリードリヒ2世はドイツ諸侯を懐柔するべく、その場凌ぎでドイツ諸侯に数々の特権を与えたため、諸侯は「領邦」となって、ドイツは「中央集権的統一」どころか、分解していくことになったのでした。

大空位時代へ（シュタウフェン朝第5代）

　フリードリヒ2世亡きあと、次男のコンラート4世[*13]が跡を継ぎましたが、その短い治世において彼はついに帝位に就くことができず、またドイツ王位の統一すらできぬまま[*14]亡くなります。

　以降、ドイツには「統一ドイツ王」が現れない時代が四半世紀にわたってつづいたため、後世これを「大空位時代」と呼ぶようになりました。

（*12）1903年、「侵略戦争に邁進せよ！」「ただちに開戦してバイカル湖まで侵攻せよ！」「世界のことごとくを併呑せよ！」と狂人を疑うばかりの主張を行った東大・学習院教授陣。

（*13）嫡男のハインリヒは、父に叛逆して鎮圧・捕縛され、廃嫡されたうえ目を潰されたため、失意のうちに自殺しています。

（*14）対立王ヴィルヘルム（1247～56年）がいました。

第4幕

ハプスブルク家の登場

一代王朝時代

領邦はこのまま「大空位（かけひき）」を望み、財界・教界は「帝国再建」を望むという駆引の中で生まれたのが「一代王朝時代」であった。その中からルクセンブルク家とハプスブルク家の対立が生まれる。ルクセンブルク家が「金印勅書（ブラ・アウリア）」でハプスブルク家を牽制（けんせい）すれば、ハプスブルク家は「大公（エルツヘルツォーク）」を自称して対抗した。

私は爵位は「公」ではない、「大公」だぞ！

私が「大公」だという証拠として特許状（ら通ほど偽造してやったせ！

ルドルフ建設公

〈 一代王朝時代 〉

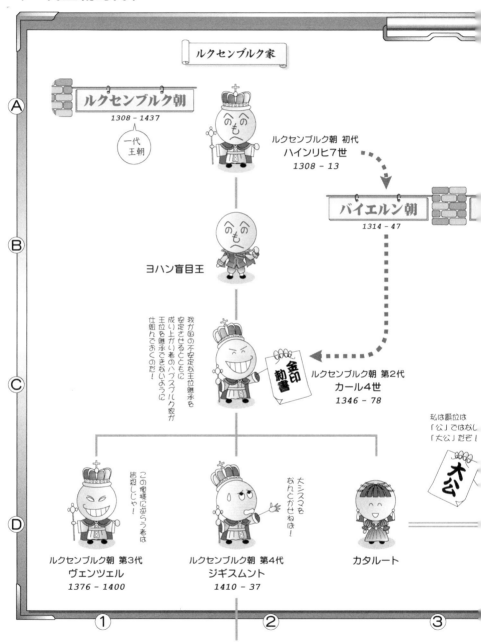

ルクセンブルク家

ルクセンブルク朝
1308 - 1437

一代
王朝

ルクセンブルク朝 初代
ハインリヒ7世
1308 - 13

バイエルン朝
1314 - 47

ヨハン盲目王

我が国の不安定な王位継承を
安定させることともに
成り上がり者のハプスブルク家が
王位を継承できないように
仕組んでおくのだ!

金印
勅書

ルクセンブルク朝 第2代
カール4世
1346 - 78

私は爵位は
「公」ではなし
「大公」だぞ!

大公

この俺様に従らう者は
皆殺しじゃ!

大シスマを
なんとかせねば!

ルクセンブルク朝 第3代
ヴェンツェル
1376 - 1400

ルクセンブルク朝 第4代
ジギスムント
1410 - 37

カタルート

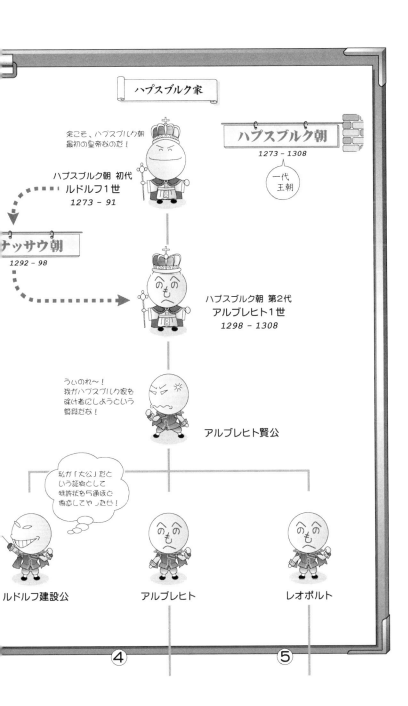

ハプスブルク家

ハプスブルク朝
1273 - 1308

朕こそ、ハプスブルク朝
最初の皇帝なのだ！

一代
王朝

ハプスブルク朝 初代
ルドルフ１世
1273 - 91

ナッサウ朝
1292 - 98

ハプスブルク朝 第2代
アルブレヒト１世
1298 - 1308

うぃのれ～！
我がハプスブルク家を
碌け者にしようという
質段だな！

アルブレヒト賢公

私が「大公」だと
いう証拠として
特許状を5通ほど
偽造してやったぜ！

ルドルフ建設公　　　　アルブレヒト　　　　レオポルト

④　　　　　　　　　　⑤

序章　系図の基礎知識

第１章　イギリスの系譜

第２章　フランスの系譜

第３章　神聖ローマ帝国の系図

第４章　普墺の系譜

第５章　ロシアの系譜

第６章　丁抹希英の系譜

こうして四半世紀ほどドイツ王不在 (＊01) の状態がつづきました。

ドイツ領内は各地に領邦(テリトリウム)が割拠して、およそ「戦国時代」の様相 (＊02) を呈するようになります。

しかし、ヘーゲルも言っていたように、「正(テーゼ)(帝国の形骸化)」が生まれればかならず「反(アンチテーゼ)(帝国の再建)」が生まれ、「合(ジンテーゼ)(妥協点)」へと止揚(アウフヘーベン)していくもの。

領邦(テリトリウム)同士が各地で戦(フェーデ)を展開して治安が悪化すると、ドイツ領内の諸都市は自衛のために「ライン都市同盟」を結成して声を上げるようになりました。

――各領邦(テリトリウム)が勝手に設定した関税を撤廃せよ！

治安を取り戻し、安全な交易を保障するため、帝国を再建せよ！

また、ローマ教皇も帝国の再建を望んでいました。

そもそも「神聖ローマ帝国」が生まれたのは教皇が自らの"用心棒"とするためであって、これまで帝国とは複雑な確執があったとはいえ、これが"不在"となると、それはそれで教皇も困るためです。

初のハプスブルク王朝 (ハプスブルク朝初代)

こうして財界と教会から「帝国再建！」の突き上げを喰らうようになった領邦(テリトリウム)らでしたが、彼らは自分たちの利権を奪いかねない「強い皇帝」の存在は望まなかったため、妥協案として「帝国は再建するが弱い王を推挙」します。

こうして即位した人物こそ「ハプスブルク朝 ルドルフ１世（A-4）」です。

ここにおいて初めてハプスブルク家が「王朝」として世に出、以降、近世までに欧州(ヨーロッパ)でも指折りの著名な王朝となっていくことになるのですが、この時点でそんなことは誰も夢にも思いませんでした。

なにせこのころのハプスブルク家はスイスを地盤とした「貧乏伯爵 (＊03)」にすぎず、領邦(テリトリウム)がルドルフに期待したのはせいぜい"お飾り"のとしての皇帝

（＊01）まったくいなかったというわけでもなかったのですが、統一王でもなければ実権もなく、ドイツにすらいないという"名ばかりのドイツ王"であって実質的には"不在"でした。

（＊02）「ドイツ王≒足利将軍」「領邦≒戦国大名」―― といったところ。

（＊03）彼と王位を争ったボヘミア王オタカル２世の言葉。

で、ルドルフ１世は当時すでに齢55の老境にあって野心もなかろうし、あったところで凡庸な人物であるうえ老い先も短く、どうせ何も成すことはできまいと考えていました。

ところが、こうした領邦らの"期待"に反し、ひとたびドイツ王となった彼は精力的に動き、まずは当時の領邦No.1だったボヘミア王オタカル２世を討って(＊04)その領地(オーストリア)を奪い(＊05)、領邦・都市・教会と利害調整を行って帝国に秩序を取り戻すという八面六臂の活躍を見せました。

これに驚いた領邦らはハプスブルク家の強大化を恐れて父子継承を認めなかったため、一代王朝に終わってしまいます。

一代王朝時代

「弱い王様」を望む領邦は、ルドルフ１世が亡くなると次にやはり弱小伯爵のナッサウ家(B-3/4)アドルフに"白羽の矢"を立てます。

ところが、彼もまたルドルフ１世同様、ドイツ王になったことを機に弱小伯

(＊04)1278年、マイヒフェルトの戦い。

(＊05)以降、ハプスブルク家はその拠点をスイス(ブルック)からオーストリア(ウィーン)に遷します。

爵から大々貴族にのし上がろうと野心に燃えてさかんに動いたため、領邦は彼に失望してその廃位を決定、彼の"対抗馬"であったルドルフ1世の嫡男アルブレヒト(B-4/5)を新たなドイツ王に推挙しました。

　以降、同じようなことの繰り返しで「一代王朝」が交代する時代がつづきます。

①ハプスブルク　朝　ルドルフ　　1世
②ナッサウ　　　朝　アドルフ　　1世
③ハプスブルク　朝　アルブレヒト1世
④ルクセンブルク朝　ハインリヒ　7世
⑤バイエルン　　朝　ルートヴィヒ4世
⑥ルクセンブルク朝　カール　　　4世
⑦　　〃　　　　　　ヴェンツェル
⑧バイエルン　　朝　ループレヒト
⑥ルクセンブルク朝　ジギスムント

金印勅書（ルクセンブルク朝第2代）
ブラ・アウリア

　代が替わるごとに次王をめぐって領邦や教皇の思惑が複雑に絡んで紛争が生

我が国の不安定な王位継承を安定させることに成り上がり者のハプスブルク家が王位を継承できないように仕組んでおくのだ！

ルクセンブルク朝　第2代
カール4世
1346 - 78

（＊06）ただし、条項の中に「必要としない」と明記されているわけではなく、「必要とする」とどこにも明記しないことで暗に「必要としない」と解釈させる不文律。

184

じ、彼らによって翻弄され、傀儡とされる弱体な一代王朝がつづいたのでは「大空位時代」と大差ありません。

　そうした状況を打開しようと動いたのがカール４世（C-2）でした。

　彼は「金印勅書（黄金文書）」を発します。

- ・新王は七選帝侯から選ばれるものとする。
- ・七選帝侯は、マインツ・トリエル・ケルンの３聖職諸侯と、プファルツ伯・ザクセン公・ブランデンブルク辺疆伯・ベーメン王の４世俗諸侯とする。
- ・新王の即位にローマ教皇の承認を必要としない（＊06）。

　これにより、有力者が勝手に諸侯会議（＊07）を主催してそれぞれにドイツ王を選出（二重選挙）したり、教皇の機嫌ひとつで「神聖ローマ皇帝不在」という事態をなくすことに成功しました。

　しかも、このとき選ばれた「七選帝侯」のほとんどをルクセンブルク家の息のかかった家柄で独占させたため、彼が亡くなったあとに開かれた帝国議会では、一代王朝時代では唯一「父子継承」が行われています。

　もっともカール４世の跡を継いだヴェンツェルはあまりにも無能であったため、次からふたたび一代王朝がつづくことになってしまいましたが。

ハプスブルク家、大公を僭称

　この金印勅書により、帝位相続争いから事実上の“締め出し”を喰らった形となったのがハプスブルク家でした。

　当時から由緒正しい伝統と格式を有するルクセンブルク家やヴィッテルスバッハ家はハプスブルク家のことを“成り上がり者”として毛嫌いしていましたが、金印勅書で決められた七選帝侯はそのルクセンブルク家とヴィッテルスバッハ家で占められていたためです。

（＊07）この金印勅書以降、「帝国議会」と呼ばれるようになります。

序章　系譜の基礎知識

第１章　イギリスの系譜

第２章　フランスの系譜

第３章　神聖ローマ帝国の系譜

第４章　薔薇の系譜

第５章　ロシアの系譜

第６章　丁抹希葛の系譜

これに反発したルドルフ建設公（デル・シュティフター）（D-3/4）は、自らを「大公（エルツヘルツォーク）」と詐称しはじめます。

　しかしながら、当時、「大公（エルツヘルツォーク）」などという爵位は存在しません。

　存在しない爵位を名乗るとは、建設公（デル・シュティフター）も思い切ったことをしたものですが、建設公（デル・シュティフター）に言わせれば、「司教（ビショフ）」の上に「大司教（エルツビショフ）」があるのだから、「公（ヘルツォーク）」の上に「大公（エルツヘルツォーク）」があってもよかろう——という理屈らしく、突如として「我こそはすべての公（ヘルツォーク）の上に立つ大公（エルツヘルツォーク）なり！」と言いはじめたのでした。

　この意味不明な主張にはさすがのカール４世も困惑し、建設公（デル・シュティフター）に証拠の提示を要求すると、建設公（デル・シュティフター）は堂々とすぐにバレるような稚拙な偽造文書（ちせつ）を提出してきたため、その鑑定に当たったペトラルカ（＊08）も「このお方（建設公（デル・シュティフター））はちと頭がおかしい」と言っています。

　しかし、「無理が通れば道理が引っ込む」の諺（ことわざ）どおり、この「大公（エルツヘルツォーク）」はオーストリアの爵位として、今後広く認められていくことになったのでした。

大シスマの終焉（ルクセンブルク朝第3代）

　さて、ルクセンブルク朝がふたたび帝位を取り戻したのがカール４世の子でヴェンツェルの弟・ジギスムント（＊09）（D-2）です。

　彼は神聖ローマ皇帝に選ばれるや、混迷を極めていた「大シスマ（教会大分裂）」を収束させるべく「コンスタンツ公会議」を招集して「教皇の統一」と「教義の統一」を行います。

　その反動として「フス戦争」が勃発しましたが、なんとかこれを鎮圧したものの、鎮圧した翌年、嫡子なく亡くなったため、帝位はふたたびハプスブルク家に移ることになりました。

（＊08）『抒情詩集（カンツォニーレ）』で有名なあのペトラルカです。彼は詩人であると同時に学者でもありましたから、このとき鑑定人を頼まれています。

（＊09）彼がルクセンブルク朝の最後の皇帝となります。

第3章　神聖羅帝国の系図

第5幕

ふたたび世襲王朝時代へ

ハプスブルク朝（近世）

永らくつづいた「一代王朝時代」であったが、ついに「世襲王朝」時代に戻った。この偉業を成し遂げた人物はさぞかし「名君中の名君」であったかと思いきや。蓋を開けてみれば、当時から「神聖ローマ帝国の大愚図」と嘲けられ、小心者・優柔不断・無能と三拍子そろった「フリードリヒ3世」その人であった。

小心者
優柔不断
無能

ハプスブルク朝　第4代
フリードリヒ3世
1440 - 93

〈 ハプスブルク朝（近世）〉

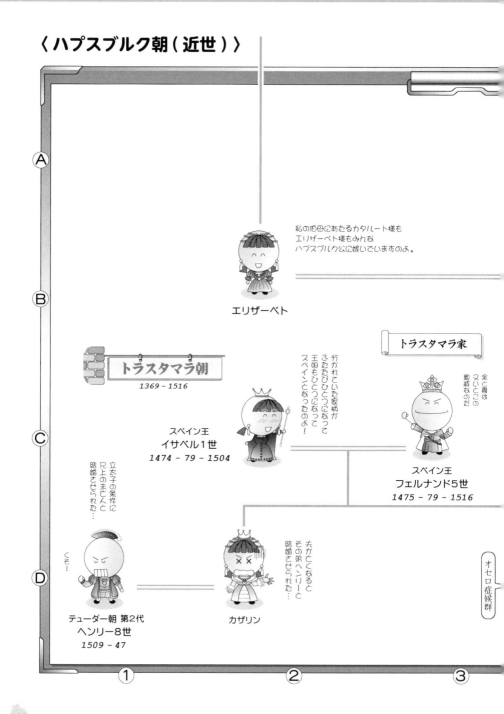

A

B

私の伯母にあたるカタリーナ様も
エリザーベト様もみんな
ハプスブルク家に嫁いでいますのよ。

エリザーベト

トラスタマラ家

トラスタマラ朝
1369 - 1516

C

分かれていた家柄が
ふたたびひとつになって
王国もひとつになって
スペインとなったのよ！

全て書は
ていうところの
親戚なのだ

スペイン王
イサベル1世
1474 - 79 - 1504

スペイン王
フェルナンド5世
1475 - 79 - 1516

立太子の条件に
兄上のましんと
結婚させられた…

くそ！

D

夫がなくなると
その弟ヘンリーと
結婚させられた…

テューダー朝 第2代
ヘンリー8世
1509 - 47

カザリン

オセロ症候群

1   2   3

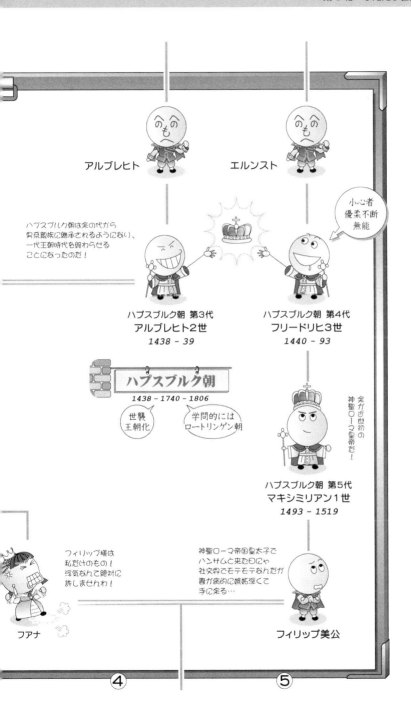

アルブレヒト

エルンスト

小心者
優柔不断
無能

ハプスブルク朝は矣の代から
東京親族に継承されるようになり、
一代王朝時代を終わらせる
ことになったのだ！

ハプスブルク朝　第3代
アルブレヒト2世
1438 - 39

ハプスブルク朝　第4代
フリードリヒ3世
1440 - 93

ハプスブルク朝
1438 - 1740 - 1806

世襲
王朝化

学問的には
ロートリンゲン朝

矣が近世初の
神聖ローマ皇帝だ！

ハプスブルク朝　第5代
マキシミリアン1世
1493 - 1519

フィリップ様は
私だけのもの！
浮気なんて絶対に
許しませんわ！

神聖ローマ帝国皇太子で
ハンサムと来た日にゃ
社交界でモテモテなんだが
妻が病的に嫉妬深くて
手に余る…

フアナ

フィリップ美公

④

⑤

序章　系図の基礎知識

第1章　イギリスの系譜

第2章　フランスの系譜

第3章　神聖羅帝国の系図

第4章　普墺の系譜

第5章　ロシアの系譜

第6章　丁諾希英の系譜

ル クセンブルク朝の最後の皇帝・ジギスムントが亡くなると、アルブレヒト1世以来130年ぶりにハプスブルク家から皇帝が選ばれました。

それがジギスムントの娘（B-2）婿であったアルブレヒト2世（B-4）です。

最後の非世襲皇帝（ハプスブルク朝第3代）

もっとも彼の在位はわずかに1年、42歳の若さで亡くなってしまったため、彼について語るべき事績はほとんどありません。

そのうえ、嫡子もいなかった（＊01）ため、こたびも「一代王朝」に終わるかと思われました。

しかし、意外にも彼の又従弟（またいとこ）にあたるフリードリヒ（B-5）が選ばれたことでハプスブルク王朝が2代つづくことになります。

"結果的に"ではありますが、神聖ローマ帝国は彼以降「世襲王朝」に戻ることになりましたから、その意味で彼は"歴史の転換点（ターニングポイント）"に位置する皇帝となりました。

愚図（シュラフミュッツェ）が創った世襲王朝（ハプスブルク朝第4代）

ではなぜ、世襲王朝の出現を嫌っていたはずの諸侯らが、敢えて同じ家柄のフリードリヒ3世を選んだのでしょうか。

それは、彼が「臆病、優柔不断、意志薄弱、意気地なしの愚図（シュラフミュッツェ）（＊02）」と絵に描いたような無能で当時から評判（？）だったため、諸侯たちがここに飛びついたためです。

――あれほどの愚図（シュラフミュッツェ）は滅多におらん！

あれなら野心も持つまいし、仮に持ったところでどうにもなるまい。

確かにそうした諸侯たちの"期待"どおり、彼の政治には特筆すべきものは見当たりませんでしたが、しかし、彼にはひとつ他の人にはない"取り柄"がありました。

（＊01）彼が死んだ時点で、王妃（エリーザベト）のお腹の中には子供が宿っており、この子（ラディスラウス）はオーストリア公位を継承しています。

（＊02）彼は「神聖ローマの大愚図」と呼ばれています。

それが"おそろしいほどの強運"です。

彼はその治世中、何度も何度も窮地に陥りましたが、そのたびに「挑まれた戦いを受けて立つ！」ということもなくコソコソと逃げ回る為体でしたが、そうこうしているうちに政敵の方が先に斃れて^{（＊03）}いくという"幸運"が延々とつづきます。

逃げ逃げ天下を取る家康

「強敵との戦いを避けて逃げて好機が到来するまでじっと堪え忍ぶ」というところは徳川家康を彷彿とさせ、「窮地に陥るたびに政敵の方が先に斃れる」というのは織田信長のような強運ぶり。

その結果、気が付いてみれば彼の治世は半世紀以上にも及ぶこととなり、その長い時を経て「ハプスブルク朝」であることが"あたりまえ"のような空気が帝国に拡がり、それにより彼以降、順調に父子継承がつづくことになったのでした。

歴史に語り継がれるほどの"大愚図"がハプスブルク朝の礎を築くことになったのは歴史の皮肉というべきか、はたまた竈門炭治郎^{（＊04）}が言う「一番弱い人が一番可能性を持っている」ということか。

近世最初の皇帝（ハプスブルク朝第5代）

こうして約120年ぶりに父からの世襲によって帝位を継いだのがマキシミリアン1世（C-5）です。

彼は私闘^{（＊05）}を禁じ、司法（帝室裁判所）・行政（帝国統治院）・立法（帝国議会）などの近代化に尽力し、「片足を中世に置きながら、もう片方の足は近世に突っ込んでいる」と謳われました。

（＊03）暗殺、自滅、病死など。

（＊04）吾峠呼世晴『鬼滅の刃』に登場する主人公。

（＊05）ドイツ諸侯同士の戦のこと。江戸時代において徳川家光が発布した「武家諸法度（寛永令）」を彷彿とさせます。

序章　系図の基礎知識

第1章　イギリスの系譜

第2章　フランスの系譜

第3章　神聖ローマ帝国の系図

第4章　普墺の系譜

第5章　ロシアの系譜

第6章　丁諾瑞葡の系譜

こうして、古代に生まれた「帝国」は中世に姿を変えて生き残り、いよいよ彼の御世から近世へと向かうことになります。

ところで、ハプスブルク家の家訓は「汝、結婚せよ[*06]」。

フランスではアンジュー伯が結婚戦術で領地を拡げていき、中世における覇権を握っていきましたが、これをそっくりそのままマネして近世における覇権を握っていったのがハプスブルク家でした。

まず、マキシミリアン1世はブルゴーニュ公女マリアと結婚することで、ブルゴーニュ公領を手に入れることになります。

したがって、マキシミリアンとマリアは"政略結婚"だったわけですが、そうした関係とは裏腹にこの夫婦は仲睦まじく、彼がマリアにダイヤの指輪を贈ったことにあやかって、以降、「永遠の愛を誓ってダイヤの結婚指輪を贈る」という習慣が始まったといわれています。

ふたりの間にはフィリップ美公（D-5）が生まれましたが、彼がブルゴーニュ公位を継ぐ[*07]ことになります。

そのフィリップもまた家訓「汝、結婚せよ」に則ってスペイン王女のフアナ（D-3/4）と政略結婚し、それによりハプスブルク家はのちにスペインの玉座も手に入れることになりました。

ただフィリップにとって想定外だったのは、彼女が「狂女」の異名を持つほどの「オセロ症候群[*08]」だったこと。

結婚当初は仲睦まじかったふたりでしたが、彼女のあまりに常軌を逸した嫉妬に辟易したフィリップの心は離れていきました。

スペイン女王イサベル1世の逝去でフアナにカスティリア王位が転がり込んでくると、フィリップ美公は「フアナの夫」という立場を利用してこれを手に入れんといろいろと画策しましたが、ほどなく急死。

事態の収拾は次世代に持ち越されることになります。

（＊06）ただし、「ハプスブルク家にそんな家訓はない」という主張もあります。

（＊07）ただし、叛乱が起きてしまったため、実質的な所領はネーデルラントのみでしたが。

（＊08）異性に対して異常な嫉妬心・被害妄想を抑えることができない脳（前頭葉）障害。

第６幕

解体していく帝国

ハプスブルク朝（宗教戦争期）

兄帝カール５世から帝国を引き継いだフェルディナント１世からしばらくは比較的平穏な日々が流れたものの、ちょうど「父子継承」が破れたマティアスのころから帝国は傾きはじめる。

そして、彼を起点として３代30年にわたってつづいた「三十年戦争」は帝国を解体させたのだった。

三十年戦争

1618 – 48

三十年戦争の原因を作ったのは朕じゃ！

ハプスブルク朝　第11代
フェルディナント2世
1619 – 37

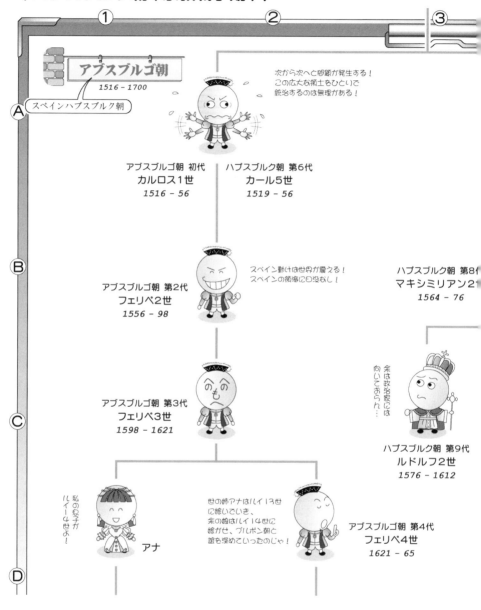

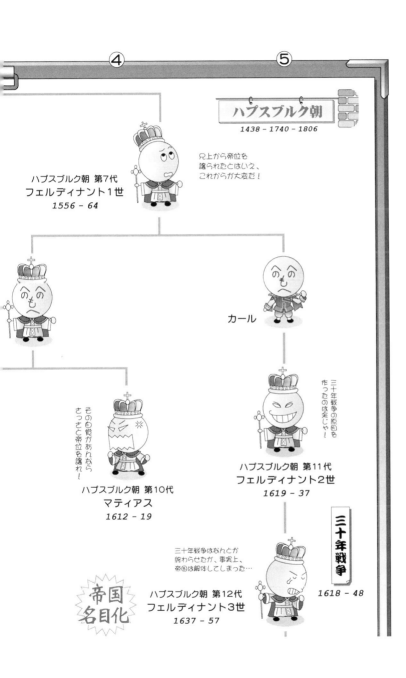

④　　　　　　　　⑤

ハプスブルク朝
1438 – 1740 – 1806

ハプスブルク朝　第7代
フェルディナント1世
1556 – 64

♀上から帝位を
譲られたとはいえ、
これからが大変だ！

カール

その自覚があれなら
さっさと帝位を譲れ！

ハプスブルク朝　第10代
マティアス
1612 – 19

三十年戦争の原因を
作ったのは朕じゃ！

ハプスブルク朝　第11代
フェルディナント2世
1619 – 37

三十年戦争
1618 – 48

三十年戦争はなんとか
終わらせたが、事実上、
帝国は解体してしまった…

帝国
名目化

ハプスブルク朝　第12代
フェルディナント3世
1637 – 57

フィリップの死を知ったフアナは、夫の亡骸_{なきがら}の埋葬を許さず、その骸_{むくろ}に他の女を近づかせまいと自分の手元に置いて馬車で各地を放浪しつづけたといいますから、そうしたところからも彼女の異常性が窺_{うかが}われます。

ハプスブルク朝の絶頂期（ハプスブルク朝第6代）

やがて1516年、フアナの父君フェルナンド5世が亡くなると、フアナの子でブルゴーニュ公のカルロスがスペイン王位を継承することになりました。

これが「カルロス1世（A-1/2）」となり、彼はトラスタマラ朝から見て「女系」ですから、ここでスペインは「ハプスブルク朝（＊01）」に王朝交代を起こすことになりました。

そのわずか3年後、彼の祖父・マキシミリアン1世が亡くなったことで、彼の下_{もと}には神聖ローマ帝位も転がり込んでくることになり、これにより彼は――

- 父　　　　から「ブルゴーニュ公位」（シャルル2世）を
- 母　　　　から「スペイン　　王位」（カルロス1世）を
- 母方の祖父から「両シチリア　王位」（カルロ　1世）を
- 父方の祖父から「神聖ローマ　帝位」（カール　5世）を

……継承することになり、さらには新大陸に多くの征服者_{コンキスタドレス}を派遣して南北アメリカ大陸に広大な植民地を建設、彼の御世_{みよ}においてハプスブルク家は「太陽の沈まぬ国」となって絶頂期に入ったのでした。

しかし。

花を賞するに
　　慎みて離披_{りひ}に至る_{なか}勿れ

花は満開になったときから散りはじめるように、組織も絶頂の中にあってす

（＊01）スペインの王朝ということで、ドイツの「ハプスブルク朝」と区別するため、敢えてスペイン語発音で「アブスブルゴ朝（A-1）」と表記することがあります。

でに衰退の原因が生まれているもの。

　このときも、彼が神聖ローマ皇帝に即位する２年前にすでにその"芽"が生まれていました。

　それが「宗教改革運動」です。

　1517年、Ｍ.ルターがヴィッテンベルク教会の門に「九十五ヶ条の論題」を張り出したことで、その"火"はドイツ全土に拡がりを見せていました。

　カール５世はその"火消し"に躍起になりますが、山火事のごとき"延焼"は止むるところを知らず、国内は騒乱常態になったうえ、こうした内憂に加えて西からフランス・東からオスマン帝国の外患が加わり、外から見た"絶頂期"とは裏腹に、カール５世は困難きわまる統治を強いられることになりました。

ハプスブルク家の分裂（ハプスブルク朝第７～９代）

　彼の治世は40年にも及びましたが、こうした政情の中で精も根も尽き果て、彼は生きているうちに帝位を譲る決意をします。

　ただ、目の中に入れても痛くないほどかわいい我が子に自分が負った苦労を背負わせるのは忍びなかったため、「スペイン動けば世界が震える」と謳われたスペインを我が子フェリペ（B-1/2）に与え、内憂外患に悶絶する神聖ローマ帝国を弟のフェルディナントに与えて分割することにしました。

　こうして即位することになった神聖ローマ帝国の新帝がフェルディナント１世（A-4）です。

　ちなみに、今回のことでハプスブルク家は「スペイン＝ハプスブルク家」と「ドイツ＝ハプスブルク家」に分かれることになりましたが、これがのちに大戦争(＊02)を引き起こすことになります。

父子継承の時代（ハプスブルク朝第８～９代）

（＊02）1701～13年の「スペイン継承戦争」のこと。スペイン王位をめぐってフランスとオーストリアが参戦すると、英、蘭、普、葡などがこぞってオーストリア側に立って参戦してきたため、全欧を巻き込む大戦争となった。
本書「第２章 第５幕」「第３章 第７幕」を参照。

さて、フェルディナント１世ののちは、マキシミリアン２世（B-3/4）、ル
ドルフ２世（C-3）と順調に父子継承がつづき、表面的には平穏な時代がつづい
ていたものの、その間、宗教問題はじわじわと深刻度を高めていきます。

しかし、ルドルフ２世は統治能力に欠け、政務を家臣に丸投げしていたため、
その不甲斐なさに弟のマティアス（C-4）が帝位を簒奪、ここに父子継承が途絶
えます。

父子継承の乱れ（ハプスブルク朝第10～11代）

これまで散々見てまいりましたように、系図を見ることでその国の状態を推
察することができます。

父子継承がつづいているときは国が安定しているときで、これが乱れるとき
国運も風雲急を告げる秋^{（＊03）}です。

こたびもまたその例に洩れることなく、マティアスの御世の晩年に「三十年
戦争（C/D-5）」が勃発。

マティアス・フェルディナント２世（C-5）・３世（D-5）と３代30年にわ
たってつづいたこの戦争によってドイツは壊滅的打撃を受けることになりまし
た。

戦場となった国土は荒廃し、人口は戦前の60％までに落ち込んで、「ドイツ
の政治経済は200年後退した」といわれたほど。

そして、このときの講和条約^{（＊04）}が「神聖ローマ帝国の死亡証書」と謳わ
れるように、この戦争で「神聖ローマ帝国」は事実上解体することになりまし
た。

第3章 神聖羅(ローマ)帝国の系図

第7幕

神聖ローマ帝国の消滅

神聖ローマ帝国からオーストリア帝国へ

「三十年戦争」後の歴代皇帝は、帝国の再建を図りたいところでしたが、まるで〝歴史の神〟に見棄てられたかのようにそれからほどなく帝室には女の子しか生まれなくなる。神聖ローマ帝国の帝位は女が継げなかったため、ここに王朝交代が起こる。これが「ロートリンゲン朝」となるところであったのだが……。

なんとしても
帝国の再興を！

ハプスブルク朝 第13代
レオポルト1世
1658 - 1705

〈 神聖ローマ帝国からオーストリア帝国へ 〉

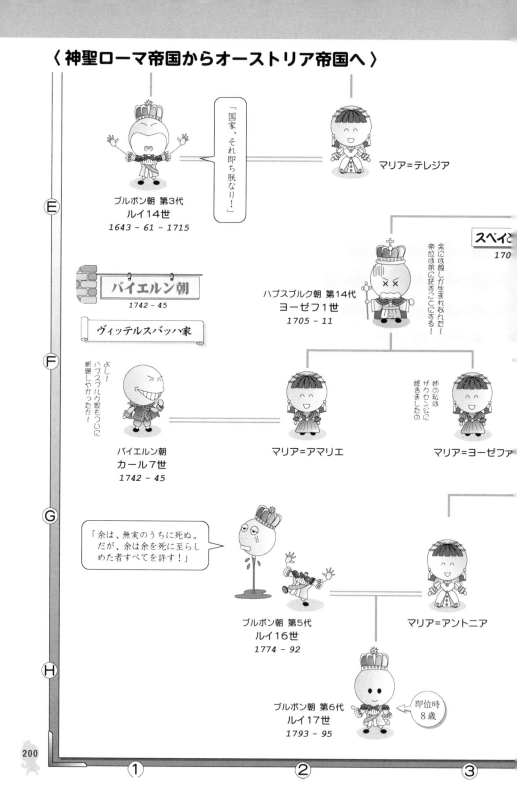

マリア＝テレジア

「国家、それ即ち朕なり！」

ブルボン朝 第3代
ルイ14世
1643 - 61 - 1715

スペイン
170

バイエルン朝
1742 - 45

ヴィッテルスバッハ家

余には娘しか生まれなんだ！帝位は弟に託すことにする！

ハプスブルク朝 第14代
ヨーゼフ1世
1705 - 11

よし！ハプスブルク家をついに断絶しやがったか！

バイエルン朝
カール7世
1742 - 45

マリア＝アマリエ

姉の私はザクセン公に嫁ぎましたの

マリア＝ヨーゼファ

「余は、無実のうちに死ぬ。
だが、余は余を死に至らしめた者すべてを許す！」

ブルボン朝 第5代
ルイ16世
1774 - 92

マリア＝アントニア

ブルボン朝 第6代
ルイ17世
1793 - 95

即位時
8歳

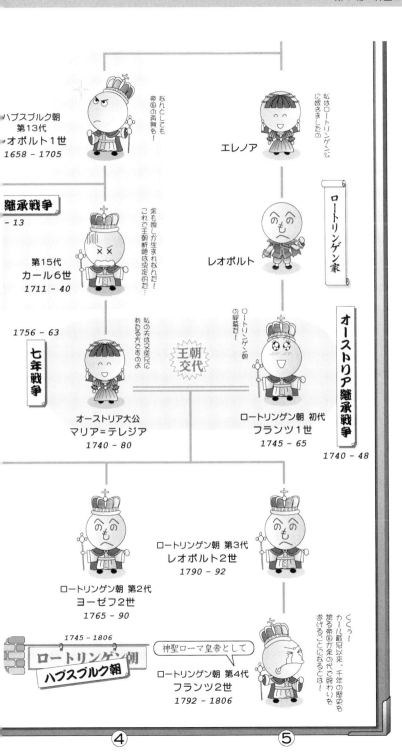

ハプスブルク朝
第13代
レオポルト1世
1658 - 1705

なんとしても
帝国の再興を！

エレノア

私はロートリンゲン公
に嫁ぎましたの

継承戦争
- 13

第15代
カール6世
1711 - 40

矣も娘しが生まれたんだ！
これで王朝断絶は決定的だ…

レオポルト

ロートリンゲン家

1756 - 63

七年戦争

王朝
交代

私の夫は又従兄で
あなる方ですのよ

ロートリンゲン朝
の開幕だ！

オーストリア大公
マリア＝テレジア
1740 - 80

ロートリンゲン朝 初代
フランツ1世
1745 - 65

オーストリア継承戦争

1740 - 48

ロートリンゲン朝 第3代
レオポルト2世
1790 - 92

ロートリンゲン朝 第2代
ヨーゼフ2世
1765 - 90

1745 - 1806

ロートリンゲン朝
ハプスブルク朝

神聖ローマ皇帝として

ロートリンゲン朝 第4代
フランツ2世
1792 - 1806

くくぅ！
カール戴冠以来、
千年の歴史も
誇る帝国が余の代で終わりを
告げることになるとは！

④

⑤

さて、ここからは「三十年戦争」の結果、事実上解体した帝国が完全に消滅していくまでの過程を見ていくことになります。

　そして、我々は学んでまいりました。不思議なほど、

──国が傾くとき王位継承が乱れ、王位継承が乱れるとき国は傾く。

……ということを。

　案の定、ここから父子継承が乱れたかと思ったら、ほどなくハプスブルク家もついに断絶、300年ぶりに王朝交代を起こして、それから時を経ずして「神聖ローマ帝国」も名実ともに消滅することになったのでした。

　本幕ではその経緯を見ていくことにしましょう。

帝国の再興を図る（ハプスブルク朝第13代）

　フェルディナント３世が亡くなると、その子レオポルト（D/E-4）が即位することになりましたが、すでに実権を失った〝名ばかりの玉座〟に座る彼の前には試練と苦難の道が拡がっていました。

　レオポルト１世もなんとか「帝国の再建を！」と努力したのですが、領邦（テリトリウム）らが徹底的に抵抗したため彼は何度も窮地に陥ります。

　悪いときには悪いことが重なるもので、こうした内憂がつづく中で外患が襲いかかります。

　それが、かの有名な「第２次ウィーン包囲（1683年）」です。

　オスマン帝国軍の侵寇（しんこう）を前に、一時レオポルト１世は帝都（ウィーン）を棄てて逃げ出さなければならないところまで追い込まれています。

窮地（ピンチ）と好機（チャンス）は表裏一体

　しかし、〝ピンチ〟が大きければ大きいほど、その裏に隠れている〝チャンス〟もまた大きいもの。

（＊01）「覇」と書いて「はたがしら」と読ませるときは、「諸侯の盟主」の意。

（＊02）1699年の「カルロヴィッツ条約」と1718年の「パッサロヴィッツ条約」にて。

あとは、如何にその"チャンス"を見極め、これを活かすことができるかどうかに一発逆転の成否がかかっています。

彼は、こたびのオスマン侵寇を「キリスト教世界の危機」と位置づけて喧伝、これまで啀み合ってきた諸邦・諸国をまとめあげ、その 覇(＊01)となることに成功。

オスマン帝国が大挙して攻めて来でもしなければ、考えられない成果です。

レオポルト1世は、この機を逃さず、オスマン軍を撃退したばかりか、そのまま攻勢に出て、ハンガリーやトランシルヴァニアなどをオスマン帝国から割譲させ(＊02)、オーストリア大公領(＊03)を一気に倍増させることに成功します。

これによりオーストリアは、ドイツ領邦の中で断トツNo.1の国力を誇るに至り、ドイツ諸邦の盟主的立ち位置を護ることができたのでした。

相次ぐ継承問題（ハプスブルク朝第14代）

彼の跡を継いだのは息子のヨーゼフ（E/F-2/3）でしたが、彼の治世は継承問題に頭を抱えることが多いものになりました。

彼の治世は前王からすでに始まっていたスペインの継承問題に端を発する「スペイン継承戦争（E-3/4）」に明け暮れることになりましたし、彼の子は長女マリア＝ヨーゼファ（F/G-3）がザクセン公に、次女マリア＝アマリエ（F/G-2）がバイエルン公（F/G-1）にそれぞれ嫁いでいましたが、ついに嫡男に恵まれず(＊04)、弟のカール（E/F-4）が継ぐことになりました。

ハプスブルク朝断絶（ハプスブルク朝第15代）

父子相続が乱れるのは不穏な流れです。

案の定、カール6世が即位した時点（1711年）で彼にも子がなく、このままではお家断絶が懸念されるようになりました。

（＊03）ここで「神聖ローマ帝国領」ではなく「オーストリア大公領」であることに注意。
（＊04）長男レオポルト＝ヨーゼフが生まれたものの1歳で夭折。

万が一にもそんなことにでもなれば、ハプスブルクの広大な所領が他家のものになってしまいかねません。

　そこで、カール6世は1713年、「国事詔書（家督相続法）」を制定して女子にも家督相続が可能な道を開いておきました。

　こうしておけば、もし自分に子が生まれなくても兄の娘が継承できます。

ハプスブルク朝断絶（ハプスブルク朝第15代）

　その後、カール6世も嫡男は夭折（＊05）して娘しかいなかったため、ここに300年つづいたハプスブルク王朝は断絶が決定的になりました。

　神聖ローマ帝位はあくまで1356年以来の「選帝侯による選挙」に拠っていましたから女子相続権は認められず、カール6世の死とともに神聖ローマ帝国の帝位は失うことになりましたが、国事詔書のおかげでオーストリア大公の家督だけは娘のマリア＝テレジア（F-4）に相続させることで死守。

　しかし、ここにおいて300年来つねに「オーストリア大公が神聖ローマ皇帝

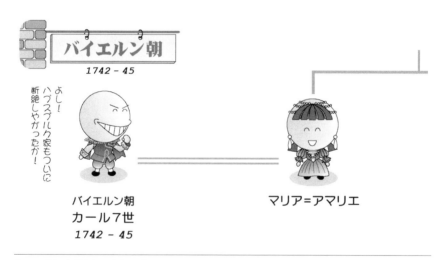

よし！ハプスブルク家もついに断絶しやがったか！

バイエルン朝
1742－45

バイエルン朝
カール7世
1742－45

マリア＝アマリエ

（＊05）レオポルト。享年0歳。

（＊06）カール7世は、先々帝の娘婿であると同時に、フェルディナント1世の外孫（娘の子）の玄孫でもありました。

（＊07）フェルディナント3世（D-5）の娘（D/E-5）の孫。

を兼位する」という体制がここに崩れることになりました。

バイエルン朝の成立

　帝位はマリア＝テレジアの夫・フランツ1世（F-5）と先々帝の娘婿カール7世^(＊06)（F/G-1）との争いとなり、これが「オーストリア継承戦争」に発展することになります。

　戦況は初めカール7世が優位に展開したことで彼が神聖ローマ皇帝の戴冠を受けましたが、その後、フランツ1世の反撃を受けて敗走を重ね、失意のうちに死去。

　帝冠はフランツ1世の下（もと）に転がり込むことになりました。

ロートリンゲン朝の始まり（ロートリンゲン朝初代）

　こうして新たに戴冠したフランツ1世は、マリア＝テレジアの夫であると同時にハプスブルク家の外孫^(＊07)でありましたから、厳密にはここで王朝交代となり、「ロートリンゲン朝の始まり」となります。

　しかし、一般的には以降も「ハプスブルク朝」として扱っていることが多いのは、カール6世がフランツ・マリア＝テレジア夫婦の家名を「ハプスブルク＝ロートリンゲン家」と改めることで新王朝の名に「ハプスブルク」の名を残した^(＊08)ためです。

　ところで、「敢えて家名をくっつけて新家名を創設することで、新王朝の名前に旧王朝の名前を残す」というこの手法、どこかで聞いたことがあるような？

　じつはこれ、本書「第1章 第9幕」でエリザベス2世がやったやり口とまったく同じです。

　こうして歴史を紐解く（ひもと）ことで、エリザベス2世は「このときのハプスブルク家のやり口をそっくりそのままマネした^(＊09)」ということがわかります。

（＊08）したがって、正確な王朝名は「ハプスブルク＝ロートリンゲン朝」となりますが、一般的には後半を省略して「ハプスブルク朝」と表記します。

（＊09）じつは、こうしたハプスブルク家の"見せかけだけの王朝存続"の手法は、イギリスだけでなくロシアもマネしています（1762年）。
　　　詳しくは、本書「第5章 第3幕」を参照のこと。

ふたたびひとつに（ロートリンゲン朝第2代）

　こうしていったんは「オーストリア大公」の地位はマリア＝テレジアが、「神聖ローマ帝位」はフランツ１世が継ぐことでふたつに分かれることになりましたが、次のヨーゼフ２世（G/H-4）が母から「オーストリア大公位」を、父から「神聖ローマ帝位」を受け継いだため、ふたたびひとつに戻ることになりました。

　しかし、彼の治世は前途多難。

　時代はちょうど「絶対主義時代」から「自由主義段階」へと"ゲームチェンジ"を起こしており、舵取りの難しい時勢を迎えていたためです。

老木は曲がらぬ、
　　　矯めるなら若木のうち

　この"ゲームチェンジ"の荒波を乗り越えることができるのは、新しい時代に身を合わせることができる者のみ。

　ヨーゼフ２世が生き残りをかけるなら、「近代化」を実施して帝国を時代に合わせて矯正していかなければなりませんが、帝国は中世に生まれたガチガチの"老木"、無理に曲げようとすれば折れるだけであり、近代化運動も中途半端で混乱を招くに終わります。

神聖ローマ帝国の断末魔（ロートリンゲン朝第4代）

　近代化に失敗した帝国の命運は決しました。

　次の皇帝レオポルト２世は英明な君主でしたが、もはや"危篤"に陥った帝国は如何ともし難く、内政では兄が招いた政治混乱の収拾に尽力し、外交では東西南北を露・仏・土・普に囲まれて次から次へと襲いかかる国難を前にして奔走しましたが、そうした過度のストレスが祟ったか、その治世わずかに２

（＊10）フランス革命政府が「フランスに対する宣戦布告だ！」と勘違いした「ピルニッツ宣言」にしても、レオポルト２世の本意は「開戦を避けるための方便」でした。

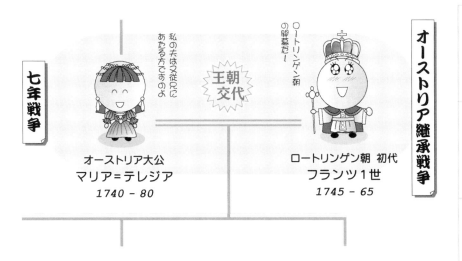

年で亡くなり、子のフランツ（H-5）に譲ることになりました。

神聖ローマ帝国の消滅（ロートリンゲン朝第5代）

　こうして即位したフランツ2世が「神聖ローマ帝国のラストエンペラー」となります。

　先帝〔レオポルト2〕は内政重視でフランス革命への介入に慎重な姿勢を貫きました[*10]が、彼はフランス革命に積極的に介入していきます。

　その後、革命の"鬼っ子"としてナポレオンが現れ、1804年、彼が「皇帝」に即位したことを知ると、フランツ2世はこれに激怒。

　——"どこの馬の骨とも知れぬ下賤"が言うに事欠いて「皇帝」だと!?

　由緒正しきハプスブルク家の当主たるフランツの爵位は「大公〔エルツヘルツォーク〕[*11]」で、"馬の骨"よりもかなり"格下"になってしまいます[*12]。

　怒り心頭のフランツ2世は、全年〔どう〕「オーストリア皇帝」を名乗ることにしま

（*11）それすらルドルフ建設公以来の"僭称"。詳しくは「第3章 第4幕」を参照。

（*12）いちおう「神聖ローマ皇帝」という帝号は持っていましたが、これは何の実体もないもので"名誉号"のようなものでした。

した。

　これにより彼は「神聖ローマ皇帝」兼「オーストリア皇帝」となりましたが、それも束の間。

　その直後の 1805 年、アウステルリッツ会戦でナポレオンに大敗したことでオーストリアのドイツに対する求心力を失い、翌 1806 年にナポレオンが 普墺（オーストリア） 以外のドイツ諸邦を糾合して「ライン同盟（＊13）」を形成すると、神聖ローマ帝国を奉ずる領邦（テリトリウム）はいなくなったため、ここに神聖ローマ帝国は完全に消滅することになりました。

　すでに世は 19 世紀に入り、他国はつぎつぎと「近世」を乗り越えて「近代」へと突入していっているのに、「神聖ローマ帝国」だけが “理想と現実”、“名と体” が完全に乖離（かいり）し、“中世の残滓（しぼりかす）” のような “歴史の流れから取り残された国” となっていましたから、亡びるのは “歴史の必然” だったといえましょう。

　ヴォルテールの言葉がまさに至言です。

──「神聖ローマ帝国」とはいうが、そもそも “神聖” でもなければ、
　　 “ローマ” 的なところもなく、ましてや “帝国” ですらない。

神聖ローマ皇帝として

ロートリンゲン朝 第4代
フランツ2世
1792 - 1806

ぐぬう！カール戴冠以来、千年の歴史を誇る帝国が余の代で終わりを遂げることになるとは！

（＊13）13 世紀の「ライン（都市）同盟」と区別するため「ライン連邦」と表記することもあります。

第4章 普墺の系譜

第1幕

ナポレオンの亡霊に苦しむ

オーストリア帝国

こうして「神聖ローマ帝国」は千年の歴史に幕を閉じたが、帝国は死ぬ前に〝卵〟をふたつ産み落としていた。それが「オーストリア帝国」と「プロイセン王国」である。以降のドイツ史は、この両国とともに語られることになる。それでは本幕では「オーストリア帝国」から見ていくことにしよう。

1745 – 1806
ロートリンゲン朝
ハプスブルク朝

墺帝国

1804 – 67

〈 オーストリア帝国 〉

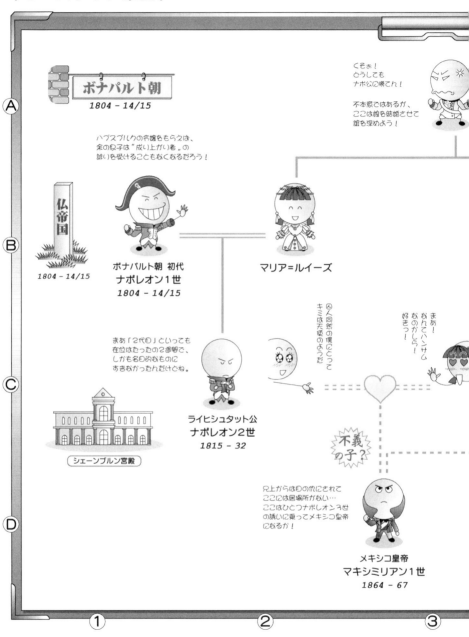

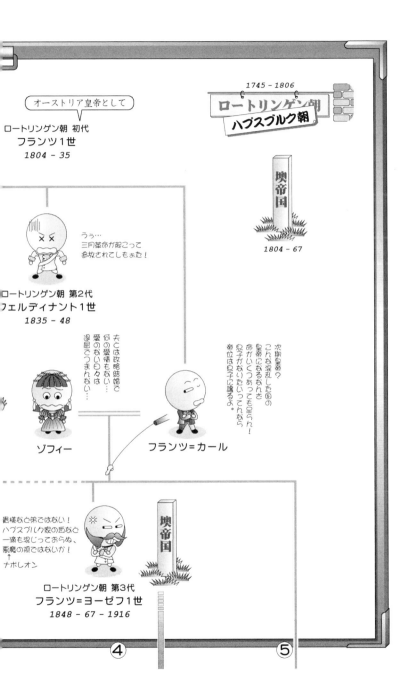

序章 系図の基礎知識

第1章 イギリスの系譜

第2章 フランスの系譜

第3章 神聖羅馬帝国の系図

第4章 黄撲の系譜

第5章 ロシアの系譜

第6章 丁抹希英の系譜

こうして、カール大帝の戴冠から数えて千年の歴史を誇った「神聖ローマ帝国」もついに亡びることになりました。

しかし、「神聖ローマ帝国」は自分の命が尽きる前にふたつの"卵"を産み落としていました。

それが「オーストリア帝国」と「プロイセン王国」です。

以降のドイツ史は、このオーストリア・プロイセンの二大国が主導権争いをする歴史となりますので、本幕から章を改め、この二大国の歴史を系図から俯瞰していきたいと思います。

では、まずはオーストリアの歴史から紐解いていくことにしましょう。

ナポレオンとの対決（ロートリンゲン朝初代）

「神聖ローマ帝国の最終皇帝」となったフランツ2世は、同時に「オーストリア帝国の初代皇帝フランツ1世」でもありましたが、その神聖ローマを亡ぼした張本人もナポレオンなら、オーストリア帝国を築く契機を与えてくれたのもナポレオンであり、両者には深い因縁があることを感じざるを得ません。

フランツ1世（A-3）にとって「ナポレオン1世（B-1）」は生涯の宿敵であり、イギリスが「対仏大同盟」を結成すれば、彼はただちにこれに加盟してナポレオンを挟撃します。

しかし、「何もかもが旧態依然としたオーストリア軍」と「近代を切り拓いた最先端のフランス軍」では相手になりません。

彼がオーストリア皇帝に即位した直後の1805年には「ウルムの戦」に完敗し、そのまま帝都を占領されてしまうという醜態をさらし、起死回生にロシア軍とともにアウステルリッツで決戦に挑むも、ここでも惨敗を喫します。

フランツ1世を跪かせたナポレオンが次にプロイセンを倒し、ロシアをねじ伏せ、全欧に支配を拡げていく様を横目に見ながらも為す術なく指を銜えているしかない屈辱を味わいます。

しかし、無敵ナポレオン軍も「イベリア半島戦争」では苦戦、その報を耳に

（＊01）ナポレオンは失脚後、「スペインの潰瘍が余を破滅に追い込んだ」と述懐し、スペイン半島戦争を"潰瘍"に喩えています。

したフランツ1世は一矢報いんと「第5次対仏大同盟」に参加してナポレオンに挑みましたが、これまた惨敗。

連戦連敗で追い詰められたフランツ1世は、愛娘マリア゠ルイーズ（B-2）を憎っくきナポレオンに娶（めと）らせるという辛酸を舐（な）めさせられます。

しかし。

百戦百勝は善の善なる者に非（あら）ず

有名な孫子の箴言（しんげん）ですが、他にもいろいろな偉人が同じことを言っています。
── しばしば勝ちて天下を得る者は稀（まれ）、以（もっ）て亡（ほろ）ぶ者は衆（おお）し。（呉子）
── 戦いは五分の勝ちを以（もっ）て上と為（な）し、十分を以（もっ）て下とす。（武田信玄）
項羽（こうう）も呂布（りょふ）もハンニバルも連戦連勝・百戦百勝の先に待っていたのは〝破滅〟でした。

ナポレオンとて例外たり得ず、ナポレオンの場合は「イベリア半島戦争」が〝潰瘍（かいよう）（＊01）〟となり、「ロシア遠征」が致命傷となって失脚することになりました。

ナショナリズムとの対決（ロートリンゲン朝初代）

こうしてナポレオンは歴史の舞台から降りていくことになりましたが、一難去ってまた一難、オーストリアに平穏は訪れません。

「ナポレオン」という強敵はいなくなりましたが、今度は〝ナポレオンの亡霊〟がオーストリアの前に立ち塞がったためです。

じつは、ナポレオンは戦争中に〝ナショナリズム（＊02）〟の理念を諸国に撒き散らしましたが、ナポレオン亡きあと、オーストリアは全欧に芽吹いたこのナショナリズムの理念と戦わなければならなくなったのでした。

（＊02）「Nationalism」にぴったり符合する日本語は存在しないため、通常は訳さずカタカナ表記で「ナショナリズム」としますが、どうしても約したいときには、文脈の前後関係で近い意味の言葉で訳すため、「国民主義」「民族主義」「国家主義」など訳にブレが生じることになります。

この "亡霊" と戦っている時代を「ウィーン体制期（1815〜48年）」と
いいますが、この "目に見えない敵" はオーストリアにとってナポレオンより
戦いづらいものとなっていきました。

病弱な皇帝、追放（ロートリンゲン朝第2代）

そうした時代に即位したのがフェルディナント1世（B-3/4）です。

しかし彼は、病弱で癲癇持ちのうえ知的障害もあり、この難局にあって彼に
政務を執らせるのは無理でしたから、実権はメッテルニヒを中心とする御前会
議（＊03）が握ることになりました。

ところで、ナポレオンの残した "亡霊" はもうひとつあり、それが彼の一粒
種ナポレオン2世（C-2）です。

オーストリアは彼の処分に頭を抱えます。

確かに彼の父は憎っくきナポレオン1世ですが、母はフェルディナント1世
の姉マリア＝ルイーズ（B-2）であったためです。

ナポレオンのように遠島にするわけにもいかず、とりあえずドイツ風に「ラ
イヒシュタット公（＊04）」の肩書を与えてシェーンブルン宮殿（C/D-1）に軟
禁しておきます。

ところで当時、大公妃ゾフィー（C-3/4）は夫フランツ＝カール（C-4/5）
との愛のない生活に飽き飽きして退屈な日々を送っていました。

そうした折に「ライヒシュタット公」が現れると、ゾフィーと彼はたちまち
"親密" になります（＊05）。

ふたりは逢瀬を重ね、この "高貴な囚人（＊06）" が病に伏せようものなら、
彼女はそれこそ献身的に看病しています。

そうした中でゾフィーが懐妊。

これは当時から口さがない宮中において格好の噂の的にされたものでした。

（＊03）正式には「秘密国家会議」。フェルディナント1世は会議が提出する書類にサインするだ
けが政務のすべてでした。

（＊04）「帝国（ライヒ）都市（シュタット）」の意。

（＊05）それが「（恋人に対する）恋」なのか「（姉のような）愛」なのかは不明。

── ライヒシュタット公の子に違いないわ！

そうして"疑惑の子"として生まれたのが、のちのメキシコ皇帝マキシミリアン（D-2/3）です。

疑惑の的となった当のライヒシュタット公はマキシミリアン誕生と入れ替わるようにその16日後に亡くなりました。

事実上"最後"の皇帝（ロートリンゲン朝第3代）

さて、そうした中にあっても政局は刻々と悪化の一途を辿（たど）り、国家の舵取（かじと）りをしていたメッテルニヒもこの難局を乗り切れず失脚、それとともにその傀儡（かいらい）であったフェルディナント１世も国外追放となります。

その跡を継いだのは、弟のフランツ＝カールではなく^(＊07)、その子フランツ＝ヨーゼフ（D-4）でした。

そして彼こそ、実質的なオーストリア帝国の"ラストエンペラー"となる人物です。

彼の死後、甥の子カールが一応は即位していますが、彼は何の実権も与えられず在位２年で退位に追い込まれているためです。

フランツ＝ヨーゼフ１世の治世はなんと68年の永きに及び、政治においてはなかなかの辣腕（らつわん）を振るい、革命を抑え込み、革命騒ぎに便乗して起こったチェコやハンガリーの独立運動を制圧して一時（いっとき）の安定を得ました。

悲劇の皇帝マキシミリアン

一方、宮廷においてフランツ＝ヨーゼフ１世は"出生の疑惑"がある弟マキシミリアンを目の仇にします。

皇帝（カイゼル）にいびり倒されて居場所を失ったマキシミリアン。

そんな折、ナポレオン３世から誘いが来ます。

（＊06）ナポレオン２世は「オーストリアの高貴な囚人」と陰口を叩かれていました。

（＊07）フランツ＝カールは政治にまったく興味がなく、ましてやこんな舵取りの難しい国の運営などまっぴらだったようで、フェルディナント１世が国外追放となると、ただちに即位を拒否して息子に帝位を譲ってしまいました。

序章　系図の基礎知識

第１章　イギリスの系譜

第２章　フランスの系譜

第３章　神聖羅帝国の系図

第４章　普墺の系譜

第５章　ロシアの系譜

第６章　丁瑞希英の系譜

「如何であろうか。

　このたび我が国はメキシコに帝国を築くことになったのであるが、

　貴公にはその玉座を温めてもらいたいと思っておる。」

　じつは当時、フランスはメキシコ出兵（1861〜67年）を終わらせたばかり
で、その国の運営を信用できる者に任せたいと考えており、マキシミリアンに
“白羽の矢”が立ったのでした。

　おそらくナポレオン3世もマキシミリアンの“出生の疑惑”を信じたクチで
しょう。

　もし、マキシミリアンの“噂”が本当なら、マキシミリアンこそ「ナポレオ
ン1世の直系」であって、ボナパルト家の一員なのですから。

　こうして、居場所を失っていたマキシミリアンはナポレオン3世の誘いに
乗って海を渡り、メキシコ帝国の初代皇帝として即位することになりました。

　彼は真面目な性格で「皇帝」として一生懸命働きましたが、所詮はナポレオ
ン3世の傀儡にすぎず思うに任せず、その治世もわずか3年で終わり、最期は
叛乱軍に捕縛され、銃殺されるという悲惨な人生を歩むことになりました。

兄上からは目の仇にされて
ここには居場所がない…
ここはひとつナポレオン3世
の誘いに乗ってメキシコ皇帝
になるか！

メキシコ皇帝
マキシミリアン1世
1864 - 67

貴様など弟ではない！
ハプスブルク家の血など
一滴も混じっておらぬ、
悪魔の孫ではないか！
←ナポレオン

ロートリンゲン朝 第3代
フランツ＝ヨーゼフ1世
1848 - 67 - 1916

墺帝国

第4章　普墺の系譜

第2幕

ハプスブルクの最期
オーストリア＝ハンガリー二重帝国

プロイセンにいいところなく大敗（普墺戦争）したオーストリアは面目を失って解体の危機に陥った。ハンガリーと二重帝国になることで細々とその命脈を保ったものの、その後も後継者問題に苦しみ、それが第一次世界大戦への導火線となって、近世に覇を唱えたハプスブルク朝はついに滅亡することになる。

うが〜〜〜っ！
末弟にも先立たれるわ、
甥っ子は蛮族の娘に惚れて
朕の言うことを聞かねぇ、
大戦ごは連戦連敗だわ！

ロートリンゲン朝　第3代
フランツ＝ヨーゼフ1世
1848 - 67 - 1916

〈オーストリア＝ハンガリー二重帝国〉

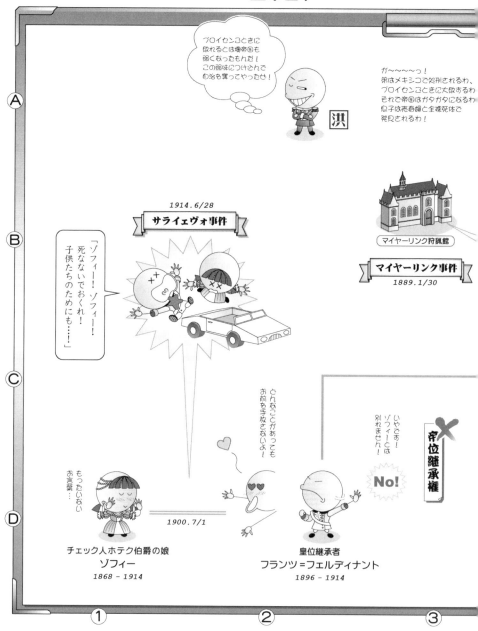

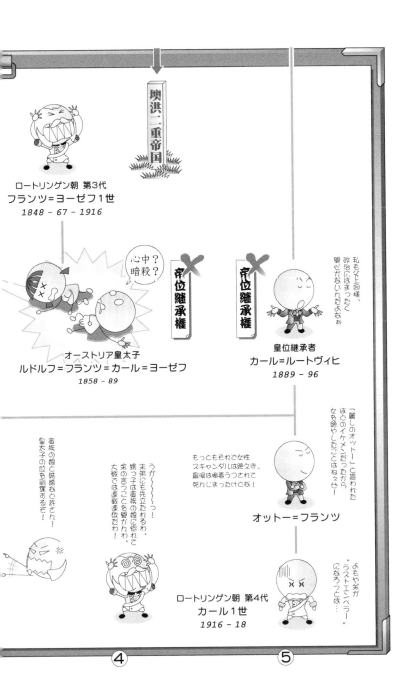

政治にはなかなかの辣腕を振るったフランツ＝ヨーゼフ１世でしたが、しかしそれでも何人たりとも〝歴史の流れ〟には逆らえません。

　彼の永い治世は、何ひとつうまくいかない、試練と困難に満ちたものとなります。

墺　　洪 二重帝国（ロートリンゲン朝第３代）

　彼がウィーン三月革命とその後の騒乱（＊01）を鎮圧してほどなく、イタリアではカヴールが現れていますが、彼こそがフランツ＝ヨーゼフ１世にとっての〝潰瘍〟となります。

　ほどなくカヴールが「イタリア統一戦争」を起こすと、仏軍を誘った猿軍に敗れてロンバルディアを失陥。

　そのカヴールと入れ替わりに現れたのが 普首相ビスマルク（＊02）。

　彼もまた「統一戦争」を起こして 墺軍を散々に打ち破り（＊03）、こうして 猿・普といった新興小国につぎつぎと敗れたオーストリア帝国の権威は地に堕ちてしまいます。

　こうした情勢を受けて、オーストリアを見くびったハンガリーに不穏な空気が流れたため、「相次ぐ敗戦で満身創痍の今、ハンガリーに独立運動を起こされたら帝国は解体してしまう！」とハンガリーと〝妥　協〟して自治を与えることにしました。

　これ以降、滅亡までのオーストリアは「 墺　　洪 二重帝国」と呼ばれるようになります。

帝位後継者問題（ロートリンゲン朝第３代）

　こうした外交における相次ぐ辛酸・苦境に加え、彼は身内にも様々な問題を抱えて悩みが尽きることがありません。

（＊01）これらを総称して「1848年の春」「諸国民の春」などといいます。

（＊02）カヴールが死んだのが1861年、ビスマルクがプロイセン首相になったのが1862年。

（＊03）1866年の「普墺（プロイセン＝オーストリア）戦争」のこと。

彼には歴（れっき）とした「皇太子」がいたのですが、ある日、その皇太子（ルドルフ）がとある狩猟館で「売春婦といっしょに全裸死体で発見される（B-4）」という醜態をさらしたのです。

これは「マイヤーリンク事件（B-3）」と呼ばれ、現在に至るまでほんとうに心中なのか、はたまた心中を装った暗殺なのかわかっていませんが、明白なことは「直系相続が不可能になった」ということでした。

継承が乱れたとき、それは国が傾くとき。

すでに傾いているときは亡びるときです。

オーストリアはこのとき転覆限界（＊04）を越える勢いで傾いていましたから、すでに帝国の命運は「詰んでいた」ということが読み取れます。

フランツ＝ヨーゼフ１世は唯一の皇太子に先立たれ、仕方なく弟のカール＝ルートヴィヒ（B-5）を「皇太弟」としましたが、しかし彼は帝位に興味を示さず、またほどなくして亡くなってしまい、これも御破算。

そこで、さらにその子フランツ＝フェルディナント（D-2/3）に“白羽の矢”を立て、彼を「皇太甥（てい）」とすることにします。

ところが、彼もまた問題を抱えていました。

彼は「どうしてもチェック人の伯爵の娘ゾフィー（D-1）と結婚する！」と言って聞かない。

──由緒正しいハプスブルク家の血に、たかが伯爵（＊05）の女官風情、

　　しかもチェック人の“下賤な血”を混ぜるなどとんでもない！

これは現代ならとんでもない「差別発言」ですが、欧州（ヨーロッパ）貴族ではごく一般的な考え方で、そうした中で彼だけが特別ひどい差別主義者だったというわけではありません。

「どうしても結婚するというなら帝位継承権を剥奪（はくだつ）するぞ！」と脅し、「他にもっと由緒正しく美しい女性をいくらでも紹介してやる！」と賺（すか）しても、フランツ＝フェルディナントには馬耳東風。

（＊04）船が傾いたときに働く“復原力”が消失する船の傾き。

（＊05）ハプスブルク家だって13世紀ごろまでは「伯爵」だったのですが。

フランツ＝フェルディナントは答えます。

「確かにゾフィーは美しいわけではありません。

　もう若くもないし、家柄も低いし、女性にしては背も高すぎるし、

　痩せすぎでお世辞にもプロポーションがいいとは言えません。

　それでも、私にとって彼女の煌めく瞳は誰よりも魅力的です！」

　頭を抱えたフランツ＝ヨーゼフ１世は、後継者にその弟オットー（C/D-5）も考えましたが、彼は女性スキャンダルが絶えず、"我が子の死に様"を考えるとどうにも不適格。

　その子カール（D-5）は当時まだ幼く、皇位継承者とするには早すぎる。

　そこで妥協案として、「カールが成人するまでのピンチヒッターとして、フランツ＝フェルディナントが帝位を継承することは許すが、ゾフィーとの間に生まれた"穢れた血"の子を皇帝にすることは許さぬ。その次の皇帝はカールが継ぐものとする」ということで決着しました。

　しかし、結局フランツ＝フェルディナントが帝位に就くことはありませんでした。

　彼がサライェヴォ訪問中に、セルビアの青年に射殺されてしまったためです。

　これにより「第一次世界大戦」に突入し、前近代的な遅れた体制のオーストリア帝国は連戦連敗、敗色濃厚となった１９１６年、フランツ＝ヨーゼフ１世は失意のうちに亡くなりました。

　在位６８年、享年８６。

　彼の跡を継いだ若き皇帝カール１世には、当時の情勢はあまりにも荷が勝ちすぎていました。

　彼も彼なりに帝国存続のために奮闘しましたが、力及ばず退位、亡命を余儀なくされ、ここにハプスブルク家による支配は完全に消失することになったのでした。

第4章　普墺の系譜

第3幕

オーストリアのライバル登場

プロイセン王国

中世に生まれ、近世に覇を唱えたオーストリアは、近代に入ると急速に衰えていった。そして、これと入れ替わるようにして頭角を現してきたのがプロイセンであった。皮肉にも、このプロイセンに「王位」を授与し、その後の発展の契機（きっかけ）を与えたのが他ならぬオーストリアであった。

夢にまで見た
「国王」になれたぞ！

ホーエンツォレルン朝　初代
フリードリヒ1世
1701 – 13

〈プロイセン王国〉

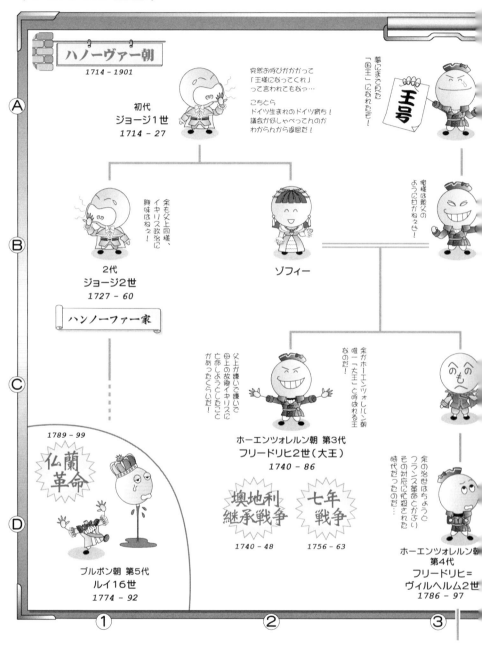

ハノーヴァー朝
1714 - 1901

初代
ジョージ1世
1714 - 27

突然お呼びがかかって
「王様になってくれ」
って言われてもなァ…

こちとら
ドイツ生まれのドイツ育ち！
議会が何しゃべってんのか
わからんから退屈だ！

夢にまで見た
「国王」になれたぞ！

王号

2代
ジョージ2世
1727 - 60

ハンノーファー家

余も父上同様、
イギリス政治に
興味はねェ！

ゾフィー

俺様は親父の
ように甘くねェぜ！

父上が嫌いで嫌いで
母上の故郷イギリスに
亡命しようとしたこと
があったくらいだ！

余がホーエンツォレルン朝
唯一「大王」と呼ばれる王
なのだ！

ホーエンツォレルン朝 第3代
フリードリヒ2世（大王）
1740 - 86

のも

1789 - 99

仏蘭
革命

墺地利
継承戦争
1740 - 48

七年
戦争
1756 - 63

余の治世はちょうど
フランス革命とかぶり
その対応に忙殺された
時代だったのだ…

ブルボン朝 第5代
ルイ16世
1774 - 92

ホーエンツォレルン朝
第4代
フリードリヒ＝
ヴィルヘルム2世
1786 - 97

① ② ③

西班牙継承戦争

1701 - 13

ホーエンツォレルン朝

1701 - 1918

ホーエンツォレルン家

ホーエンツォレルン朝 初代
フリードリヒ１世

1701 - 13

常備軍と官僚制を整備して絶対主義を敷くのだ！

ホーエンツォレルン朝
第２代
**フリードリヒ＝
ヴィルヘルム１世**

1713 - 40

絶対主義の整備

官僚制　　常備軍

・官僚制整備　・常備軍拡充
・冗官粛清　　・重商主義徹底

アウグスト＝
ヴィルヘルム

**ロートリンゲン朝
ハプスブルク朝**

1745 - 1806

事が我々に波及する前に
何とかせねばなりませんぞ！

ま、これなとこで
如何でしょうか。

ピルニッツ宣言

…とはいえ、あまり事を
荒立てたくもないしな…

ロートリンゲン朝 第3代
レオポルト２世

1790 - 92

④　　⑤

こうしてオーストリア帝国は亡んでいきました。

しかし、オーストリアが亡ぶ80年以上も前からすでに"ドイツの主役"はオーストリアからプロイセンに移り変わっていました。

本幕では、オーストリアに代わるドイツの新しい主人公・プロイセンの動きを見ていくことにしましょう。

夢にまで見た王位（ホーエンツォレルン朝初代）

ところで、スペインのカルロス2世が亡くなったとき、その王位継承権をめぐってフランス（ルイ14世）とオーストリア（レオポルト1世）が一触即発となったことがありました[＊01]。

これを見たプロイセン公フリードリヒ（A-3/4）は、兼ねてより狙っていた地下資源の豊富な 墺領シュレジエンを掠めとる千載一遇の機会と捉えます。
「よし、このままオーストリアがフランスと開戦した暁には、

我が国はフランス陣営に拠って立ち、

オーストリアを挟撃してシュレジエンを奪ってやろう！」

しかし、レオポルト1世もその不穏な空気を察知し、プロイセンにすり寄ってきます。

──我々は同じドイツ人同士、ここは我が国に加担してもらえるであろうの？

いやなに、余もタダでとは申さぬ。

もし我が国に付いてくれたならば、貴国には「王号」を諡って進ぜよう！

オーストリアは「神聖ローマ皇帝」として王号を授与できる立場でしたから、これを利用した形です。

プロイセンは17世紀ごろからオーストリアに次ぐ領邦にまで成長していましたが、その実力に比べ爵位は低いまま[＊02]であったため、プロイセン公はつねづね王位を熱望していましたが、なかなかその機がなく、もどかしい日々を過ごしていました。

（＊01）「スペイン継承戦争」のこと。本書「第2章 第5幕」「第3章 第7幕」参照。

（＊02）公爵（プロイセン）と伯爵（ブランデンブルク）を持つのみでした。

そんな折にこの誘い文句です。

「確かにシュレジエンは喉から手が出るほど欲しいが、

そんなものはまたいくらでも機会はあろう！

じゃが、王号を得られる機会はまたとあるまい！」

こうしてプロイセンは、シュレジエンを諦める代わりに「王号」を手に入れ、これで晴れて「プロイセン王国」となったのでした。

これがのちの「ドイツ第二帝国」の"卵"となります。

絶対主義への道（ホーエンツォレルン朝第2代）

2代目はその子フリードリヒ＝ヴィルヘルム（B-3/4）が継ぎました。

ところで、このホーエンツォレルンという家は不思議と歴代"父子関係が不仲"で、このときも父親が文芸に力を注いで財政を悪化させたのとは対照的に、徹底的に軍国主義へ舵を切り、さらには冗官（＊03）を粛清して官僚制を整備します。

軍拡や政治改革にはとんでもなくお金がかかりますから、こうしたとき普通は財政が悪化するものですが、彼は重商主義を徹底することで、父から受け継いだ赤字財政を黒字化させるという偉業も成し遂げています。

角ある獣に牙なく、毒もつ蛇に爪なし

昔から「天は二物を与えず」と言い習わされているように、まったく相反する才能を併せ持つ人はなかなかいないもの。

フリードリヒ＝ヴィルヘルム1世もまた宮廷にあって"君主"としては「名君」だったかもしれませんが、家庭にあって"父"としては「暴君」そのもので、嫡男フリードリヒ（C-2）から毛嫌いされていました。

（＊03）無駄な官職、または役立たずな役人のこと。

「大王」の時代（ホーエンツォレルン朝第3代）

　武を重んじた父王とは違って王太子は文芸や哲学を好みましたが、これを全否定する父を憎み、自分の母（B-2）がイギリス人（＊04）だったことからイギリスへの亡命を企てたこともあったほどでした（＊05）。

　しかし、それほど父王を嫌い、また否定してきた彼が、いざ「フリードリヒ2世」として即位するや、父の事績をそのまま継承し、絶対主義体制を整備し、重商主義政策を採ります（＊06）。

　彼は、「オーストリア継承戦争」や「七年戦争」といった大戦を戦い抜いて永年の宿願・シュレジエンを奪取して、これを「啓蒙専制君主」体制の礎としています。

「革命」の時代（ホーエンツォレルン朝第4代）

　フリードリヒ2世が亡くなると、彼には子供がいなかったため甥のフリードリヒ＝ヴィルヘルム（D-3）が継ぐことになりました。

　彼の御世はほとんどフランス革命（D-1）の時期とかぶり、彼はフランス革命の対応に忙殺されることになります。

　そうしたことも手伝ってか、彼の国内政策にはあまり見るべきものはなく、しかし宮廷内ではせっせと愛人と子づくりに励んで多くの子を生したため、「デブの女たらし」という不名誉な渾名で呼ばれるようになっただけでした。

（＊04）母（ゾフィー）の父は英王ジョージ1世。
　　　　したがって、ジョージ3世はフリードリヒ2世の従甥（いとこおい）。

（＊05）亡命はもう少しのところで失敗、未遂に終わっています。

（＊06）日本でも「与党の政策を散々に批判してきた野党が、いざ政権を獲った途端、昨日まで全否定してきた与党と同じ政策を採る」という“喜劇”が演じられたことがありましたが、これを彷彿とさせます。

第４章　普墺の系譜

第４幕

天才が創り凡人が壊した帝国

ドイツ第二帝国

19世紀、「ドイツ統一」の大願がドイツ人の間に高まっていったが、永く分裂がつづいた国に統一をもたらすのは容易なことではなく、それを成し遂げるのはいつも天才であり、それを台無しにするのはいつも凡人である。こたび、この偉業を成し遂げたのはビスマルクであり、台無しにしたのはヴィルヘルム2世であった。

初代皇帝

ドイツ第二帝国皇帝　初代
ヴィルヘルム１世
1871 ‒ 88

〈 ドイツ第二帝国 〉

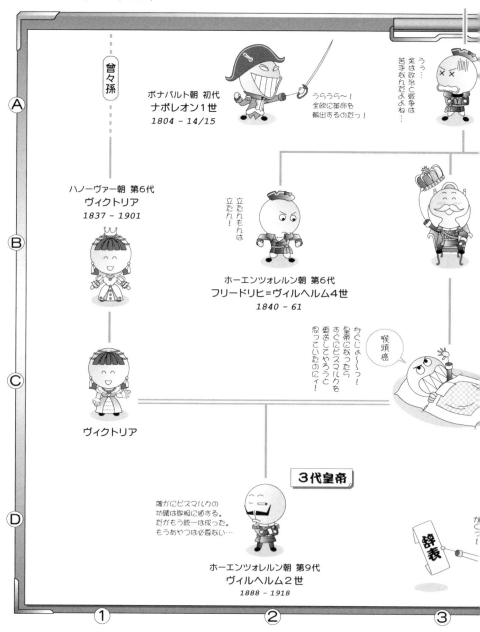

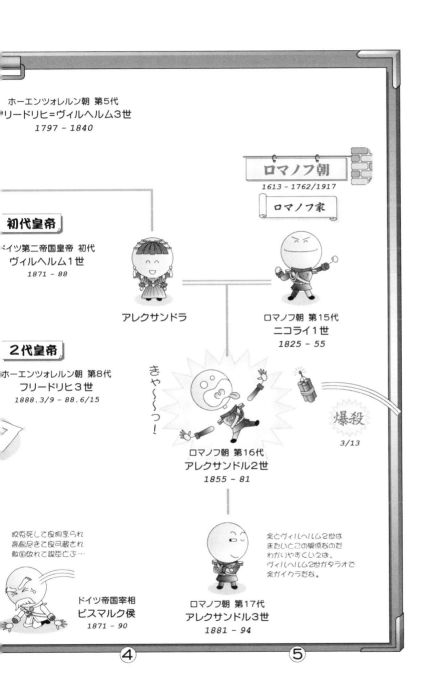

ホーエンツォレルン朝 第5代
リードリヒ＝ヴィルヘルム3世
1797 - 1840

ロマノフ朝
1613 - 1762/1917

ロマノフ家

初代皇帝

ドイツ第二帝国皇帝 初代
ヴィルヘルム1世
1871 - 88

アレクサンドラ

ロマノフ朝 第15代
ニコライ1世
1825 - 55

2代皇帝

ホーエンツォレルン朝 第8代
フリードリヒ3世
1888.3/9 - 88.6/15

きゃ～～っ！

爆殺
3/13

ロマノフ朝 第16代
アレクサンドル2世
1855 - 81

狡兎死して良狗烹られ
高鳥尽きて良弓蔵され
敵国破れて謀臣亡ぶ…

ドイツ帝国宰相
ビスマルク侯
1871 - 90

ロマノフ朝 第17代
アレクサンドル3世
1881 - 94

余とヴィルヘルム2世は
またいとこの姻戚なのだ
わかりやすくいえば、
ヴィルヘルム2世がタラオで
余がイクラだな。

④　　　　　　　　　　⑤

序章 系図の基礎知識

第1幕 イギリスの系譜

第2章 フランスの系譜

第3章 神聖羅帝国の系図

第4章 普墺の系譜

第5章 ロシアの系譜

第6章 丁諾瑞英の系譜

このように、初代フリードリヒ１世の治世は「スペイン継承戦争」に終始し、第３代フリードリヒ２世の御世（みよ）は「オーストリア継承戦争」「七年戦争」に明け暮れ、第４代フリードリヒ＝ヴィルヘルム２世の代になると「フランス革命」に振り回されてきました。

こうした歴史を承（う）けて即位したのが、先王の子「フリードリヒ＝ヴィルヘルム３世（A-3/4）」です。

「反動」の時代（ホーエンツォレルン朝第５代）

ホーエンツォレルン家では「子が父を憎む」のが〝お定まり〟ですが、彼もまた王太子時代、父王の〝女たらし〟を嫌悪して育ちました。

したがって、彼は愛人をつくることもなく妻一筋で、家庭においては〝良き夫〟でしたが、この動乱期における君主としては無能（＊01）でした。

彼が即位してほどなく「フランス革命」がようやく終焉を迎えましたが、これで事態が収拾することはなく、それどころか今度は「ナポレオン（A-2）」が現れて全欧を引っ掻（か）き回すことになりましたから、フリードリヒ＝ヴィルヘルム３世はこの〝ナポレオンの脅威〟と戦わなければならなくなります。

しかし、ナポレオン軍を前にして為すところなく連戦連敗（＊02）、ナポレオン軍に王都ベルリンを占領されたばかりか、国土は半分に削られるという屈辱を味わわされます。

家臣には恵まれたため、この敗戦を糧に「プロイセン改革」が実施されて再生を果たすも、ナポレオンが没落して「ウィーン体制」の時代を迎えると、彼はたちまち時代に迎合して反動政策を強行するという〝ブレ〟を見せて、その無能をさらけ出します。

「民族主義（ナショナリズム）」の時代（ホーエンツォレルン朝第６代）

やがて、フリードリヒ＝ヴィルヘルム３世が亡くなると、その嫡男フリードリヒ＝ヴィルヘルム４世（B-2）が即位しました。

（＊01）もし彼が泰平の世に生まれていれば、〝やさしい王様〟として国民から慕われる王となったでしょう。その意味ではフランスの「ルイ16世」と似ています。

彼の治世は、ちょうど「ウィーン体制」にあって右（反動政治）と左（ナショナリズム運動）の拮抗が崩れはじめた時代で、1848年、ついにお隣フランスでは「二月革命」、オーストリアでは「三月革命」によってそれぞれの反動政権を打倒するという大事件が勃発、それがプロイセンにも波及して混迷を極めました。

この混乱はなんとか切り抜けたフリードリヒ＝ヴィルヘルム４世でしたが、永年のストレスが祟ったか、ほどなく精神に障害をきたしてしまったため、弟のヴィルヘルムが執政を行うようになりました。

「王国」から「帝国」へ（ホーエンツォレルン朝第7代）

やがてフリードリヒ＝ヴィルヘルム４世が亡くなると、彼には子供がいなかったため、弟のヴィルヘルムが即位することになりました。

彼こそ、のちに「ドイツ第二帝国初代皇帝」となるヴィルヘルム１世（B-3/4）です。

彼が普王として即位した年（1861年）は、ドイツと同じように永らく分裂状態がつづいていたイタリアに「統一」が達成された年です。

ヴィルヘルム１世がこれに触発されないわけがありませんが、洋の東西と古今を問わず、100年単位以上の分裂状態がつづいた国に「統一」をもたらすのは並大抵のことではなく、それを成し遂げることができるのは「天才」か「異常者」です。

日本では戦国時代を押さえほぼ天下布武を達成した「織田信長」然り、中国では春秋戦国の果てに初の中国統一を成し遂げた「始皇帝」然り、イスラームではサファヴィー解体後の永い分裂時代を乗り越えて天下統一を果たした「アーガー＝ムハンマド」然り。

そこで、ヴィルヘルム１世も「まともな人間ではこの偉業は成し遂げられぬ」と、ひとりの人物を首相に抜擢します。

その人物こそ、若いころは「狂人貴族」「邪悪なる者」「異常者」と陰口を叩かれたO.ビスマルクです。

（＊02）イエナの戦、アウエルシュタットの戦など。

大器は小布に包めず小箱を壊す

　しかし、彼のように若いころ周りから顰蹙<rt>ひんしゅく</rt>を買うほどハメを外した人物というのは、往々にして「社会の枠」に嵌らない"大器"であり、そうした人物でなければ、"何人<rt>なんびと</rt>も成し遂げられない偉業"を達成することなどできるものではません（＊03）。

　案の定、ビスマルクは誰もが「打つ手なし！」と考えた天下統一<rt>ドイツ</rt>をわずか10年で成し遂げてしまったのでした。

敵国破れて謀臣亡ぶ（ホーエンツォレルン朝第7代）

　しかしながら、確かにビスマルクは歴史にその名を留<rt>とど</rt>める名宰相だったかもしれませんが、それ故に「政治目的」が達成されたあとの身の振り方は難しい。

狡兎死して走狗烹られ、 高鳥尽きて良弓蔵る

　中国では、范蠡<rt>はんれい</rt>［少伯<rt>しょうはく</rt>］・文種<rt>ぶんしょう</rt>は軍政両輪で越王勾践<rt>こうせん</rt>を支えた名臣でしたが、宿敵の呉を倒したのち、ふたりの命運は大きく分かれています。

　宿敵・呉を倒すや否や、范蠡<rt>はんれい</rt>はただちに越を出奔<rt>しゅっぽん</rt>して助かりましたが、モタモタしていた文種<rt>ぶんしょう</rt>は越王勾践<rt>こうせん</rt>に剣を与えられています（＊04）。

　他にも、秦の商鞅<rt>しょうおう</rt>、呉の伍員<rt>ごうん</rt>［子胥<rt>ししょ</rt>］、楚の呉起<rt>ごき</rt>、漢の韓信<rt>かんしん</rt>……。

　数え上げればキリがありませんが、国を支えた名臣・名将は"用済み"となればたちまち殺される運命です。

（＊03）むしろ子供のころ「天才！」「神童！」などと持て囃されるのは、その子が"社会の枠"にすっぽりハマっているからであって、子供のころから"大人が設定した枠にがっちりハマる子"というのは元来小物で、「二十歳過ぎれば只の人」となることがほとんど。
　　　　本物の大器は"社会の枠"にハマらないので子供のころの評価は低いことが多い。

（＊04）皇帝が家臣に「剣を与える」のは「自決せよ」という意味。

ビスマルクもまた同じ。

初代皇帝が存命の間はよかったのですが、その嫡男フリードリヒ（Ｃ-3）は「自分が即位した暁には即刻ビスマルクを更迭してやる」と考えていました。

もっとも、彼は即位直後に病に倒れ、そのまま在位わずか100日で薨去してしまったため、ビスマルクの政治生命は少しだけ延命されましたが。

「新航路」へ（ホーエンツォレルン朝第9代）

さて、フリードリヒ３世の死去に伴い、その嫡男ヴィルヘルム２世（Ｄ-2）が即位しました。

彼は、ロシア皇帝アレクサンドル３世（Ｄ-4/5）とは又従兄弟にあたり、その子ニコライ２世が"ロマノフ朝の最終皇帝"になったように、彼もまた"ホーエンツォレルン朝の最終皇帝"となります。

そこで、ここに至るまでもう一度ホーエンツォレルン家の系図を俯瞰してみますと、ホーエンツォレルン家は他の家柄に比べても比較的安定的に「父子継承」が続いてきたことがわかります。

父子継承じゃなかったのは、フリードリヒ大王とフリードリヒ＝ヴィルヘルム４世のときだけ(＊05)。

我々はこれまで、「王位継承が安定すれば国も安泰、王位継承が乱れれば国家も傾く」という歴史原則があることを学んでまいりました。

この原則からすれば、「ドイツ第二帝国」になって以来ずっと「父子継承」で安定していますから帝国は安泰のはずですが、現実にはこのヴィルヘルム２世の代で帝国は"傾く"どころか一気に滅亡してしまいます。

これは何としたことでしょうか。

じつはその原因は、偏に「ヴィルヘルム２世の常軌を逸した無能」に求められます。

彼の政治は一から十まで、やることなすことことごとく失策・失態・失敗・

(＊05) フリードリヒ大王は生涯にわたって王妃を抱かず、かといって外に女性を作ったわけでもないため「同性愛者」が疑われ（事実かどうかは不明）、フリードリヒ＝ヴィルヘルム４世に至っては「ＥＤ（性的不能）」でした。

蹉跌のオンパレード。

　まずは即位早々、帝国創建の元勲・ビスマルクを更送。

　この帝国は「ビスマルクが創り、ビスマルクが支え」てきたものですから、喩えるなら "天守の心柱[*06]" を引っこ抜いたようなものです。

　心柱を引っこ抜かれた天守も、そのまま何もなければすぐに崩れ落ちることもないでしょうが、ひと揺れ起きれば一気に崩壊するでしょう。

　さらには、ビスマルクが20年心血を注いで創り上げたドイツの安全保障体制[*07]も惜しげもなく破壊[*08]して歩いたうえ、バルカンで墺・塞間で悶着が起こると、安易にオーストリアに対して開戦の言質を与えてしまい、それが「第一次世界大戦」の引き金となってしまいました。

　ビスマルクが悪夢に見るほど恐れ、これを回避するために奔走してきた努力が一瞬で無駄になった瞬間でした。

　加えて、万一に備えてビスマルクが造っておいた "安全弁（ビスマルク体制）" は、とっくにヴィルヘルム2世が破壊し尽くしたあとだったため、仏・露に東西から挟撃され、そして滅亡に向かっていくことになったのでした。

　"無能な君主" の破壊力を前にしては、「安定的な王位継承」もその支えとはならないのでした。

狡兔死して良狗烹られ
高鳥尽きて良弓蔵され
敵国敗れて謀臣亡ぶ…

がくっ！

ドイツ帝国宰相
ビスマルク侯
1871 - 90

（＊06）天守の各階を貫通している中央部の大黒柱。

（＊07）所謂「ビスマルク体制」。

（＊08）こうした彼の政策は後世「新航路」と呼ばれるようになりました。

第5章 ロシアの系譜

第1幕

先帝の短気が生んだ王朝
ロマノフ朝の成立

現在のロシアの原型が生まれたのは9世紀ごろであったが、その王朝「リューリック朝」は永らく君号を得ることがなかった。ロシアが君号「ツァーリ」を手に入れたのはようやく15世紀になってからであったが、それからほどなくロシアは滅亡。リューリック朝の遺産は「ロマノフ朝」が継承していくことになった。

ロマノフ朝
1613 – 1762/1917

ロマノフ朝 初代
ミハイル.F.ロマノフ
1613 – 45

雷帝がトチ狂って
息子を殺しちまった
おかげで王冠が転がり
込んできよったわい!

〈ロマノフ朝の成立〉

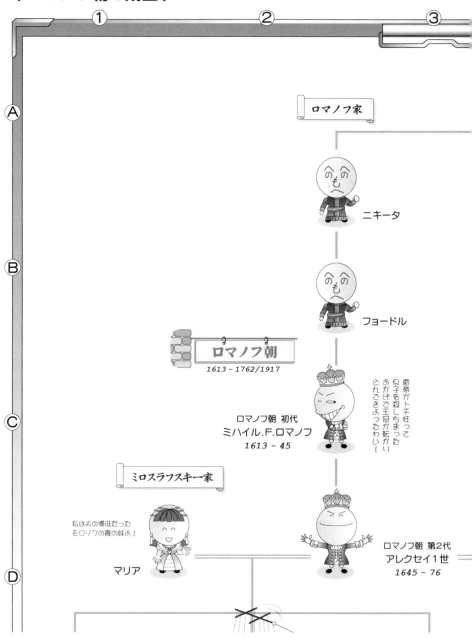

ロマノフ家

ニキータ

フョードル

ロマノフ朝
1613 - 1762/1917

ロマノフ朝 初代
ミハイル.F.ロマノフ
1613 - 45

雷帝がトチ狂って
息子を殺しちまった
おかげで王冠が転がり
とれできてよかったわい！

ミロスラフスキー家

私は夫の傳役だった
モロゾフの妻の妹よ！

マリア

ロマノフ朝 第2代
アレクセイ1世
1645 - 76

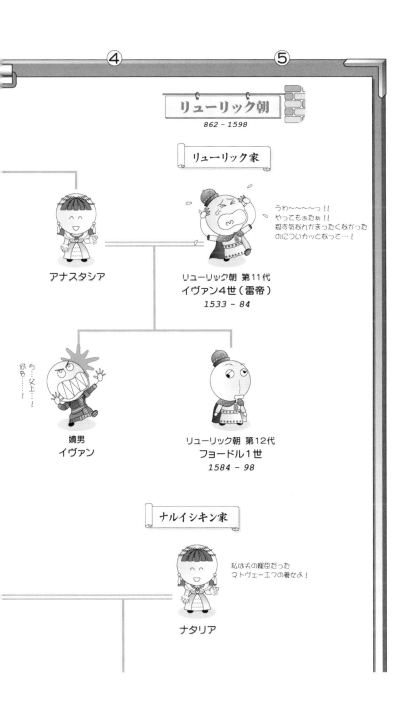

④　⑤

リューリック朝
862 - 1598

リューリック家

アナスタシア

うわ～～～～っ!!
やっこもぁたぁ!!
殺す気なんかまったくなかった
のについカッとなって…!

リューリック朝 第11代
イヴァン4世（雷帝）
1533 - 84

ち…父上…!
何も…!

嫡男
イヴァン

リューリック朝 第12代
フョードル1世
1584 - 98

ナルイシキン家

ナタリア

私は夫の龍臣だった
マトヴェーエフの養女なよ!

さて、新章では前幕でもチラッと登場したロシア帝国の歴史を糸図から紐解いていくことにしましょう。

　最初にロシアの原型が生まれたのは9世紀のころ。

　当時は北海・バルト海を中心としてノルマン民族が暴れており、そうした中でイギリスにはデーン朝が生まれ、フランスにはノルマンディー公国が生まれたことはすでに触れましたが、ロシアでも「ノヴゴロド公国」が生まれ、これがロシアの原型となっています。

　最初の王家は「リューリック家」でしたが、以来600年以上にわたって彼らは永らく「公（クニャージ）」「大公（ヴェリーキークニャージ）」の爵位に甘んじ、なかなか君号を手に入れることはできませんでした（＊01）。

　それを手に入れる契機（きっかけ）をつくったのがイヴァン3世です。

初の君主号 "自称"（モスクワ大公第9代）

　じつは、「長期王朝」となるか「短期王朝」となるかの境目は、"権威（オーソリティ）"を纏（まと）うことができるかどうかにかかっています。

　王朝を築いた時点で、王家はすでに"権力（パワー）"は持っているものですが、"権威（オーソリティ）"を纏（まと）っていることはありません。

象箸（ぞうちょ）を使わば次に玉杯を望む

　しかし人間というものは、「象牙の箸（はし）を使うようになれば今度は玉でできたお椀（わん）が欲しくなる」ように、"権力（パワー）"を手にした王は次に"権威（オーソリティ）"を欲するようになります。

　しかし、これを纏（まと）うことはきわめて難しい。

　そこで古今東西、歴代王朝がよく使う手が「その文化圏ですでに権威（オーソリティ）を纏（まと）っている者から借り受ける」という手段です。

　たとえば、日本では"権力（パワー）"を手に入れた豊臣秀吉が「太閤」、徳川家康が

（＊01）もっとも事実上は「君主」でしたが。そうした意味では17世紀ごろのプロイセン公に似ています。

「征夷大将軍」という称号を日本の“権威（オーソリティ）”である天皇から貰い受けています。

　閑話休題。

　1462年にイヴァン３世が即位したとき、彼は“権威（オーソリティ）”を欲し、あるものに目を付けました。

　それが、千年の歴史を誇り、“権威（オーソリティ）”を纏（まと）っていた東ローマ帝国です。

　当時すでに東ローマ帝国はオスマン帝国に亡ぼされていましたが、その“最終皇帝（トエンペラー）”となったコンスタンティノス11世の姪ソフィアと結婚することに成功すると、「東ローマ帝国が亡んだ今、その“ローマ理想”の正統なる後継者は我が国である！」として東ローマ帝国の“権威（オーソリティ）”を継承することを狙い、自ら「ツァーリ（＊02）」を自称するようになります。

　ただし、このときはまだあくまでもイヴァン３世が勝手に“自称”しているだけで公に認められた号ではありません。

　これが“公称”となるには、その孫・イヴァン４世の登場を待たねばなりませんでした。

モスクワ大公からロシア帝国へ（モスクワ大公第11代）

　モスクワ大公国がイヴァン４世（A/B-4/5）の御世に絶頂期に入ると、この権勢を背景として正式に「ツァーリ」としての即位式を挙行し、これを内外に宣言します。

　しかし彼は、生まれ育った環境のためか、何らかの脳障害を抱えていたためか、たいへんキレやすい人でした。

　些細（ささい）なことで激昂して手が付けられなくなったため、彼は「雷帝」と渾名（あだな）されるようになります。

　それでも王妃アナスタシア（A/B-4）の存命中は、彼女がイヴァン雷帝をう

（＊02）「ツァール」「ツァー」と表記することもあります。
　　　　ローマ帝国では、4世紀以降「正帝（アウグストゥス）」「副帝（カエリル）」という君主号を用いていましたが、その「カエサル」がロシア語に転化したものです。ただし、これを「王」と訳すか「皇帝」と訳すかは歴史家の中でも意見が分かれるところ。

まく宥めて彼の感情を制御できていたためまだよかったのですが、彼女が亡くなると雷帝は"制御棒を失った原子炉"のごとく暴走を始めます。

　そして、その悲劇は起こりました。

　彼にはふたりの息子がいましたが、嫡男イヴァン（B/C-4）は優秀で弟のフョードル（B/C-4/5）は知的障害を持っていましたから、イヴァン雷帝も自分の後継者にはイヴァン以外にないと思い、嫡男を寵愛していました。

　ところが、例によってほんの些細なこと（＊03）で激昂し、思わず持っていた錫杖で我が子を打ち据えてしまいます。

　頭から血を噴き出しながら崩れ落ちる我が子を抱きかかえながら、茫然自失のイヴァン雷帝。

　もっとも愛するわが子を殺した憎っくき犯人が他でもない自分なのですから、彼は怒りをぶつける相手もおらず、あまりのショックでまもなく病に伏せるようになり、そのまま亡くなってしまいました。

リューリック朝断絶（モスクワ大公第12代）

　必然的に帝位は弟のフョードルが継ぐことになります。

　彼こそ、740年の歴史を誇るリューリック朝の最後となる「フョードル１世」です。

　フョードルではこの国を引っ張っていくにはあまりにも荷が勝ちすぎると、死期を悟ったイヴァン雷帝は臨終にあたって５人の摂政（＊04）を置くことを遺言しました。

　しかし、古今と洋の東西を問わず、「頼りない君主」に「摂政」とくれば、権力の簒奪が起こらない方が不思議です。

返す返すも秀頼のことお頼み申し候

　日本では、豊臣秀吉が死の床にあって、徳川家康を筆頭とした五大老に対し

（＊03）妊娠中の皇太子妃が正教徒の正服ではなくマタニティ服を着ていたことをイヴァン雷帝が叱責し、それを知った皇太子が止めに入ったところ、これに激昂しました。

て、

「返す返すも秀頼のことお頼み申し候。五人の衆、何卒お頼み申し候。」

……と涙ながらに頭を下げたことを彷彿とさせますが、その結果は、五大老のうち秀頼の外戚（＊05）にあたる家康に天下を奪われました。

このときのロシアも、フョードル1世は政治にまったく関心を示さず、享楽に耽る毎日を送るその裏で"五大老"の権力闘争が展開し、これに勝ち抜いた外戚のボリス＝ゴドゥノフが実質的なツァーリとして振る舞うようになりました。

ほどなくフョードル1世が子なく亡くなると、ここにリューリック朝は断絶し、ボリス＝ゴドゥノフに政権が移っていくことになります。

動乱時代

しかし、ボリス＝ゴドゥノフが即位するや、これにタイミングを合わせるようにしてロシア全人口の1/3（＊06）が餓死するほどの凄まじい大飢饉が襲い、さらにはこれに連動して疫病（ペスト）が猛威を振るい、そうした社会不安の中から各地に盗賊団や皇帝僭称者が跋扈するという無秩序状態に陥りました。

ボリスが為す術なく失意のうちに亡くなると、その後は短期間のうちにつぎつぎとツァーリが入れ替わり、果ては誰もツァーリを名乗らなくなるほどの混迷を極めます。

海を失ったロシア（ロマノフ朝初代）

そこで"白羽の矢"が立ったのが、ミハイル．F．ロマノフ（C-2/3）です。

彼は最後の皇帝から見て母方の従甥（＊07）にあたり、女系とはいえ一応先の

（＊04）君主国家において、君主が幼少・病弱などの理由で政務が困難である場合に、緊急避難的に君主に代わって政務を摂ること。またはその役職。

（＊05）君主の妻の親戚のこと。ここでは秀頼の妻の父。

（＊06）約200万人。

（＊07）フョードル1世の母（アナスタシア）の弟（A/B-2/3）の孫。

王朝とは血縁にあり、しかも彼には "政治的汚点" もなかった^{（＊08）}ことが多くの人の支持を得たためです。

　彼は、前王朝から見て女系国王となりますから、ここで王朝交代となり、「ロマノフ朝」の幕開けとなりました。

　前王朝（リューリック朝）は740年にわたってロシアを支配してきましたが、新王朝（ロマノフ朝）も以降300年近くにわたってロシアを支配する長期政権となります。

　32年にも及ぶミハイル゠ロマノフの治世は、「動乱時代」に失陥した領土の奪還に費やされましたが、すでに動乱時代から始まっていた「露　瑞　戦争^{（＊09）}」には敗れ、ロシアはバルト海への出口^{（＊10）}を失うことになりました。

シベリア進出（ロマノフ朝第2代）

　ミハイルの死後、嫡男アレクセイ（D-2/3）がその跡を継ぎました。

　彼は、外には平和外交に転じ、内には専制体制の確立に尽力します。

　そうした権力を集中させる動きには当然反発も生まれ、それが南露で「ステンカ゠ラージンの乱」となって顕れています。

　しかし、これまで学んでまいりましたように、何人たりとも "歴史の流れ" に抗うこと叶わず、この叛乱も鎮圧されたどころか、これがむしろ専制体制の確立に寄与する結果になりました。

（＊08）当時、混迷のロシアに乗じてポーランドやスウェーデンなどの外国が侵寇してきており、有力なロシア諸侯はほとんど薄汚れた過去を持っていました。

（＊09）別名「イングリア戦争」。1611〜17年。

（＊10）具体的には西カレリア地方からイングリア地方にかけてを失陥しました。

第5章 ロシアの系譜

第2幕

前妻と後妻の対立の中で
ロマノフ朝の絶頂期

ロマノフ朝　第2代アレクセイ1世の死後、その前妻のミロスラフスキー家系と後妻のナルイシキン家系で後継対立が起こる。両家の間でめまぐるしい帝位争奪戦が展開するが、そうした中でナルイシキン家系のピョートル1世の御世（みょ）で絶頂期に入る。しかし、彼の死後は女ばかりが生まれてほどなく男系が絶えてしまう。

異母兄イヴァン5世との共同統治者として即位したのが一682年。実権を握った異母姉ソフィアから政権を奪ったのが一689年。しかし、親政を始めたのは母上が死んだ一694年なのだ！

ロマノフ朝　第5代
ピョートル1世（大帝）
1682/89/94 - 1725

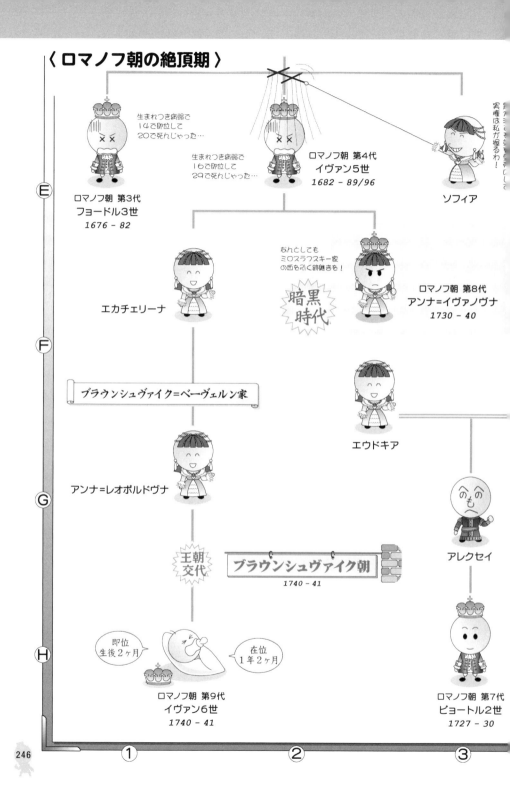

〈 ロマノフ朝の絶頂期 〉

1725〜96年までの71年間に
4人の女帝・4人の男帝が現れたが
そのうち67年間が女帝の統治期間。

女帝時代
1725 - 96

弟は病弱、弱視、失語症にかえて
精神障害も抱え、とても政務に
耐えられないけど、ナタリアの子に

異母兄イヴァン5世との共同統治者
として即位したのが1682年。
実権を握った異母姉ソフィアから
政権を奪ったのが1689年。
しかし、親政を始めたのは母上が
死んだ1694年なのだ！

ロマノフ朝 第5代
ピョートル1世（大帝）
1682/89/94 - 1725

ロマノフ朝 第6代
エカチェリーナ1世
1725 - 27

アンナ

ロマノフ朝 第10代
エリザベータ＝ペトローヴナ
1741 - 62

④　　　⑤

と ころで、アレクセイ1世は前妻マリア（前幕D-1/2）との間に5男8女を儲けましたが、いづれも男子は夭折・早世で成人したのはフョードル（E-1）とイヴァン（E-2）の2人のみでした。

　しかも、このフョードル・イヴァンともに病弱だったため、王朝存続に不安を覚えたアレクセイはマリアの死後、後妻にナタリア（前幕D-4/5）を迎えています。

　この女性との間に生まれたのが、のちの「ピョートル大帝（F/G-4）」です。

帝位継承紛争の発生（ロマノフ朝第3～4代）

　アレクセイ1世が亡くなると、一応嫡男のフョードルが即位しましたが、病弱だった彼は在位わずか6年、20歳で子なく亡くなります。

　そうなると、順当にいけば次帝は弟のイヴァンとなりますが、彼は「弱視・失語症に加え病弱で精神疾患も抱えていてとても政務に耐えない」ため、壮健なピョートルを推す声も強く、そこで紆余曲折を経てイヴァン5世とピョートル1世の"共同統治"という体で妥協案が生まれました。

　しかし、実権を握っていたのは2人の皇帝のどちらでもなく、イヴァン5世の同母姉のソフィア（E-3）でした。

ロシア帝国の絶頂期（ロマノフ朝第5代）

　しかし、1689年、彼女は清朝との間に「ネルチンスク条約（＊01）」を結ぶという失政をやらかし（＊02）、これに反発した国内有力者がピョートルを支持したため、政権がピョートルの下に転がり込んでくることになりました。

　もっともピョートルは、母ナタリア存命中は彼女に政務を預けていましたから、本格的に親政を開始したのは母が死んだ1694年になってからとなります。

　彼は親政に入るや、

・南靖（＊03）してはオスマンと戦って（露土戦争）アゾフ海を手に入れて、「南下政策」の端緒を開き、

（＊01）スタノヴォイ山脈からアルグン川にかけてを清露国境と制定した条約。清朝に有利な約定であったため、ロシア国内の有力者の支持を失うことになりました。

・西討^{（＊03）}してはスウェーデンと戦って（大北方戦争）バルト海の制海権を手に入れ、

・東征^{（＊03）}してはベーリング海峡を越えてアラスカを探険させ、現在のロシアと同じくらいの領土にするという偉業を成し遂げます。

ちなみにこのとき、ピョートル大帝（ヴィリーキィ）は「日本」の存在を知り、日本語教育に力を注ぎ始めています。

ロシアが日本に対して直接接触を図るようになるのはエカチェリーナ2世以降のことですが、ピョートル大帝（ヴィリーキィ）のころからすでに将来的な日本征服（ウラジヴォストーク）を見据えていたことが窺（うかが）われます。

ところで、こうした彼の八面六臂（び）の大活躍の裏には、彼の幼年時代の経験が大きく影響しているものと思われます。

仕事に時間をかけるが、
　楽しみの時間も取るべし

これはピョートル大帝（ヴィリーキィ）の父・アレクセイ1世の言葉ですが、日本の諺（ことわざ）で言えばさしづめ「よく学び、よく遊べ」でしょうか。

ピョートル大帝（ヴィリーキィ）は子供のころは宮廷を抜け出して野山を駆けまわり、死者が出るほどの本格的な"戦争ごっこ"を楽しみ、長じては夜な夜な呑み歩いてどんちゃん騒ぎをしていました。

偉大な業績を挙げる名君・偉人・傑物というのは、その若いころを調べてみると、たいていこうしたハメを外した経験を持っているものです。

閑話休題。

彼の親政は30年以上にも及び、その間、多くの子（9男6女）を儲けたため、これでようやく継承問題も収まったかに見えましたが、彼の晩年にはふた

（＊02）参考書では「ピョートル大帝の業績」のように書かれていますが、当時の皇帝はあくまでも「イヴァン5世」であってこのころのピョートルは何の実権も持たない"共同統治者"にすぎず、さらに言えば、イヴァン5世も傀儡にすぎず、実権者はソフィアでした。

（＊03）四方に軍を出すとき、中国では「東征」「西討」「南靖」「北伐」といいます。

序章　系図の基礎知識

第1章　イギリスの系譜

第2章　フランスの系譜

第3章　神聖羅帝国の系図

第4章　音楽の系譜

第5章　ロシアの系譜

第6章　丁抹希臘の系譜

たび継承問題が発生することになりました。

如何せん「9男6女」のうち、成人できたのは1男2女のみだったためです。

そのうえ唯一の男子アレクセイ（G-3）は"母親っ子"であったため事あるごとに 父 に楯突き、ついには亡命未遂事件まで起こして[*04]ピョートル大帝の逆鱗に觸れてしまいます。

ピョートル大帝の怒りはすさまじく、彼は廃嫡だけでは済まず、裁判のうえ「死刑宣告」までされてしまいました[*05]。

ロシア史上初の女帝（ロマノフ朝第6代）

しかし、そうなると「跡継ぎ」問題が発生します。

獄死したアレクセイの子にはピョートル（H-3）がいたため、彼が有力候補ではありましたが、ピョートル大帝が亡くなった時点（1725年）で彼はまだ10歳。

そこで、彼が成人するまで"ピンチヒッター"的にピョートル大帝の後妻エカチェリーナ（F/G-5）が即位することになりました。

彼女はロシア人ですらないバルト人の農民の娘でしたが、その後、戦争捕虜となって女奴隷にまで身を窶しながら女帝にまで昇りつめた女傑で、東ローマ帝国皇帝ユスティニアヌス大帝の皇后テオドラを彷彿とさせる女性です。

しかし、即位後は「最高枢密院[*06]」という貴族会議を作って政治はこれに任せきりで、しかも彼女の治世はわずか2年で終わりを遂げたため見るべき実績もありませんでした。

人は道なき道を通らず、
人の通った跡を辿る

ところで、人は"前例"のないものに対して本能的に抵抗を示しますが、一

（*04）「母親っ子」「父に楯突く」「亡命未遂を起こす」など、プロイセンのフリードリヒ大王の王太子時代とそっくりです。

（*05）宣告ののち謎の獄死をしてしまいましたので、結局刑は執行されていませんが。

度でも“前例”が生まれてしまえば、これに対する抵抗は一気に雲散霧消します。

　ロシアではこれまで“女帝”はひとりもいませんでしたから、彼女（エカチェリーナ1）が即位することには反発も強く、「黒魔術の魔女」などとあらぬ中傷を受けたものですが、彼女が“前例”を切り拓いたことで抵抗がなくなり、以降しばらく「女帝時代（＊07）」に突入します。

ロマノフ家最後の男系男子（ロマノフ朝第7代）

　彼女が亡くなると、またしても後継者問題が起こりました。

　エカチェリーナ１世には２人の娘しかおらず、ロマノフ家の男子はピョートルしかいなくなってしまったため、結局まだ１２歳のピョートルが即位することになります。

　彼こそ、ロマノフ家の最後の皇帝となる「ピョートル２世（H-3）」です。

　しかし、政治は「最高枢密院」に牛耳られ、そのうえ彼は即位後まもなく天然痘にかかって独身のまま子を生すことなく亡くなってしまったため、ここにロマノフ家の男系は絶えることになりました。

暗黒時代の女帝（ロマノフ朝第8代）

　ピョートル２世亡きあと、ロマノフ家の血を引く者は４人いましたが、
・イヴァン　５世の娘エカチェリーナ（E/F-1/2）とアンナ（E/F-2/3）
・ピョートル１世の娘エリザベータ　（G/H-5）とアンナ（G/H-4）
……と女ばかりでした。

　そこで、「最高枢密院」はこの中から自らの傀儡（マリオネット）として都合のよい人物に“白羽の矢”を立てることにします。

　最初イヴァン５世の長女エカチェリーナが候補に挙がりましたが、彼女の夫

（＊06）初め６人のちに８人の有力貴族で構成された諮問機関。秀吉が作った「五大老」をイメージするとわかりやすいかもしれません。

（＊07）1725〜96年。この71年間のうち女帝の統治期間が67年、男の皇帝の統治期間はたったの４年でした。

がネックとなって落選（＊08）、政治に関心がなさそうな次女のアンナ＝イヴァノヴナを女帝にすることに決まりました。

　ところがアンナは、モスクワに入城するやただちに「最高枢密院」を解体し、専制体制（ツァーリズム）を復活させてしまいます。

　彼女を“傀儡（マリオネット）”にしようとした「最高枢密院」の目論見は見事に破られてしまいましたが、さりとてやっぱり彼女は政治には関心を示さず、国政を家臣に丸投げ。

　そのため凶作・疫病が相次ぎ、のちに「暗黒時代（E/F-2）」と揶揄（やゆ）されるほどの混迷時代となりました。

生後2ヶ月の皇帝（ロマノフ朝第9代）

　彼女には子がいなかったため、アレクセイ1世から分かれた「ミロスラフスキー家系（前幕C/D-1/2）」から「ナルイシキン家系（前幕C/D-4/5）」へ帝位が移ってしまうことを恐れました。

　そうした中で「ブラウンシュヴァイク＝ベーヴェルン家（F/G-1）」に嫁いでいた姪のアンナ＝レオポルドヴナ（G-1）が子を産んだため、この子をただちに後継者に指名すると、その直後に彼女は亡くなります。

　その結果、生後2ヶ月の赤ん坊が「イヴァン6世（H-1/2）」として皇帝（ツァーリ）に即位するという事態に。

　混迷のロシアを牽引する皇帝（ツァーリ）が嬰児（えいじ）では各方面から不満・不安の声が上がるのは当然で、結局、彼は1年ほどで廃位されることになります。

　ちなみに、彼は“女系君主”ですから、学問的にはここで王朝交代となり、「ブラウンシュヴァイク朝（G/H-2）」となるところですが、これまで見てまいりましたとおり、「一代王朝（ましてや在位1年余り）は前後の王朝に繰り込んで考える」という慣習がありますから、彼も「ロマノフ朝の一部」と見做（みな）されます。

（＊08）彼女の夫がドイツの有力諸侯で、ドイツの勢力がロシア宮廷内に発言権を高めることを恐れました。

第5章　ロシアの系譜

第3幕

女帝時代を経て断絶へ

ホルシュタイン＝ゴットルプ＝ロマノフ朝

ピョートル大帝の孫・ピョートル2世が亡くなると、ロマノフ家には女しか残っていなかった。これにより王朝断絶は決定的となったが、しばらくは女帝で凌ぐ時代がやってくる。これが「女帝時代」である。

しかし、それも限界が来ると、ついに女系のピョートル3世が立つことになり、王朝交代となる。

兵隊さんごっこ
た〜のし〜な〜♪

ロマノフ朝　第11代
ピョートル3世
1762.1/5 − 7/9

〈ホルシュタイン＝ゴットルプ＝ロマノフ朝〉

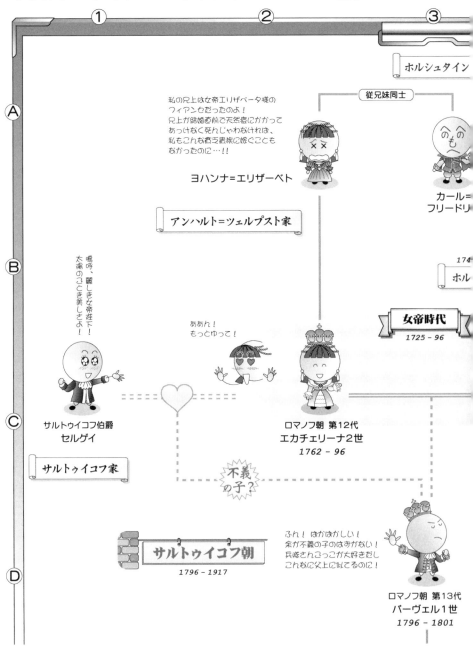

① ② ③

ホルシュタイン

従兄妹同士

私の兄上は女帝エリザベータ様の
フィアンセだったのよ！
兄上が結婚直前で天然痘にかかって
あっけなく死んじゃわなければ、
私もこんな貧乏貴族に嫁ぐことも
なかったのに…！！

ヨハンナ＝エリザーベト

カール＝
フリードリ

アンハルト＝ツェルプスト家

174

ホル

嗚呼、麗しき女帝陛下！
太陽のごとき美しさよ！

女帝時代
1725 - 96

ああん！
もっとゆっこ！

サルトゥイコフ伯爵
セルゲイ

ロマノフ朝 第12代
エカチェリーナ2世
1762 - 96

サルトゥイコフ家

不義
の子？

サルトゥイコフ朝
1796 - 1917

ふん！ ばかばかしい！
余が不義の子のはずがない！
兵隊さんごっこが大好きだし
こんなに父上に似てるのに！

ロマノフ朝 第13代
パーヴェル1世
1796 - 1801

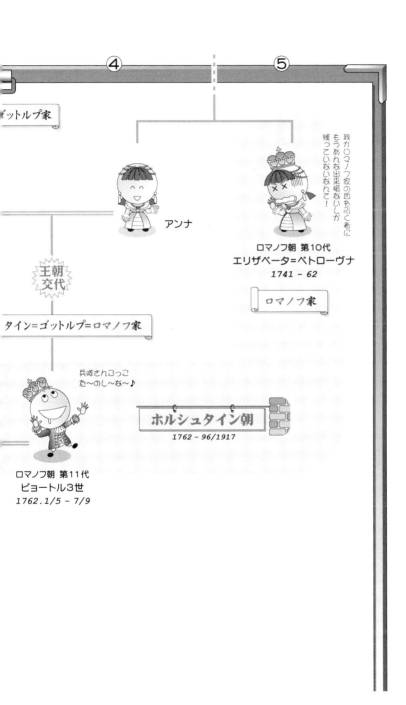

④　⑤

ゴットルプ家

アンナ

ロマノフ朝　第10代
エリザベータ＝ペトローヴナ
1741 - 62

我がロマノフ家の血を引く者に
もうあんな出来損ないしか
残っていないなんて！

ロマノフ家

王朝
交代

タイン＝ゴットルプ＝ロマノフ家

兵隊さんごっこ
た〜のし〜な〜♪

ホルシュタイン朝
1762 - 96/1917

ロマノフ朝　第11代
ピョートル3世
1762.1/5 - 7/9

さて、第2代皇帝アレクセイ1世のころから始まった先妻（ミロスラフスキー）と後妻（ナルイシキン）の対立は、複雑な皇位継承問題を引き起こしましたが、イヴァン6世を最後として、以降は「後妻系（ナルイシキン）」の血筋が継承することでようやく争いに決着がつくことになりました。

政治より美に執着した女帝（ロマノフ朝第10代）

ところで、女帝アンナが亡くなるや、ただちに政変（クーデタ）を起こし、この「嬰児皇帝（えいじツァーリ）」を廃して即位したのがピョートル大帝の娘、エリザベータ＝ペトローヴナ（A/B-5）です。

じつは、彼女の生い立ちは英王エリザベス1世とたいへん似ています。

そもそも名前が同じ（＊01）ですし、彼女（エリザベータ）がまだ若いころ大国フランスの国王ルイ15世との婚姻話が持ち上がりながら結局流れてしまったことがありましたが、エリザベス女王も当時の大国スペインの王太子フェリペとの婚姻話が持ち上がりながら結局流れています（＊02）。

その後は、ふたりとも生涯独身を貫いたところも同じですし、そのストレスからか「自分より着飾る女性にはお灸を据（す）え、自分より美しい女性にはヒステリーを起こす」というところもまったく同じ。

女帝エリザベータは自分より美しい女性の存在が許せず、甥のピョートルの嫁選びの際も「自分よりブサイクな女性」の中から選んでいるほど。

さらには、結婚こそしませんでしたが愛人を抱えていたのもエリザベス女王と同じ。

そして、エリザベス女王の治世は「ユグノー戦争」「オランダ独立戦争」「アルマダ海戦（おおいくさ）」など大戦が連続する重要な時期にあたっていますが、女帝エリザベータもその治世の大半を費やさなければならないほどの大戦（おおいくさ）「オーストリア継承戦争」「七年戦争」に直面している点まで同じです。

（＊01）「エリザベス」のロシア語表記が「エリザベータ」です。

（＊02）本書「第1章 第7幕」を参照。

下駄も阿弥陀も同じ木の切れ

　このように、女帝エリザベータと英王エリザベス１世はその生い立ちがたいへん似ていますが、同じ木塊であっても彫り方次第で下駄にもなれば阿弥陀像にもなるように、生い立ちが同じふたりでも両者の性格の違いからその後の対応・結果はひじょうに対照的です。

　エリザベス女王が政治に邁進し、それらの大戦の対処に忙殺されたのとは対照的に、彼女の場合は政治のことは家臣に丸投げし、ただただ美と舞踏会と愛人に生きる日々を送っています[＊03]。

ロマノフ朝の断絶

　左様なわけで、生涯独身を貫いた彼女には子供がいませんでしたから、ホルシュタイン＝ゴットルプ家（A-3）に嫁いだ姉アンナ（A/B-4）の子を後継者に指名します。

　彼こそ「ピョートル３世（C-3/4）」です。

　彼は紛うことなき"女系君主"ですから、ここで王朝交代を起こし「ホルシュタイン朝（B/C-4/5）の幕開け」となるところでしたが、それを潔しとしなかったのが女帝エリザベータ。

　ところでちょうどこのころ、時を同じうしてお隣オーストリアも王朝断絶の危機を迎えていました。

　王朝交代の危機に立たされたカール６世が、1736年、ハプスブルク家と娘婿の家名（ロートリンゲン家）とくっつけた新しい家名「ハプスブルク＝ロートリンゲン家」を創設することで「ハプスブルク朝」という王朝名を残す"奥の手"を使ったことはすでに見てきたとおりです[＊04]。

（＊03）服装ひとつ取ってみても、１万5000着もの最高級ドレスを持ち、日に何度も着替えをし、しかも一度披露したドレスには二度と袖を通さないという徹底ぶりで自分を着飾りました。

（＊04）本書「第３章　第７幕」を参照のこと。

女帝エリザベータはこのオーストリアが使った "奥の手" をそっくりそのまま
マネをし、ロマノフ家と姉夫カール＝フリードリヒ（A-3）の家名「ホルシュ
タイン＝ゴットルプ家」をくっつけた新しい家名「ホルシュタイン＝ゴットル
プ＝ロマノフ家（B-3/4）」を創設し、「ロマノフ朝」という王朝名を残しま
す。

　学問的にはピョートル3世を境として王朝交代（A/B-3/4）を起こしている
にもかかわらず、どの本を紐解いても「ロマノフ朝^{（＊05）}」となっているのは
このためです。

ロマノフ朝の断絶（ロマノフ朝第11代）

　ところで、こうして即位したピョートル3世でしたが、彼は成人したのちも
「兵隊さんごっこ」が大好き^{（＊06）}という精神的幼稚さで、母の嫁ぎ先である
"ドイツ生まれのドイツ育ち" であったことからドイツかぶれ。

　オツムの巡りが悪く、ただでさえ他人の気持ちを推し量ることができない質
でしたが、天然痘に罹患して顔が痘痕だらけになってからはさらに生来の性悪
さがひどさを増してしまいます。

　彼が即位した当時は国を挙げて「七年戦争」に邁進し、プロイセンと交戦中
だったにもかかわらず、フリードリヒ大王に心酔して国民感情を逆撫でするよ
うな公言をして憚りません。

　それどころか、彼は政界・軍部の反対を押し切ってプロイセンと和睦^{（＊07）}
してしまう有様。

　「完全勝利まであと一歩！」というタイミングで和睦されては、それまでのロ
シアの努力はすべて台無し。

　これによりピョートル3世は政界・軍部から恨みを買い、のちに失脚する原

（＊05）正式な王朝名はあくまでも「ホルシュタイン＝ゴットルプ＝ロマノフ朝」で王朝交代を起
　　　こしているのですが、長いこともあってたいていは略して「ロマノフ朝」と表記されるた
　　　め、裏事情を知らない人にとっては王朝交代を起こしていないように見えます。
　　　もっとも、そもそもそうした効果を狙っての「改名」なのですが。

（＊06）秦の二世皇帝・胡亥も政治は家臣に丸投げで「ごっこ遊び」に興じて国を亡ぼしました。

因となりますが、こうしたやり方は「神聖ローマ皇帝フリードリヒ２世の失政（＊08）」を思い起こさずにはいられません。

彼もまた「ドイツ皇帝でありながら、イタリア生まれのイタリア育ちのイタリアかぶれ」で、イタリアを中心にドイツを従えようとして国を傾けていったものでしたが、ピョートル３世はその轍をそのまま踏んでいきます。

血塗られた玉座（ロマノフ朝第12代）

それに比べて皇后エカチェリーナ（C-2/3）は、ピョートル３世と同じドイツ出身でありながら真摯にロシア語やロシアの風俗を学び、これを実践しましたから、「反ピョートル派」から絶大な支持を得ます。

そのうえピョートル３世は、宗教までギリシア正教からルター派へ鞍替えしようとするに至って政界・軍部に加え教会まで敵に回す結果となり、ついにエカチェリーナを担ぎ上げた政変が勃発します。

ピョートル３世があまりにも腰抜けだったおかげで政変はあっけないほどすんなりと成功し、ここにロマノフ家の血など一滴も混じっていない、それどころかロシア人ですらない〝ドイツ女〟の女帝が誕生することになり、それはまたロマノフ朝史上２人目の〝大帝〟の誕生でもありました。

こうして彼女は玉座を手に入れたものの、ピョートルの処遇には頭を抱えます（＊09）。

汚れた手で触れたものは汚れる

生かしておけばいつ何時、逆賊に担がれて反旗を翻されるかわかったものではありませんが、処刑をすれば〝ピョートル大帝の孫を殺した血塗られた玉

（＊07）この和睦は〝ただの和睦〟ですらなく、「この戦争で〝ロシアが莫大な犠牲を払って獲得した領土〟もことごとく無償返還する」という全面降伏に近い内容となっていました。

（＊08）本書「第３章 第３幕」を参照のこと。

（＊09）ナポレオンを逮捕した連合軍もその処遇に苦慮しています。結局「遠島」でお茶を濁してみたら再起され、「百日天下」を許す結果となりました。

座"となってしまいます。

　理想に燃えるエカチェリーナは自らの玉座をピョートルの血で穢したくない。

　しかし、エカチェリーナが彼の処遇を考えているうちに一部の貴族が暴走して彼を暗殺してしまいました。

　これで禍根は断てたとはいえ、"血塗られた玉座"という汚点を残す結果となってしまいます。

血塗られた玉座２（ロマノフ朝第12代）

　「政変による先帝の処遇」といえば、すでに見てまいりましたとおり、女帝エリザベータも今回と同じように政変でイヴァン6世から玉座を奪っていますが、彼女もまたこの「1歳児の先帝」の処遇に困り、要塞内の監獄に幽閉して看守に命じています。

「万一、この囚人に接触を試みる者があらば、ただちに殺すべし！」

　このとき「イヴァン6世」は22歳になっていましたが、1歳から22歳まで誰とも話すことなく暗い牢獄の中で過ごしてきたのですから、おそらく精神に異常をきたしていたことでしょう[＊10]。

　エカチェリーナ2世が即位したとき、誰もが彼女に喝采を送ったわけではありません。

「ロシア人の血が一滴も混じっていないドイツ女など戴けるものか！」

「まだロマノフ家の血を引く者（イヴァン6世）がいるではないか！」

　こうして「イヴァン6世」を救出しようとする者[＊11]が現れたため、看守の手にかかって殺されます。

理想は現実の前に砕かれる（ロマノフ朝第12代）

　こうして望まぬ形ながらも"血塗られた玉座"を手に入れたエカチェリーナ2世は、以後、「ピョートル大帝」を理想に掲げて領土拡張に邁進する一方、若

（＊10）フランスでも「鉄仮面」「ルイ17世」がイヴァン6世と同じような末路を辿っています。ちなみに、34年間にわたってバスティーユ牢獄に収監されていた「鉄仮面」が誰なのかは現在に至るまで不明。一説に「ルイ14世の（双子の）兄」とも。

いころから傾倒していた「啓蒙思想」を基盤として近代化を実施していくことになります。

上向きて歩かば足穴に落つ

どんなに「理想（上）」に燃えて意気揚々と進もうと、「現実（足下）」が見えていない者はかならず挫折します。

彼女も若いころから読書家でしたが、それゆえに理想家でした。

若いころからピョートル大帝に憧れていた彼女は、

・南靖しては、第７次・第８次露土（ロシアトルコ）戦争を行って黒海北岸を手に入れ、

・西討しては、ポーランド分割に加わってポーランド東部を併呑し、

・東征しては、ラクスマンを派遣するなど日本（徳川幕府）に開国を迫（へいどん）る。

……などなど、大きな戦果を上げましたが、そうした彼女の“理想”はやがて国内で歪（ひず）みを深めてゆき、「プガチョフの乱」「フランス革命」などの“現実”を前にして頓挫（とんざ）、彼女はたちまち先君たちと同じように保守化していくことになったのでした。

不義の皇帝？（ロマノフ朝第13代）

彼女の跡を継ぐことになったのは、嫡男パーヴェル（D-3）です。

彼は当時から「セルゲイ伯爵（C-1）の子ではないか」との噂が囁（ささや）かれ、エカチェリーナ自身もそれをほのめかすような言動をしています。

もしそうであるなら、彼は女系君主になりますから、新たに「サルトゥイコフ朝（D-1/2）」の幕開けということになりますが、それはあくまで“噂”の域を出ず、確たる証拠（＊12）があるわけではありません。

ところで、エカチェリーナ１世から２世まで71年間にわたって「女帝時代」がつづきましたが、パーヴェル１世が立つと、以降帝国が滅亡するまでた

（＊11）ウクライナ人の士官ヴァシーリー＝ミローヴィチ。その後、処刑されています。

（＊12）ピョートル３世とパーヴェル１世の遺体は「首座使徒ペトル・パウェル大聖堂」に葬られていますから、これをDNA鑑定すれば父子関係があるかどうかは判明するのですが。

だのひとりも女帝が現れなくなります。

　じつは、パーヴェル1世が即位するや否や、二度と女帝が現れないようサリカ法に基づく「帝位継承法」を制定したためです。

　彼は生まれた瞬間から母親から引き離されて育てられたため、母に対する情は薄く、それどころか何かにつけ猜疑心の強いパーヴェルは離れて暮らす母を憎んですらいましたから、そうした背景が彼に「帝位継承法」を作らせたのでしょう。

　その証拠に、彼の政策を見ると、確固たる信念があるわけではなく、ただただエカチェリーナ2世の政治路線を全否定するというもので、まずはエカチェリーナ2世の寵臣だった者たちを片端から更迭し、遠ざけられていた者を重用するという暴挙に出ます。

　しかし、そんな性急なことをすれば、更迭された者たちからの恨みは如何ばかりか。

卵を見て時夜を求む

　政治というものはゆっくりゆったり実施していくもので、「卵を見たからといって、翌日の時夜（＊13）を求める」ようなマネをしてはいけません。

　パーヴェル1世のこうした性急なやり方が反発を生むのは世の倣い。

　案の定、彼に更迭されて恨みを抱く士官たちが政変を決行、パーヴェル1世はなんら事績を残すこともなく、治世わずか5年で暗殺されてしまうのでした。

ふん！ ばかばかしい！
余が不義の子のはずがない！
兵隊さんごっこが大好きだし
こんなに父上に似てるのに！

ロマノフ朝 第13代
パーヴェル1世
1796 – 1801

（＊13）鶏が鳴いて夜明けを告げること。

第5章 ロシアの系譜

第4幕

革命に散った王朝

19世紀のロマノフ朝

19世紀は激動の世紀であった。19世紀の幕開けとともにナポレオン時代に入り、これを倒したのちはナショナリズム運動が巻き起こる。その後もイギリスで第2次産業革命が起こると帝国主義段階に突入。こうして時代はどんどん先へ進んでいるのに、ロシアは時代に合わせた体制改革ができずにいた。

まさかよもや
余が帝国をこぼす
ここになろうとは
夢にも思わなんだ！

ロマノフ朝 第18代
ニコライ2世
1894 - 1917

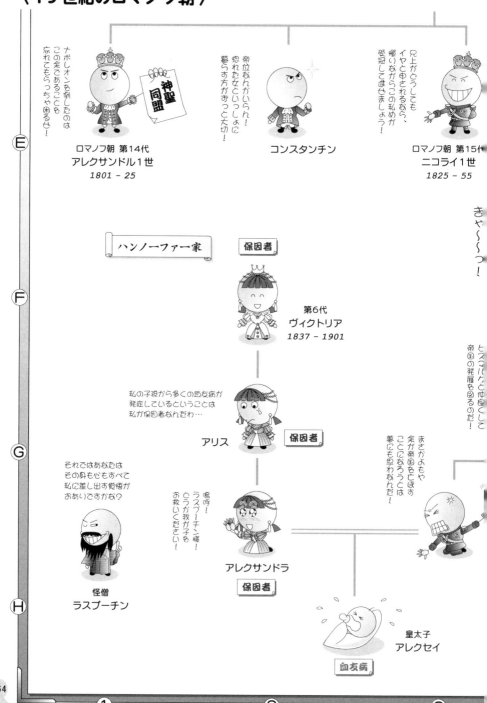

〈19世紀のロマノフ朝〉

ナポレオンを倒したのはこの余であることを忘れてもらっちゃ困るぞ！

神聖同盟

ロマノフ朝 第14代
アレクサンドル1世
1801 - 25

帝位なれがいらん！惚れたなといっしょに暮らす方がずっと大切！

コンスタンチン

兄上がどうしてもイヤだと申されるなら、嬉りながらこの私めが受冠して戻せましょう！

ロマノフ朝 第15代
ニコライ1世
1825 - 55

きゃ～っ！

ヒスゴルと仲良くして帝国の発展を図るのだ！

ハンノーファー家　保因者

第6代
ヴィクトリア
1837 - 1901

私の子孫から多くの血友病が発症しているということは私が保因者なんだわ…

アリス　保因者

それではあなたはその身も心もすべて私に差し出す覚悟がおありですかな？

嗚呼！ラスプーチン様！どうか我が子をお救いください！

まさかよもや我が帝国をほろぼすことになろうとは夢にも思われぬ！

怪僧
ラスプーチン

アレクサンドラ
保因者

皇太子
アレクセイ

血友病

① ② ③

ホーエンツォレルン家

余がドイツ帝国の
初代皇帝じゃ！

兄上が嫁抜けだった
おかげで思いがけず
帝冠が転がり込んで
きよった！

アレクサンドラ

ドイツ第二帝国皇帝 初代
ヴィルヘルム１世
1871 - 88

爆殺
3/13

ロマノフ朝 第16代
アレクサンドル２世
1855 - 81

父上はビスマルクと
仲違いしてしまったが、

ロマノフ朝 第17代
アレクサンドル３世
1881 - 94

「帝位を受諾することは
できない。
なぜなら…（嗚咽）」

No!
お断りする

ロマノフ朝 第18代
ニコライ２世
1894 - 1917

ミハイル

3/16

滅亡

④　　　　　　　　⑤

エ カチェリーナ2世は、生前ずっと「反抗的で無能なパーヴェルを廃嫡して、かわいい孫のアレクサンドルを次期皇帝に指名する」ことを考えていました。

さまざまな理由から結局は実行に移されることなく、パーヴェルが即位することになりましたが、彼女の望みは意外に早く叶うことになりました。

ナポレオンを倒した皇帝（ロマノフ朝第14代）

アレクサンドル1世（E-1）は"19世紀最初の年（1801年）"という象徴的な年に即位していますが、このころはちょうどナポレオンが怒涛の快進撃を進めている時代でもあります。

ナポレオンは「イタリア遠征」を行いオーストリアを跪（ひざまつ）かせる（1801年リュネヴィル条約）や、その返す刀でイギリスも屈服させています（1802年アミアン和約）。

勢いづいたナポレオンは1804年には「皇帝（アンブルール）」に即位。

こうしたナポレオンの燎原（りょうげん）の火のごとき勢いに危機感を覚えたアレクサンドル1世は英（イギリス）・墺（オーストリア）・露（ロシア）で「第3次 対仏大同盟」を結んでこれに抵抗するも、ウルムの戦で同盟の一角（オーストリア）が敗れ、アウステルリッツの戦でロシアも敗れて同盟は崩壊。

止（とど）まるところを知らないナポレオンは、次にプロイセンをも倒し（1806年イエナ・アウエルシュタットの戦）、ロシアと再戦となりましたが、これも敗れて恭順させられます（1807年 ティルジット条約）。

ここまで、まさに"向かうところ敵なし"のナポレオンでしたが、イベリア半島戦争が"潰瘍（かいよう）（＊01）"となって傾き、ナポレオンは起死回生に「ロシア遠征」を挙行。

ここまでの経験で「ナポレオンと正面から戦っても勝てない」と学んだアレクサンドル1世は"ファビウス戦法（＊02）"を採ります。

（＊01）ナポレオンの回顧録の言葉。「スペインの潰瘍（イベリア半島戦争）が余を亡ぼした」

（＊02）古代ローマの将軍が、無敵の快進撃を進めるハンニバル軍に対して採った戦法。
　　　　「敵は遠征軍なのだから、攻められたら退いて敵の兵站を断ち、敵が退いたら攻めよ！」

押さば退け、退かば押せ

　強い敵との戦いに勝つコツは〝敵の土俵〟で戦わぬこと。

　敵の得意とする戦いを避け、自軍の得意分野で戦い、敵の弱点を突く。

　「イベリア半島戦争」は、無敵の強さを誇るナポレオン軍も「ゲリラ戦」にはてんで弱いことを示しました。

　ならば、こちらもナポレオンが得意とする「方陣戦（ファランクス）」で正面から堂々と戦うのではなく、敵が攻めてきたら退き、敵の兵站（へいたん）を断ち、敵が退いたら攻める。

　ナポレオン軍が本領を発揮するのは「方陣戦（ファランクス）」においてこそ。

　相手が戦ってくれないのではどうしようもありません。

　こうしてナポレオン軍は露軍に対してではなく「夏元帥（ロシア）（＊03）」「冬将軍」のダブルパンチに破れて没落することになりました。

　ナポレオンを倒したあとは「ウィーン体制」期に入りますが、このときもアレクサンドル1世は「神聖同盟」を提唱して、この反動期を先導（リード）しています。

　しかし、ナショナリズム運動の波は間断なく押し寄せ、国内の社会矛盾が膨らんでいく中、47歳の若さで亡くなりました。

反動皇帝（ロマノフ朝第15代）

　アレクサンドル1世には子がなかったため、順当にいけば弟のコンスタンチン（E-2）が帝位を継ぐはずでした。

　しかし、彼はその5年前（1820年）にポーランド人女性（ヨアンナ）と貴賤結婚（＊04）していたことを理由に帝位継承を拒否。

　帝位はその弟のニコライに転がり込んでくることになりました。

（＊03）こんな言葉はありませんが、じつはロシア遠征時のナポレオン軍は「極寒による被害（約10万）」よりも「猛暑による被害（約25万）」の方が圧倒的に死者が多いので、一応「冬将軍」に準えて「夏元帥」と名付けてみました。

（＊04）夫婦間に大きな身分差がある結婚。ヨーロッパでは貴賤結婚を禁ずる国が多く、これを強行すると王位継承権を失いました（ケースバイケース）。

これが「ニコライ１世（E-3）」です。

彼はアレクサンドル１世・コンスタンチン大公と同じく、パーヴェル１世の子ですが、上の２人の兄が祖母エカチェリーナ２世に養育されていたことで自由主義に理解があったのに対し、ニコライ１世はエカチェリーナ２世の死後に生まれてパーヴェル１世に養育されたため、若いころから保守的・専制的・反動的言動が目立っており、折からのナショナリズムの波が押し寄せる中で、自由主義青年将校らは彼が皇帝<ruby>皇帝<rt>ツァーリ</rt></ruby>になることを恐れて政変未遂事件<ruby><rt>クーデタ</rt></ruby>を起こしました。

それが「デカブリストの乱」です。

彼が即位した途端に起こった政変未遂事件<ruby><rt>クーデタ</rt></ruby>に、ニコライ１世はいよいよ自由主義を憎むようになり、「ヨーロッパの憲兵」と呼ばれるほどナショナリズム運動を根絶やしにする勢いで弾圧に走ります。

その一方で、南下政策も押し進めて「クリミア戦争」を引き起こしましたが、戦況が悪化する中で失意のうちに病死（＊05）してしまいました。

中途半端な「大改革」（ロマノフ朝第16代）

その跡を継いだのは、子の「アレクサンドル２世（E/F-3/4）」でした。

彼は、父方にロマノフ家の血を引き、母（E-4/5）方にホーエンツォレルン家（D/E-4/5）の血を引く〝サラブレッド〟。

しかし、即位と同時に彼が為さねばならなかったのは、父の残した〝戦後処理〟でした。

翌1856年に「パリ条約」を締結、これにより南下政策は大きく後退することになりました。

即位早々の挫折に、アレクサンドル２世は敗戦の原因究明に入ります。

―― あのナポレオン軍すら撃退した、我がロシア軍ともあろうものが
　　この為体<ruby><rt>ていたらく</rt></ruby>はどうしたことだ！？

「陛下！
　お畏<ruby>畏<rt>おそ</rt></ruby>れながら、我が国の軍隊・社会・経済は英仏に大きく後<ruby>後<rt>おく</rt></ruby>れを取っており、

（＊05）自殺説もあります。

それが敗因かと。

我が国も産業革命を起こすことが急務かと愚考いたします。」

そこで、アレクサンドル２世は「農奴解放令」を手始めとして、つぎつぎと「大改革」に取りかかります。

骨が折れたるを見て絆創膏を貼る

しかしこれは、「専制体制（ツァーリズム）」という前近代的な政治システムにはいっさい手を付けず、社会システム・経済システムだけを改革するという歪（いびつ）な近代化であり、喩（たと）えるなら「骨が折れているのに絆創膏を貼って治療したような気になっている」ようなもので治るはずもなし。

中途半端な「大改革」は中途半端な結果しか生まず、中途半端であるが故に「変化を望まない保守派」から恨みを買うだけでなく、「改革を望む革新派」からも不満が噴出、その怒りの矛先はテロに向かい、1881年、ついに彼の乗る馬車に爆弾を投げ込まれてアレクサンドル２世は絶命することになりました。

父を否定し祖父の政策へ（ロマノフ朝第17代）

アレクサンドル２世の急死により即位したのが、その子「アレクサンドル３世（F/G-3/4）」です。

きゃ～～っ！

爆殺

3/13

ロマノフ朝　第16代
アレクサンドル２世
1855 − 81

序数　系図の基礎知識

第１章　イギリスの系譜

第２章　フランスの系譜

第３章　神聖羅帝国の系図

第４章　薔薇の系譜

第５章　ロシアの系譜

第６章　丁語希奨の系譜

――民に甘い顔を見せれば、やつらはたちまち増長して牙を剥く。

　余は父上のように甘い顔は見せぬ。

　彼は、内政面でも外交面でも父の政策を否定して歩き、内には祖父ニコライ1世を見本とした反動政策を推進し、外にはビスマルクとの関係修復に尽力します。

日本人を 猿 と呼んだ皇太子（ロマノフ朝第18代）

　彼の跡を継いだのは、その子・ニコライ2世（G/H-3/4）でした。

　じつは、彼がまだ皇太子だったころ、訪日したことがありました。

　その際、「大国ロシアの皇太子に何かあったら大変！」と日本政府は"国賓"として迎え、国を挙げて歓待しましたが、彼が大津に立ち寄った際、突然一介の巡査（津田三蔵）に斬りつけられ、傷を負ってしまいます。

　しかし、このとき見舞に来た明治天皇に対してニコライは答えます。

「いやなに、どこの国にも狂人はいる。どうかお気になさらず。」

　なんとも器の大きいところを見せた皇太子。

　しかしながら、これはどうやら大物を気取ってみせただけのようで、実際の彼の心の奥底には日本人に対する憎しみが渦巻いており、帰国後は「お気になさらず」の言葉はどこへやら、日本人のことを「 猿 」と呼んで蔑むようになりました（＊06）。

革命の露と消えた最終皇帝（ロマノフ朝第18代）

　さて、即位したニコライ2世は 父君 同様、「この国をまとめるには専制体制しかない！」と信じ、先帝の政策を継承していきます。

　しかし、歴代皇帝が「南靖」を重視したのとは違い、彼は「東征」を重視しました。

（＊06）帝国の頂点に君臨するツァーリがそうした言動を繰り返せば、当然、そうした日本人を蔑む風潮は政財界はいうに及ばず下々の者にまで蔓延していくことになります。
　　　当時の露相セルゲイ＝ウィッテも「なんとか日露開戦を止めたかったが、そうした風潮が日露戦争を招くことになった」と認めています。

　すでに先代から始まっていた「シベリア大陸横断鉄道」の建設を積極的に推し進め、1895年には「三国干渉」を行って日本の極東進出を抑え、翌96年には清から「東清鉄道敷設権」を獲得したばかりか、98年には「南満鉄道の敷設」に入ります。

　着々と進める鉄道建設の先にあるのが「日本」であり、ロシアが「日本征服<ruby>ウラジヴォストーク</ruby>」を目論んでいることは火を見るより明らかで、当時"世界最大の陸軍大国"ロシアに目を付けられた"貧乏島国"日本は動揺・狼狽して恐慌に陥りました。

　このまったく勝ち目のない戦<ruby>いくさ</ruby>を何としても避けたいと伊藤博文は粘り強くロシアと交渉をつづけましたが、日本がどれほど譲歩しても日本を「猿<ruby>マーキー</ruby>」とナメきっているロシアはこれをすべて突っぱねたため、日本は追い詰められていきました。

惟<ruby>た</ruby>だ座して亡<ruby>ほろ</ruby>ぶるを待つは
　　　　之を伐<ruby>う</ruby>つと孰<ruby>いづ</ruby>れぞ

　三國志の時代、大国・魏は圧倒的軍事力を擁して蜀に迫り、小国・蜀は風前の灯<ruby>ともしび</ruby>にあって諸葛亮［孔明］が言った言葉[＊07]です。

　どんな弱者も、追い詰められて逃げ場がないとなれば牙を剥<ruby>む</ruby>くものですが、ニコライ２世はそんなことは気にも留めず、日本を徹底的に追い込みました。

　ちなみに当時、ニコライ２世と独帝ヴィルヘルム２世は親戚同士[＊08]だったこともあって、このことを心配してヴィルヘルム２世がニコライ２世に忠告しています。

「あまりに日本を追い詰めすぎると戦<ruby>いくさ</ruby>になりますぞ？

　それとも陛下はそれをお望みか？」

　これに対してニコライ２世は笑って答えました。

（＊07）『三國志演義』の中の第97回「後出師の表」の一節。
　　　　「何もせずに亡びるくらいなら、立ち上がって活路を見出すべきである」という意味。

（＊08）ニコライ２世の父方を辿ると、ヴィルヘルム２世は再従叔父（祖父の母の兄の孫）にあたり、母方を辿ると従兄弟（英王ジョージ５世）の従兄弟にあたります（第６章第１幕）。

―― 余は戦を望まず。ゆえに戦争の懸念なし。

どうやらロシアには「窮鼠猫を噛む」という諺もなければ、「囲む師は必ず闕く」という教えもなかったようで、ニコライ2世は「どんなに追い詰めようが、日本がロシアに噛みつくわけがない」と信じて疑わなかったようです。

その結果、ついに日露戦争が勃発。

日本は陸に海に連戦連勝となり、ついに「日本海海戦」でバルチック艦隊を潰滅するにおよび、ロシアも講和条約の席に着くことになりました。

ロシアはこの「日露戦争」で満身創痍となり、その後、その傷が癒える間もなく「第一次世界大戦」が勃発して足腰が立たなくなったそのタイミングで「ロシア革命」が起こって滅亡することになりました。

革命を牽引したレーニンも言っています。

―― 日本が帝制ロシアを破ってくれたことは革命成功の前奏曲となった。

山師に翻弄された皇帝（ロマノフ朝第18代）

しかし、ロマノフ朝を滅亡に追い込んだ外因は「日露戦争」と「第一次世界大戦」だったかもしれませんが、じつは内からも"破滅の跫音"は忍び寄っていました。

神は亡ぼそうとする者を
　　まず狂わせることから始める

「亡びる者は亡びる前にかならず言動がおかしくなる」ということを表したイギリスの諺ですが、このときのロマノフ朝も然り。

それが「怪僧ラスプーチン[*09]（G/H-1）」の存在です。

じつは、ニコライ2世には皇太子アレクセイ（H-2/3）がいましたが、彼の母親（G/H-2）は祖母ヴィクトリア女王（F-2）から受け継いできた「血友

（*09）皇后アレクサンドラの弱味につけ込んで、ロマノフ朝末期の宮廷を牛耳った宗教詐欺師。彼が使った"治療"は古今東西多くの宗教詐欺師たちが使ったのと同じ、「プラシーボ効果」を利用した暗示療法。

病」の保因者であったため、これが皇太子〔アレクセイ〕に発症して病弱でした。

　皇后アレクサンドラは狂ったように我が子の快癒を求めてあらゆる治療法を試し、どんな妖〔あや〕しい者にも救いを求めましたが、そうした者に近づくのはいつの世も詐欺師です。

　ご多分に漏〔も〕れず、彼女に近づいてきたのも　Ｇ〔グレゴリー〕．ラスプーチンという得体の知れぬ山師（＊10）でした。

　彼は皇后の前では"神"のごとく振る舞い、彼女を意のままに操り、終〔しま〕いには政治・人事にまで口を出し、宮廷はさながらラスプーチンの"売春宿"と化して引っ掻〔か〕き回されることになります。

　"やりすぎた"彼は、反発した貴族によって暗殺されることになりましたが、致死量の200倍の青酸カリを呑〔の〕ませても死ななかったため、銃弾４発を撃ち込み、棍棒〔こんぼう〕でメッタ打ちしてようやく動かなくなったので、スマキにして氷のネ

それではあなたは
その身も心もすべて
私に差し出す覚悟が
おありですかな？

**怪僧
ラスプーチン**

嗚呼！
ラスプーチン様！
どうか我が子を
お救いください！

アレクサンドラ

保因者

**皇太子
アレクセイ**

血友病

（＊10）もともとは鉱脈を探し当てる技師を指す言葉でしたが、この仕事はきわめて投機的であったことから、「詐欺師」の隠語としても使用されるようになりました。

ヴァ河に放り込んでやったところ、その３日後に彼は"溺死体"として発見されました。

　つまり、ネヴァ河に放り込んだ時点ではまだ生きていたことになり、彼は死に際しても大した"怪僧"ぶりを示したのでした。

　彼は生前、予言していました。

──もし私が貴族に殺されたならば、それからほどなくロマノフ朝は亡び、

　　以降ロシアは永きにわたって多くの血が流されることになるだろう。

　彼の予言通り、彼が殺されたそのわずか３ヶ月後、300年の歴史を誇ったロマノフ朝は滅亡し、さらにその４ヶ月後、ニコライ２世は家族もろともに処刑されることになったのでした。

　のみならず、それからロシアは社会主義化し、以来１世紀をかけて億単位もの罪なき人々の血が流れつづける悲惨な歴史を歩むことになり、ラスプーチンの予言は成就されることになったのでした。

歴史は繰り返す

　そして100年の時を経た今、ロシアに"第二のラスプーチン"が再臨し、ロシアと世界を地獄に突き落とそうとしています。

　ラスプーチンは第一次世界大戦の戦局の悪化に伴い暗殺されました。

　こたびもウクライナ戦争の戦局が悪化する中で、"彼"の暗殺も日々刻々と現実味を帯びてきました。

　もしそうなれば、ふたたび「ラスプーチンの予言（ロシア滅亡）」が再現されるかもしれません。

第6章　丁諾希英の系譜

第1幕

19世紀に拡大した王朝

グリュックスブルク朝（丁[デンマーク]・諾[ノルウェー]系）

１８６３年、北ドイツの小諸侯がデンマーク王位を継いだ。アンジュー朝もハプスブルク朝も最初は弱小諸侯だったのが王朝を切り拓いてからというもの、あれよあれよという間に大々王朝となったように、このグリュックスブルク家もここから英[イギリス]・丁[デンマーク]・諾[ノルウェー]・耳[ベルギー]・露[ロシア]・希[ギリシア]へと王家の血を拡散していく。

グリュックスブルク家

くっそぉ…
ビスマルクのやつめ！

グリュックスブルク朝　初代
クリスティアン9世
1863 – 1906

〈グリュックスブルク朝〉

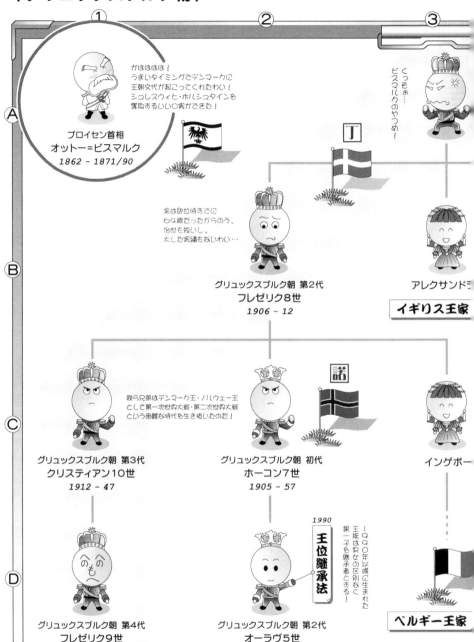

がはははは！
うまいタイミングでデンマークに
王朝交代が起こってくれたわい！
シュレスヴィヒ・ホルシュタインを
奪取するいい口実ができた！

プロイセン首相
オットー=ビスマルク
1862 - 1871/90

くっそぉ…
ビスマルクのやつめ！

実は即位時すでに
64歳だったからのう、
治世も短いし、
たいした実績もないわい…

グリュックスブルク朝 第2代
フレゼリク8世
1906 - 12

アレクサンド

イギリス王家

我ら兄弟はデンマーク王・ノルウェー王
として第一次世界大戦・第二次世界大戦
という困難な時代を生き抜いたのだ！

グリュックスブルク朝 第3代
クリスティアン10世
1912 - 47

グリュックスブルク朝 初代
ホーコン7世
1905 - 57

インゲボー

1990
王位継承法

1990年以降に生まれた
王族は男女の区別なく
第一子を継承者とする！

グリュックスブルク朝 第4代
フレゼリク9世
1947 - 72

グリュックスブルク朝 第2代
オーラヴ5世
1957 - 91

ベルギー王家

276

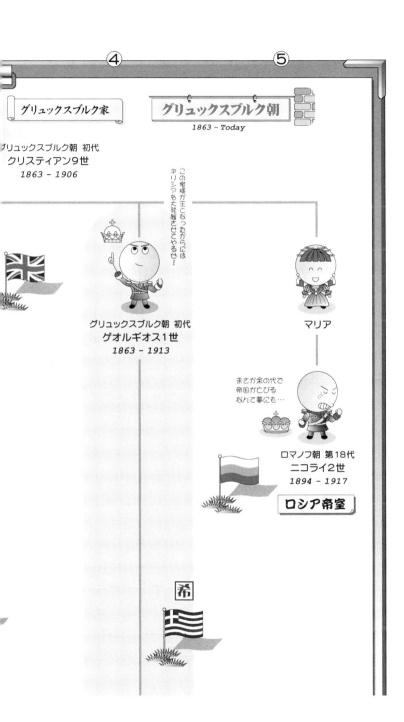

④

⑤

グリュックスブルク家

グリュックスブルク朝
1863 – Today

グリュックスブルク朝　初代
クリスティアン９世
1863 – 1906

この俺様が王となったからには
ギリシアを大発展させてやるぜ！

グリュックスブルク朝　初代
ゲオルギオス１世
1863 – 1913

マリア

まさか余の代で
帝国が亡びる
なんて事にも…

ロマノフ朝　第18代
ニコライ２世
1894 – 1917

ロシア帝室

希

序章　系図の基礎知識

第１章　イギリスの系譜

第２章　フランスの系譜

第３章　神聖ローマ帝国の系図

第４章　普墺の系譜

第５章　ロシアの系譜

第６章　丁陌希英の系譜

さ

て、いよいよ本書も最終章を迎えました。

ここまで、欧州（ヨーロッパ）の主要な国々の歴史を系図から俯瞰（ふかん）してきて、「ヨーロッパの王家って親戚だらけ！」と思ったのではないでしょうか。

左様（そのとおり）。

じつは、すでに触れました（＊01）ように、ヨーロッパでは「貴賎結婚」が嫌われ、王侯貴族は原則として王侯貴族同士でしか結婚しません。

貴族同士の結婚は"旨味"が大きかったというのもあります。

娘を名家に嫁がせれば名家と誼（よしみ）を深めることができ、もし嫁ぎ先が断絶でもすれば、その所領が丸々転がり込んでくるかもしれないからです。

このやり方でつぎつぎと所領を増やしていって小さな伯爵の家柄から大々王朝へとのし上がっていった代表的な家柄が、中世においては「アンジュー家」、近世においては「ハプスブルク家」でした。

そして、現存する王家としては北ドイツから勃興した「グリュックスブルク家（＊02）（A-3/4）」がこれに当たります。

しかし、「アンジュー朝」や「ハプスブルク朝」を聞いたことはあっても、「グリュックスブルク朝」はあまり聞き覚えがないかもしれません。

しかし、じつはこの王家は今日のデンマーク王家であり、ノルウェー王家であり、イギリス王家であり、ついこの間（1973年）までギリシア王家であった由緒正しき家柄です。

では、本章ではその王家について見ていくことにいたしましょう。

現デンマーク王家の祖（グリュックスブルク朝初代）

じつは、ビスマルク（A-1）が「ドイツ統一運動」に乗り出していたちょうどそのころ、デンマークで久方ぶりの王朝交代が起こりました。

（＊01）本書「第5章 第4幕」の（註04）を参照のこと。

（＊02）ドイツ語発音。デンマーク語では「リュクスボー朝」、ノルウェー語では「グリュックスボー朝」、ギリシア語では「グリクシンブルグ朝」、英語では「グラックスバーグ朝」となりますが、この王朝をテーマとした章で国が変わるたびに名前がコロコロ変わったのではわかりにくいため、ここではすべてドイツ語発音で統一しています。

デンマークは中世以来ずっと「オルデンブルク朝」が支配してきましたが、１８６３年ついに男系が絶え、女系国王[＊０３]として即位したのが「グリュックスブルク家」のクリスティアン９世（A-3/4）でした。

彼は即位早々、難題を抱えます。

前王朝（オルデンブルク朝）は「デンマーク王位」と「シュレスウィヒ・ホルシュタイン公位」を"兼位"していた[＊０４]のですが、このシュレスウィヒ・ホルシュタイン公は女系を認めていなかったため、このままでは女系のグリュックスブルク朝はシュレスウィヒ・ホルシュタイン公領を失陥してしまうことになるためです。

そこでクリスティアン９世は、シュレスウィヒ・ホルシュタイン公を「兼位」ではなく「併合」してしまおうと画策。

しかし、これは当時シュレスウィヒ・ホルシュタイン公領を狙っていた 普（プロイセン）首相ビスマルクに口実を与える結果となり、即位早々の１８６４年、クリスティアン９世は「デンマーク戦争」を戦わなければならなくなったのでした。

中世にあっては大国だったデンマークもこのころは大国というわけではありませんでしたので、 普（プロイセン） 墺（オーストリア） 連合軍に攻め立てられては勝ち目なく、結局この地を失陥してしまうことになったのでした。

こうしてクリスティアン９世は即位と同時に領土を失陥し、出鼻を挫（くじ）かれることになりました。

王家の血を広めた王（グリュックスブルク朝第２代）

彼の跡を継いだのが嫡男の「フレゼリク８世（B-2）」です。

彼は、 父王（クリスティアン9） がたいへん長生き（享年８８）だったため、即位したときすでに６４歳、そのため治世期間も短く、政治・外交の上ではほとんど後世に業績を残せませんでした。

（＊０３）オルデンブルク朝最後の王（フレゼリク７世）の父の父の妹の娘の息子。
　　　　途中「女性」が挟まっているため"女系"となります。

（＊０４）１８１４〜１５年の「ウィーン会議」での取り決めにより。
　　　　シュレスウィヒ・ホルシュタインというのはユトランド半島の付根の部分。

しかし、彼の御世を境としてグリュックスブルク家は大いに発展することになります。

　まず、彼の弟妹たちを見ていくと、すぐ下の妹アレクサンドラ（B-3）が英王エドワード7世に嫁いでいったことで、グリュックスブルク家の血は現在にまで繋がるイギリス王朝に流れることになりましたし、弟のゲオルギオス（B-4）はギリシア王朝を切り拓き、その下の妹マリアは（B-5）露帝アレクサンドル3世に嫁いでニコライ2世（C-5）の母となりました。

　さらに彼の子供たちは、嫡男クリスティアン（C-1）がデンマーク王位を継ぎ、次男カール（C-2）がホーコン7世としてノルウェー王朝を切り拓き、次女インゲボー（C-3）の系統はベルギー王朝に血を受け継がせることになります。

　こうして「グリュックスブルク家の血」はフレゼリク8世を中心として 英・丁 ・諾 ・耳・露・希 へと拡散していったのでした。

2つの世界大戦（グリュックスブルク朝第3代）

　ところで、スウェーデンとノルウェーは19世紀いっぱい（＊05）同君連合を

我ら兄弟はデンマーク王・ノルウェー王として第一次世界大戦・第二次世界大戦という困難な時代を生き抜いたのだ！

グリュックスブルク朝 第3代
クリスティアン10世
1912 - 47

グリュックスブルク朝 初代
ホーコン7世
1905 - 57

（＊05）正確には1814〜1905年。

（＊06）ノルウェーはスウェーデンと同君連合させられるまで400年以上にわたってデンマークと同君連合（1397〜1814年）を結んでおり、デンマークとは関係が深かったため。

つづけていましたが、20世紀に入るやノルウェーで独立気運が高まり、グリュックスブルク家から国王を招いて（＊06）独立を達成します。

　その結果、フレゼリク8世の跡を継いでデンマーク国王となった兄のクリスティアン10世（C-1）と、ノルウェー国王となった弟のホーコン7世兄弟は隣国同士の王となりました。

　この兄弟が生きた20世紀前半は、まさに「第一次世界大戦」「第二次世界大戦」という激動の時代で、「一次大戦」ではともに中立を守り、「二次大戦」ではともにナチスドイツに占領されながらもナチスに抵抗をつづけ、こうしてふたりはともにこの〝荒波〟を乗り越えていきます。

王朝断絶決定（グリュックスブルク朝第4〜5代）

　戦後、デンマーク王位はフレゼリク9世（D-1）に、ノルウェー王位はオーラヴ5世（D-2）にそれぞれ継承されていきました。

　しかし、フレゼリク9世には3人の娘が生まれましたが男子に恵まれず、このままでは王位が弟（クヌーズ）に渡ることになりますが、彼は戦中にナチス寄りの言動を繰り返していたため国民の人気が悪い。

　これを憂えたフレゼリク9世は「王位継承法」を改正（1953年）して、それまでの「男系男子相続制」から「男子優先長子相続制（＊07）」に変更します。

　これにより法定推定相続人が弟（クヌーズ）から娘（マルグレーテ）に入れ替わることになり、1972年、フレゼリク9世の死に伴って彼女が即位、現デンマーク国王「マルグレーテ2世（次幕E-1）」となりました。

　こうして一応「父子継承」は守られましたが、その代償として、デンマーク王朝は彼女の代で断絶することが決定的となります。

　彼女の夫はモンペザ伯爵なので、将来彼女の嫡男が即位したら、「モンペザ朝初代フレゼリク10世」となるはずです。

（＊07）つまり、従来は「子供たちの中で男の子がいなければ王弟が継ぎ、弟もいなければ男系男子を辿っていく」というものでしたが、改正後は「子供たちの中で男の子がいれば長男を優先するが、女の子しかいない場合は長女が王位を相続してもよい」という規則に変わりました。

しかし、もともと姑息な"非常手段"だった「王朝交代を起こしても王朝名を変えないことで王朝交代していないように見せかける」というやり口が、今ではすっかり"常套手段"となって欧州王家の間に蔓延し、ここでも「たとえ王太子が即位しても王朝名は『グリュックスブルク朝』のまま変えない」ということになりました。

ひとつでも前例が生まれれば
　　それはほどなく慣習になる

　我々はすでに「それまでどんなに禁忌であっても、一度でも"前例"が生まれると、人々は抵抗なくそれを実行するようになる」ことを学んでまいりました。

　したがって、21世紀以降の欧州王家はこぞって牛後に並ぶことでしょう。

　しかし、こうしたやり口はただ「臭いものに蓋」をしているだけで、どんなに繕ってみたところで紛うことなき「王朝交代」なので、これから欧州の王家はめまぐるしく王朝交代を繰り返すことになります。

　1500年以上（＊08）にわたって一度も王朝交代をしたことのない天皇家とは違って。

グリュックスブルク朝　第5代
マルグレーテ2世
1972 – Today

グリュックスブルク朝　第3代
ハーラル5世
1991 – Today

（＊08）神話時代まで遡れば「2700年弱」ですが、歴史時代から数えればこれくらい。

第6章 丁諾希英の系譜

第2幕

21世紀に生き残る王朝

グリュックスブルク朝（希・英系）

グリュックスブルク家の血は、ギリシア・イギリスにも拡がり、それぞれに王朝を開いた。ギリシアのグリュックスブルク朝は激動の時代を生き延びることができず、1973年ついに亡びたが、イギリスに開いた王朝は、その名を「ウィンザー朝」と変えて21世紀を迎えた現在も生き延びている。

ああもぉ！
さっさと兄上に
味方しろっ！

ソフィア

親独！

うちの首相が親英派で
余の命令を聞かないんですよ！

グリュックスブルク朝 第2代
コンスタンティノス1世
1913 - 22

〈グリュックスブルク朝〉

E

2009
王位継承法

うちも男女の区別なく第一子を継承者第一位とします！

グリュックスブルク朝 第5代
マルグレーテ2世
1972 – Today

の
の

グリュックスブルク朝 第3代
ハーラル5世
1991 – Today

もちろん私は義兄上にお味方するつもりですが、うちの首相が親独派で余の命令を聞かないんですよ！

F

まさか義兄上である余を裏切るなんてことはあるまいな？

ホーエンツォレルン朝 第9代
ヴィルヘルム2世
1888 – 1918

ああもぉ！さっさと兄上に味方しろっ！

ソフィア

××

G

第二次世界大戦という厳しい時代を生き抜いたのだ

グリュックスブルク朝 第4代
ゲオルギオス2世
1922 – 47

余はただの操り人形…

グリュックスブルク朝 第3代
アレクサンドロス1世
1917 – 20

の
の

H

うぅ…
王冠を守れなかった…

①   ②   ③

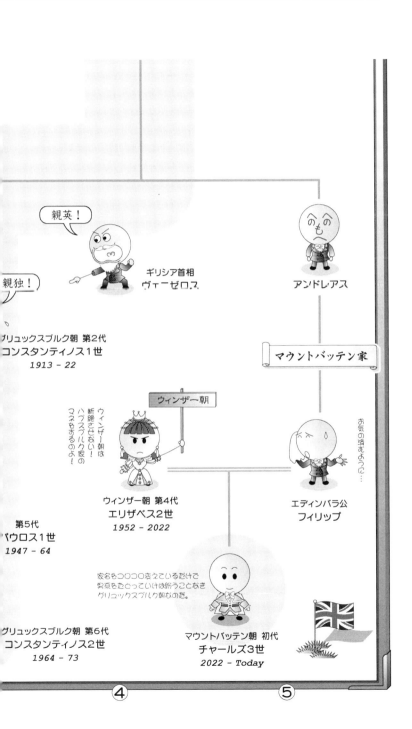

親英！

ギリシア首相
ヴェーゼロス

アンドレアス

親独！

グリュックスブルク朝 第2代
コンスタンティノス1世
1913 - 22

マウントバッテン家

ウィンザー朝

ウィンザー朝は
断絶させない！
ハプスブルク家の
マネをするのよ！

ウィンザー朝は
断絶させない！
ハプスブルク家の
マネをするのよ！

お気の済むように…

ウィンザー朝 第4代
エリザベス2世
1952 - 2022

エディンバラ公
フィリップ

第5代
パウロス1世
1947 - 64

家名をコロコロ変えているだけで
貴重をたどっていけば紛うことなき
グリュックスブルク朝なのだ。

グリュックスブルク朝 第6代
コンスタンティノス2世
1964 - 73

マウントバッテン朝 初代
チャールズ3世
2022 - Today

④ ⑤

さて、前幕ではグリュックスブルク朝の開祖クリスティアン9世（A-3/4）の次男ゲオルギオス（B-4）がギリシアの王位を継いだことまでは触れました。

　ギリシアは永らくオスマン帝国の支配下にありましたが、あのウィーン体制期のナショナリズム運動の波に乗って、1830年に独立を達成、32年には国際承認を受けることになりましたが、このときに即位した初代国王オソン1世は"ドイツ生まれのドイツ育ち"でギリシアの文化・風習にまったく興味を示しません。

　こうした態度はロマノフ朝の露帝ピョートル3世 ^{（＊01）} を彷彿とさせ、彼の末路がオソン1世にも襲いかかってくることを予感させます ^{（＊02）}。

　「案の定」というべきか、彼は国民の信任を受けることができず、軍事政変（クーデタ）が起こって廃位されることになりました。

理想に燃えた王（グリュックスブルク朝初代）

　そこで、新たな王として"白羽の矢"が立ったのがクリスティアン9世の次男で、彼が即位して「ゲオルギオス1世」となりました。

　彼もまた先君（オソン1）と同じく「17歳」という若さで即位しましたが、しかし彼にはいい"反面教師"がいたため、その過ちに鑑み、先君（オソン1）の逆張りをしていきます。

前車の覆（くつがえ）るは後車の戒（いまし）め

　たとえば、即位するやただちにギリシア語を学び、ギリシアの風俗に親しむ。

　さらに、華美を避け、近代憲法を認可。

　これ、すべて先君（オソン1）の逆張りです。

（＊01）彼もまた「ドイツ生まれのドイツ育ち」でロシアの文化・風習にはまったく興味を示しませんでした。詳しくは、本書「第5章 第3幕」を参照のこと。

（＊02）そんな態度に出ればどんな末路が待っているかわかりそうなものですが、ただ、オソン1世は即位時まだ弱冠17歳でしたから、その若さではわからなくとも責められないところはあります。ピョートル3世の場合、即位時34歳でしたから言い訳は利きませんが。

そのおかげもあってか、政局の不安定なギリシアにあって、彼の在位は50年^(＊03)に及ぶものとなりましたが、彼には目の前の"現実"を無視した高い理想「偉大なる思想^(＊04)」があり、これが彼の人生を何度も躓かせます。

そして、結局それが彼の命取りとなりました。

1913年、「偉大なる思想」の一環として「第１次バルカン戦争」に参戦した彼は、その前線に赴いたとき、一介のテロリスト^(＊05)によって暗殺されてしまいます。

一次大戦期のギリシア（グリュックスブルク朝第２代）

ゲオルギオス１世が亡くなると、ただちにその子・コンスタンティノス１世（F/G-3）が即位します。

彼の治世はちょうど「第一次世界大戦」前後（1913～22年）に当たりますが、当然、彼は「親独」でした。

ここまで見てまいりましたとおり、このグリュックスブルク朝というのはもともとドイツから現れた家柄ゆえドイツ貴族との血縁も濃く、そもそもコンスタンティノス１世の王妃ソフィア（F/G-2）はドイツ第二帝国皇帝ヴィルヘルム２世（F/G-1）の妹です。

したがって彼は、第一次世界大戦が開戦となれば、すぐにでもドイツ側に立って参戦したい。

ところが、これを遮ったのが当時の 希 相ヴェニゼロス（F-4）でした。

──陛下！　こたびの戦、ドイツに勝ち目はありませぬ！

　戦というものは如何に勝ち馬に乗り、

　如何に沈む船からいち早く降りるかが肝。

　とするならば、ドイツと組むなど以ての外ですぞ！

（＊03）当時としては、ヴィクトリア女王（64年間）に次ぐヨーロッパで２番目に長い在位期間。

（＊04）「大ギリシア主義」のこと。ギリシア人が居住する地域（ギリシア本土・エーゲ海沿岸・黒海南岸など）をすべてギリシア王国の下に統一しようとする政治理想。

（＊05）犯人の名前（アレクサンドロス＝スヒナス）こそはわかっていますが、この犯人についてのその他詳しい素性はよくわかっていません。

序章　系図の基礎知識

第１章　イギリスの系譜

第２章　フランスの系譜

第３章　神聖羅馬帝国の系図

第４章　普墺の系譜

第５章　ロシアの系譜

第６章　丁話希英の系譜

しかし、たとえヴェニゼロスの政見が"正論"だったとしても、人間には"感情"があり、「正論だから納得する」というものでもありません。

義理を貫きたきは山々なれど
　　　そうはさせぬが人情

理屈と感情、義理と人情を秤(はかり)にかけりゃ、感情・人情が勝(まさ)ってしまうもの。

そのため、国は親独派(国王派)と親英派(首相派)に分かれて政争が起こってしまいます。

国を二分して政争している間は「中立」の立場を取っていましたが、大戦末期、コンスタンティノス1世が政争に敗れ、亡命すると、ヴェニゼロスは次男のアレクサンドロス1世(G/H-2)を傀儡(かいらい)として擁立し、連合国側に立って参戦します。

戦後、コンスタンティノス1世は玉座に返り咲いたものの、すでに始まっていた 希土(ギリシアトルコ)戦争に敗れると、ふたたび王位を追われて嫡男に王位を譲ることになりました。

二次大戦期のギリシア（グリュックスブルク朝第4代）

これが「ゲオルギオス2世(G/H-1)」です。

父君(コンスタンティノス1)が「第一次世界大戦」に翻弄(ほんろう)されたように、彼もまた「第二次世界大戦」に振り回されます。

一時期(10年ほど)、ギリシア議会が共和制を選択したため国を追われていたこともあり、大戦が始まると、伊(イタリア)軍の攻撃には耐えたものの、独軍の猛攻の前に国はドイツの占領下に陥(お)ちてしまいました。

断末魔のギリシア（グリュックスブルク朝第5代）

ゲオルギオス2世には子がなかったため、弟が跡を継いでパウロス1世(G/

(＊06)政敵の暗殺・弾圧など、かなり強権的・独裁的なものでした。

H-3）として即位します。

　しかし、戦後も政局は安定せず、カラマンリス首相の豪腕（＊06）でなんとか政権を維持できている殆うい政局がつづきましたが、パウロス1世は突如としてカラマンリス首相を更迭してしまいします（＊07）。

　これにより、カラマンリスの"豪腕"でなんとか保っていた均衡が一気に崩れ、ギリシアの政局は混迷を極めることになりました。

ギリシア最後の王（グリュックスブルク朝第6代）

　パウロス1世の死を受けて、嫡男がコンスタンティノス2世（H-3）として即位することになりましたが、彼がギリシア最後の王となります。

　彼が即位したときには、すでに政局はどうしようもないところまできており、この難局を打破するには、まだ24歳の彼には荷が勝ちすぎました。

　何も為すことなく、即位からわずか3年後に軍事政変（クーデタ）が起こって国外追放を余儀なくされ、ほどなく「王政廃止宣言」が行われるに至って、ついにギリシア王国は滅亡することになりました。

　この一報を伝えたラジオでは、こんな言葉が述べられています。

──本日、国家のガンが国民により排除されました。

もうひとつの「グリュックスブルク朝」

　ところで、王家の断絶を避けるため、あらかじめ「分家」を用意しておくという措置はよく取られます。

　有名どころでは、徳川幕府。

　家康の次男秀忠の系統を本家として、その弟たちに分家の「御三家（＊08）」を作らせ、本家筋が断絶した際には御三家から跡継ぎを選び出すことで断絶を避けようとするものです。

（＊07）「首相と王妃との間に確執があったため」とも言われていますが、実際のところ、はっきりした理由はわかっていません。

（＊08）徳川義直（九男）に尾張藩を、頼宣（十男）に紀伊藩を、頼房（十一男）に水戸藩を与えて、これを御三家としました。

これを「グリュックスブルク朝」に置き換えてみると、さしづめデンマーク王家が「徳川本家」、ノルウェー王家・ギリシア王家が「御三家」といったところとなりましょう。

　もっともノルウェー王家とギリシア王家では「御三家」というには数がひとつ足りませんが、じつは〝第三の王家〟もすこし遅れて生まれることになります。

　それがイギリス王家です。

　第5代ギリシア王となったパウロス1世が即位した年（1947年）、じつは従弟にあたるエディンバラ公フィリップ（G-5）が英王エリザベス2世と結婚したのです。

　これにより将来ふたりの子が継げば、彼は女系国王となりますから「グリュックスブルク朝　初代イギリス王」となり、これで晴れて〝グリュックスブルク御三家〟の揃い踏み──となるはずでした。

　ところが、それが実現する前にこたびギリシア王家が潰えてしまい、そしてフィリップは結婚するにあたって家名を母方の「マウントバッテン家」に変えてしまい、さらにはエリザベス2世が「マウントバッテン＝ウィンザー家」に変えてしまったため、2022年になってふたりの子・チャールズ3世（H-5）が即位したとき、「ウィンザー朝存続」のような形になってしまいました。

　しかしながら、再三本書で説明しておりますように、実際には厳として「王朝交代」は起こっており、名前はどうあれ、現イギリス王朝はDNA的には紛うことなき「グリュックスブルク朝（＊09）」です。

　20世紀に入るとともに、欧州では「王家」が急速にその数を減らしていきましたが、これに相反して、北ドイツの小さな貴族から興った「グリュックスブルク朝」は、20世紀に入るや英・丁・諾・耳・露・希に男系・女系両面から王家の血を広げていき、その後、露・希で王位を失ったものの、21世紀に入った現在でも〝北海帝国（＊10）（英・丁・諾・耳）〟の王家・血縁として君臨しつづけているのでした。

（＊09）英語発音では「グラックスバーグ朝」。

（＊10）11世紀にクヌート2世が築きあげた英・丁・諾同君連合の別称。
　　　　本書「第1章 第2幕」を参照のこと。

　最後に 。

　300ページにわたって " 系図視点 " から世界史を俯瞰してまいりましたが 、如何だったでしょうか 。

　Ｋ.マルクスは「 唯物史観 (＊11) 」を唱え 、「 歴史の動きや流れは 、人の心や感情・意志・努力などは一切関係なく 、弁証法に従って機械的・唯物的に展開する 」と主張しましたが 、こうして系図視点から歴史を見るだけで 、それが如何に荒唐無稽な " 世迷言 " であるかがおわかりになったでしょう 。

　" 真実 " はむしろ逆 、「 歴史は人の心や感情・意志・努力を原動力として動いている 」ことがわかります 。

　その真理は何も歴史だけでなく 、" 人生 " にも当てはまります 。

　古今東西 、無気力な人・行動を起こさない人・努力しない人が事を成した例はありません 。

　こうして我々は歴史から学ぶことができます 。

　「 苦況にあろうが苦難に逢着しようが 、自らの情熱・強い意志・努力こそが人生を切り拓く原動力になるのだ ！ 」と 。

　さて 、今回はその " 手始め " として欧州の王家を取り上げましたが 、ご要望があれば「 中国編 」「 インド編 」「 イスラーム篇 」と裾野を広げていきたいと考えています 。

　ではまた ！

（＊11）ヘーゲルの弁証法とフォイエルバッハの唯物論を融合した歴史観で 、歴史に視点を置いたときは「 唯物史観 」、哲学に視点を置いたときは「 史的唯物論 」と呼ばれます 。

〈著者略歴〉

神野正史（じんの　まさふみ）

河合塾世界史講師。世界史ドットコム主宰。学びエイド鉄人講師。ネットゼミ
世界史編集顧問。ブロードバンド予備校世界史講師。歴史エヴァンジェリスト。
1965年名古屋生まれ。既存のどんな学習法よりも「たのしくて」「最小の努力
で」「絶大な効果」のある学習法を永年にわたって研究し、開発。「世界史に
暗記は要らない」という信念から作られた「神野式世界史教授法」は、毎年、
受講生から「“歴史が見える”という感覚が開眼する!」と、絶賛と感動を巻き
起こしており、偏差値が1年間で20〜30上がる学生が続出。
主な著書に、「世界史劇場」シリーズ（ベレ出版）、『「覇権」で読み解けば世
界史がわかる』（祥伝社）、『暗記がいらない世界史の教科書』『最強の教訓!
世界史』『現代への教訓! 世界史』（以上、PHP研究所）などがある。

家系図で読み解く世界史

ヨーロッパを変えた結婚と離婚

2023年6月1日　第1版第1刷発行

著　者	神　野　正　史
発行者	永　田　貴　之
発行所	株式会社PHP研究所

東京本部　〒135-8137　江東区豊洲5-6-52
　　　　　ビジネス・教養出版部　☎03-3520-9615（編集）
　　　　　　　　　　　　普及部　☎03-3520-9630（販売）
京都本部　〒601-8411　京都市南区西九条北ノ内町11
PHP INTERFACE　https://www.php.co.jp/

組　版	有限会社エヴリ・シンク
印刷所	図書印刷株式会社
製本所	

© Masafumi Jinno 2023 Printed in Japan　　ISBN978-4-569-85475-5